LATEIN IN UNSERER ZEIT

herausgegeben von
Werner Müller, Günter Lachawitz,
Renate Oswald, Wolfgang J. Pietsch

Texterschließung

EIN HAND- UND ÜBUNGSBUCH
ZU DEN KOMPETENZBEREICHEN

von Renate Oswald, Martin M. Bauer,
Christof Lamot, Werner Müller

Mit Bescheid des Bundesministeriums für Unterricht, Kunst und Kultur für den Unterrichtsgebrauch an nachstehend angeführtem Schultyp im Unterrichtsgegenstand **Latein** als geeignet erklärt:
GZ 5.004/0008-Präs. 8/2010 vom 24.02.2011 für die 5.–8. Klasse an **allgemein bildenden höheren Schulen** – Oberstufe (vierjähriges und sechsjähriges Latein).

Dieses Werk wurde auf Grundlage eines zielorientierten Lehrplans verfasst. Konkretisierung, Gewichtung und Umsetzung der Inhalte erfolgen durch die Lehrerinnen und Lehrer.

Dieses Schulbuch folgt den Bestimmungen der **Neuregelung der deutschen Rechtschreibung**. Primärtexte folgen der Rechtschreibung der angegebenen Quelle.

Wir weisen darauf hin, dass das **Kopieren** zum Schulgebrauch aus diesem Buch **verboten** ist.
§ 42 Absatz (3) der Urheberrechtsgesetznovelle 1996:
„Die Befugnis zur Vervielfältigung zum eigenen Schulgebrauch gilt nicht für Werke, die ihrer Beschaffenheit und Bezeichnung nach zum Schul- oder Unterrichtsgebrauch bestimmt sind."

Schulbuchnummer: 155.219

1. Auflage 2011 (1.00)
© 2011 by Wilhelm Braumüller, Universitäts-Verlagsbuchhandlung Ges.m.b.H., A 1090 Wien
http://www.braumueller.at
Sämtliche Rechte vorbehalten.

Schulbuchvergütung/Bildrechte: © VBK/Wien
Bildnachweis: siehe S. 155

Umschlag und Innengestaltung: Grieder Graphik, A 1070 Wien
Coverbild: Darstellung des Vergil im sog. „Vergilius Romanus", Handschrift aus dem 5. Jh., Bibliothek des Vatikan, Codex Vaticanus Latinus 3867
Druck: Ferdinand Berger & Söhne Ges.m.b.H, A 3580 Horn

ISBN 978-3-7003-1782-1

Vorwort

Die mit dem Schuljahr 2013/14 in Kraft tretende Reifeprüfungsreform mit zentraler Aufgabenstellung erfordert, dass alle Lateinschülerinnen und -schüler in Österreich über ein gemeinsames Basiswissen verfügen. Dieses Buch will ein solches Basiswissen auf dem Gebiet der Texterschließung vermitteln und trainieren. Es richtet sich nach dem **„Kompetenzmodell für die standardisierte kompetenzorientierte Reifeprüfung** (schriftlich) aus Latein (vier- und sechsjährig)", wie es der Homepage des bifie (Bundesinstitut für Bildungsforschung, Innovation und Entwicklung des österreichischen Schulwesens) zu entnehmen ist (www.bifie.at/neue-reifepruefung-latein-und-griechisch).

Alle dort genannten Kompetenzbereiche der Arbeitsaufgaben[1] sind durch DEMONSTRATIONS- und ÜBUNGSBEISPIELE abgedeckt; die verwendeten Texte rekrutieren sich aus allen Modulen des Oberstufenlehrplans für das vier- und das sechsjährige Latein (L4 und L6)[2].

Formal orientieren sich die Aufgabenstellungen an den Formaten, die Prüfungswissenschafter zur objektivierten Überprüfung der verschiedenen Kompetenzen bei der schriftlichen Leistungsbeurteilung empfehlen und die ab 2014 bei der standardisierten Reifeprüfung zur Anwendung kommen[3].

Da diese Formate ab dem Schuljahr 2010/11 auch bei den Lektüre-Schularbeiten derjenigen Schülerinnen und Schüler, die nach der standardisierten Reifeprüfung maturieren werden, verwendet werden müssen, versteht sich das vorliegende Buch als Hilfestellung für Lehrende und Lernende.

Für Schülerinnen und Schüler ist das Lehr- und Übungsbuch Stütze bei der Vorbereitung auf Schularbeiten und Prüfungen; Lehrkräften bietet es Anregungen für den Unterricht und Hinweise auf ein gemeinsames Mindestniveau im schriftlichen Bereich, ohne deren Kreativität bei der Texterschließung im Unterrichtsgespräch einschränken zu wollen. Auch Schwerpunktsetzung, Auswahl und Reihenfolge der Behandlung der Beispieltexte bleibt ganz dem Gutdünken der Lehrkräfte überlassen.

Anders als bei den prüfungsimmanenten Interpretationsaufgaben ist im vorliegenden Übungsband jedem Demonstrationsbeispiel eine Übersetzung beigegeben, um den Zugang zur Erarbeitung und Übung der Kompetenzen der Arbeits- bzw. Interpretationsaufgaben zu erleichtern.

Die Form der Beispiele und die fachdidaktische Vorgehensweise orientieren sich am Konzept der Lektürebände der Reihe „Latein in unserer Zeit", doch kann das Buch auch ergänzend zu jeder anderen Textausgabe verwendet werden.

---

1 In den Bereich der Arbeitsaufgaben fallen die sprachliche und inhaltliche Analyse und Interpretation von Originaltexten sowie möglicher Vergleichsmaterialien auf Basis der modularen Lektüre und die Bearbeitung von Fragen und Aufträgen zum textbezogenen Umfeld.

2 Die Aufgaben für L6 unterscheiden sich von denen für L4 naturgemäß dem Umfang, der Qualität und der Intensität nach, aber kaum in der Sache. Deshalb kann die Mehrzahl der Beispiele sowohl im vierjährigen als auch im sechsjährigen Latein eingesetzt werden. Diejenigen Aufgabenstellungen, die nur für L6 geeignet sind, sind eigens gekennzeichnet.

3 Grundsätzlich gibt es geschlossene und offene Aufgabenformate. Geschlossene Aufgabenformate, sogenannte Selektionstypen, bestehen aus einer Fragestellung und vorgegebenen Antwortoptionen, aus denen der Kandidat/die Kandidatin die richtige/n auswählen soll. Bei offenen Aufgabenformaten sind keine Antwortoptionen vorgegeben; die Antworten müssen selbst produziert werden. Bewertet wird je nach Aufgabenstellung entweder mithilfe eines Lösungsschlüssels, bestehend aus einer Liste aller akzeptablen Antworten, oder nach Einschätzung des Beurteilers/der Beurteilerin, ausgehend von einem definierten Erwartungshorizont.

Zum Aufbau des Buches

- Das Buch ist **themenzentriert** aufgebaut, die einzelnen Abschnitte orientieren sich am Kompetenzmodell für die standardisierte kompetenzorientierte Reifeprüfung (➤ Vorwort) und können je nach Bedarf und individuellen Schwerpunktsetzungen herangezogen werden.

- Jeder Kompetenzbereich wird anhand von mindestens einem **DEMONSTRATIONSBEISPIEL** mit Arbeitsaufgabe(n) an einem lateinischen Text vorgestellt. Gelegentlich werden in einem Demonstrationsbeispiel mehrere Kompetenzbereiche dargestellt; derselbe Text erscheint dann mehrfach im Inhaltsverzeichnis, jeweils unter dem entsprechenden Kompetenzbereich. Bei Kreativaufgaben soll natürlich die Kreativität der Schülerinnen und Schüler nicht in vorgegebene Bahnen gelenkt werden, vereinzelt wurde hier auf ein Demonstrationsbeispiel verzichtet (➤ Kap. 7.6–7.8).

- Erklärungen allfälliger **Termini technici** und **Arbeitsanleitungen** sind den Arbeitsaufgaben vorangestellt.

- Auf diese nehmen die **Arbeitsaufgaben** Bezug, die den Texten vorangestellt sind, um den Fokus der Lernenden gleich auf das Wesentliche zu lenken.

- Neben dem lateinischen Text wird eine **Übersetzungshilfe** angeboten; ein **Sachkommentar** vermittelt bei Bedarf den nötigen Hintergrund zum Verständnis des Textes.

- Unter „**TIPPS**" werden Strategien zur (schrittweisen) Problemlösung angeboten.

- Den Arbeitsaufgaben werden jeweils **exemplarische Antworten** beigegeben.

- Auf jedes Demonstrationsbeispiel folgt mindestens ein **ÜBUNGSBEISPIEL** mit ähnlichem lateinischem Text und möglichst gleichlautender Aufgabenstellung, um den Schülerinnen und Schülern die Möglichkeit zu geben, das Erlernte sofort anzuwenden.

- Im **FREIEN ÜBUNGSTEIL** (S. 107–114) werden einige nach dem Randomprinzip gesammelte Textbeispiele mit verschiedenartigen Aufgabenstellungen angeboten. Sie können zur Wiederholung und zu weiteren Übungen verwendet werden.

- Alle in diesem Buch behandelten **Stilmittel** sind auf den Seiten 115–118 zusammengefasst.

- Das **Verzeichnis der Autoren und Autorinnen** (S. 119) zeigt die weite Streuung der ausgewählten Textstellen (inkl. Seitenverweisen) und bietet die Möglichkeit, gezielt Stellen auszuwählen, die inhaltlich zum jeweils im Unterricht behandelten Modul passen könnten.

- Ein **Index** (S. 120 f.) soll das Auffinden von Namen und Sachbegriffen erleichtern.

- Die Übersetzung des Übungstextes und die Lösung der Aufgabenstellung finden sich im **Lösungsteil** auf den Seiten 122–154. Bei Kreativaufgaben wird gelegentlich auf eine exemplarische Beantwortung verzichtet, um die Fantasie der Schülerinnen und Schüler nicht einzuschränken.

Inhalt

Vorwort III
Zum Aufbau des Buches IV
Abkürzungen X

Kompetenzbereiche

1. **Sammeln und Auflisten** **1**
   1.1. **Wortbildungselemente** 1
      Demonstrationstext: Augustus, Res gestae 34 1
      Übungstext: Vergil, Aeneis VI, 847–853 3
   1.2. **Lateinische Wortbestandteile und Wurzeln in Fremd- und Lehnwörtern** . . . 4
      Demonstrationstext: Hrabanus Maurus, De institutione clericorum 3, 4 (gek.) . . 4
      Übungstext: Einhard, Vita Caroli Magni 25 (gek.) 5
   1.3. **Etymologische Wurzeln (L6)** 6
      Demonstrationstext: Genesis 11, 1–4 6
      Übungstext: Evangelium nach Matthäus 2, 1 ff. 8
   1.4. **Synonyme** 9
      Synonyme und Wortfamilien 9
      Demonstrationstext: Hermeneumata Pseudodositheana, Colloquium Leidense 1–2 . . 9
      Übungstext: Fluchtäfelchen aus Hadrumetum 10
   1.5. **Konnektoren** 11
      Konnektoren und Definitionen 11
      Demonstrationstext: Cicero, De re publica I, 39; 41 (gek.) 11
      Übungstext: Cicero, De re publica III, 23 12
   1.6. **Wort- und Sachfelder** 13
      Demonstrationstext: Tacitus, Agricola 30 13
      Übungstext: Tacitus, Agricola 31 14
   1.7. **Sprachliche Auffälligkeiten** 15
      a. Inkonzinnität 15
         Demonstrationstext: Sallust, De Catilinae coniuratione 5 15
         Übungstext: Sallust, De Catilinae coniuratione 1 16
      b. Trikolon 17
         Demonstrationstext: Sallust, De Catilinae coniuratione 58, 18 17
         Übungstext: Sallust, De Catilinae coniuratione 58, 11 18
   1.8. **Stilmittel**
      Alliteration, Anapher, Antithese, Asyndeton, Hyperbaton, Klimax, Metapher, *pars pro toto*,
      rhetorische Frage; für L6 zusätzlich: Chiasmus, Lautmalerei, Litotes, Metonymie,
      Parallelismus, Pleonasmus, Polysyndeton 18
      a. Alliteration, historischer Infinitiv, Trikolon 18
         Demonstrationstext: Sallust, De Catilinae coniuratione 58 19
         Übungstext: Sallust, Bellum Iugurthinum 41 19
      b. Anapher, Epipher, Parallelismus 20
         Demonstrationstext: Martial IX, 97 20
         Übungstext: Martial IX, 32 21
      c. Antithese und Ellipse, Hyperbaton und Ironie 21
         Demonstrationstext: Cicero, Pro Milone 10, 27 f. 22
         Übungstext: Cicero, Pro Murena 22 23

d. Asyndeton, Polysyndeton, rhetorische Frage, Klimax, Wortspiele 24
   Demonstrationstext 1: Martial III, 26 25
   Demonstrationstext 2: Martial I, 10 25
   Übungstext 1: Martial II, 7 26
   Übungstext 2: Martial XII, 39 26
 e. Chiasmus und Parallelismus 27
   Demonstrationstext: Martial III, 44 27
   Übungstext: Catull, Carmen 39 28
 f. Lautmalerei und Pleonasmus 29
   Demonstrationstext: Ovid, Metamorphoses X, 53 ff. 29
   Übungstext: Ovid, Metamorphoses VI, 363–376 30
 g. Tropen (Metapher, Metonymie, *pars pro toto*, Litotes) 30
   Demonstrationstext: Vergil, Aeneis VI, 337–339; 355–362; 365–371 31
   Übungstext: Vergil, Aeneis VI, 424–433 32

2. Gliedern und Strukturieren 33
2.1. Strukturierung ausgewählter Passagen 33
  Gliedern mithilfe von Stilfiguren (Chiasmus und Parallelismus) 33
  Demonstrationstext: Cicero, In Verrem II, 4, 112 33
  Übungstext: Cicero, In Catilinam I, 32 34
2.2. Formale Gliederung 35
  Satzanalyse 35
  Demonstrationstext: Seneca, Epistulae morales ad Lucilium I, 1 35
  Übungstext: Cicero, De re publica I, 8 36
2.3. Metrik (Hexameter, Pentameter – L6) 36
  Interpretieren mithilfe der Metrik 36
  Demonstrationstext: Ovid, Metamorphoses X, 1–10 37
  Übungstext: Ovid, Metamorphoses VIII, 679 ff. 38
2.4. Einteilung in Sinnabschnitte 39
 a. Gliedern durch Sinnabschnitte und Überschriften 39
   Demonstrationstext: Caesar, De bello Gallico 1, 6 39
   Übungstext: Sallust, De Catilinae coniuratione 7 40
 b. Gliedern durch Sinnabschnitte 41
   Demonstrationstext: Johannes Kepler, Astronomia Nova 44 41
   Übungstext: Vergil, Aeneis VI, 426–437 42
2.5. Nachzeichnen von Argumentationslinien 43
  „Der rote Faden" 43
  Demonstrationstext: Privilegium minus 3–5 (gek.) 43
  Übungstext: Nepos, Themistocles IV, 3–5, 3 45

3. Zusammenfassen und Paraphrasieren 46
3.1. Begriffe 46
  Begriffe sammeln 46
  Demonstrationstext: Magna Charta Libertatum 15 46
  Übungstext: Magna Charta Libertatum 42 47
3.2. Einzelne Passagen 48
  Demonstrationstext: Livius, Ab urbe condita I, 13 48
  Übungstext: Plinius, Epistulae V, 5 (gek.) 49

3.3. Gesamttext 50
    Inschrift 50
    Demonstrationstext: Stein des Caius Cassius Celer (CIL III 10878) 50
    Übungstext: Stein des Caius Servilius (CIL III 10879) 51

4. Gegenüberstellen und Vergleichen 52

    4.1. **Zusätzliche Texte / Textteile** 52
        Demonstrationstext 1: Christoph Columbus, Epistola de insulis in mari Indico nuper
        inventis 8 (gek.) – Jean-Jacques Rousseau, Diskurs über die Ungleichheit (Auszug) 52
        Übungstext 1: Amerigo Vespucci, Mundus novus 4 (gek.) – Alexander von Humboldt,
        Brief an seinen Bruder Wilhelm (Auszug) 53
        Demonstrationstext 2: Pico della Mirandola, Oratio de hominis dignitate p. 7; 10 (gek.) –
        Ovid, Metamorphoses I, 76–86 (gek.) 54
        Übungstext 2: Augustus, Res gestae 34 – Vergil, Aeneis VI, 847–853 56
        Demonstrationstext 3: Christoph Columbus, Epistola de insulis in mari Indico nuper
        inventis 8 (gek.) – Amerigo Vespucci, Mundus novus 4 (gek.) 57
        Übungstext 3: Cicero, Philippica II, 85–86 a – Plutarch, Antonius 12 59
    4.2. **Übersetzungsvarianten** 60
        Demonstrationstext: Catull, Carmen 85 61
        Übungstext: Martial I, 47 61
    4.3. **Aussagen zum Text** 62
        Demonstrationstext: Juan Ginés de Sepúlveda, Apologia 1 – Bartolomé de Las Casas, Apologia 1 . . 62
        Übungstext: Vergil, Aeneis II, 319 ff. – Augustinus, De civitate dei I, 3 (gek.) 64
    4.4. **Bildliche Darstellung** 65
        Demonstrationstext: Eugipp, Vita S. Severini 7 – Kupferstich von Johann Michael Mettenleitner . . . 65
        Übungstext: Livius, Ab urbe condita, frg. 60, Lib. CXX – Kupferstich von Matthäus Merian d. Ä. . . . 67
    4.5. **Rezeptionsdokumente** 67
        Textsorte, Texttyp, Erzählsituation 67
        Demonstrationstext: Ovid, Metamorphoses III, 463 ff. – Robert Walser, Liebe 68
        Übungstext 1: Ovid, Metamorphoses X, 50 ff. – Peter Maiwald, Orpheus 69
        Übungstext 2: Catull, Carmen 1 – Ernesto Cardenal, Epigrama 1 70

5. Belegen und Nachweisen (L6) 72

    5.1. **Aussagen über den Text** 72
        Wie weise ich etwas nach? 72
        Demonstrationstext: Sulpicius Severus, Chronica II, 29 – Tacitus, Annales XV, 44 72
        Übungstext: Minucius Felix, Octavius 30 – Minucius Felix, Octavius 9 74
    5.2. **Rezeptionsdokumente** 75
        Demonstrationstext: Catull, Carmen 51 – Sappho frg. 31 75
        Übungstext: Catull, Carmen 5 – Louise Labé, Sonnet XVIII, 1–10 77
    5.3. **Interpretationszeugnisse** 78
        Demonstrationstext: Janus Cornarius, Iusiurandum – Genfer Gelöbnis 78
        Übungstext: Gaius, Institutiones I, 55; C 8, 46, 3; Papinian D 37, 12, 5 –
        Hausmaninger / Trachta / Gamauf, Römisches Recht (patria potestas) 80

6. Kommentieren und Stellungnehmen ... 82
6.1. Einzelbegriffe ... 82
Begriffsdefinitionen ... 82
Demonstrationstext: Cicero, De re publica I, 39; 41 (gek.) ... 82
Übungstext: Cicero, De re publica I, 42 (gek.) ... 84
6.2. Einzelne Passagen ... 84
Ironie, Wortstellung, Wortspiel ... 84
Demonstrationstext: Cicero, In Verrem II, 4, 51 ... 85
Übungstext: Cicero, In Verrem II, 5, 26 ... 86
6.3. Motive ... 86
Demonstrationstext: Livius, Ab urbe condita I, 4 – Exodus 1, 22–2, 10 – Hygin, Fabulae, Alexander Paris ... 86
Übungstext: Catull, Carmen 83 – Martial I, 62 – Joachim Ringelnatz, Ferngruß von Bett zu Bett ... 89
6.4. Denkansätze ... 90
Demonstrationstext: Cicero, Tusculanae disputationes V, 10 f. (gek.) ... 90
Übungstext: Cicero, Academica I, 15 (gek.) ... 91
6.5. Richtigkeit und Bedeutung der Aussagen ... 92
Demonstrationstext: Cicero, De re publica III, 33 ... 92
Übungstext: Cicero, De officiis I, 50 f. ... 93

7. Kreatives Auseinandersetzen und Gestalten ... 95
7.1. Formulieren von Überschriften
❯ 2.4.a. Gliedern durch Sinnabschnitte und Überschriften ... 95
7.2. Umformen in Sondersprachen (L6) ... 95
Dialekt – Jugendsprache – Ärztesprache ... 95
Demonstrationstext: Horaz, Carmen 1, 11 ... 95
Übungstext 1: Catull, Carmen 83 ... 96
Übungstext 2: Sappho, frg. 31 ... 96
7.3. Verfassen von Antwortschreiben ... 97
Umformen in einen Brief ... 97
Demonstrationstext: Stein des Festio ... 97
Übungstext: Stein des Pedusius ... 99
7.4. Entwerfen eines Porträts (L6) ... 100
Demonstrationstext: Sallust, De Catilinae coniuratione 25 ... 100
Übungstext: Historia Augusta, Triginta tyranni 30, 13; 15 f.; 18; 21 f. ... 101
7.5. Dialogisieren (L6) ... 102
Demonstrationstext: Phaedrus I, 2, 10–30 ... 102
Übungstext: Phaedrus III, 13, 1–15 ... 103
7.6. Fortsetzen des Textes ... 104
Fortsetzen bzw. Dialogisieren ... 104
Übungstext: Seneca, Epistulae morales ad Lucilium V, 47, 5 (gek.); 10 f. (gek.) – Luciano de Crescenzo, Die Zeit und das Glück, S. 111 f. (gek.) ... 104
7.7. Umschreiben des Endes ... 105
Übungstext: Livius, Ab urbe condita I, 58, 2–11 (gek.) ... 105
7.8. Aktualisieren des Inhalts ... 106
Zeitungsbericht ... 106
Übungstext: Plinius, Epistulae VI, 24 ... 106

Freier Übungsteil **107**
Interpretationstext 1: Curtius Rufus, Historia Alexandri Magni Macedonis III, 1, 11 f. 107
Interpretationstext 2: Vergil, Aeneis I, 1–7 109
Interpretationstext 3: Plinius, Epistulae VII, 24 – Stefanie Werger, Therese 110
Interpretationstext 4: Petron, Satyrica 92 112
Interpretationstext 5: Augustinus, De Genesi contra Manichaeos 113

Anhang
Stilmittel: Metonymien, Metaphern und Figuren 115
Verzeichnis der Autoren und Autorinnen 119
Index 120
Lösungsteil 122
Bildnachweis 155

Abkürzungen

Abb.:	Abbildung	histor.:	historisch
abl. abs.:	ablativus absolutus	hl.:	heilig
abl.:	Ablativ	i.e.:	id est
acc.:	Akkusativ	imperf.:	Imperfekt
AcI:	accusativus cum infinitivo	Jh.:	Jahrhundert
Adj.:	Adjektiv	klass.:	klassisch
adv.:	Adverb	L4:	vierjähriges Latein
CIL:	corpus inscriptionum Latinarum	L6:	sechsjähriges Latein
coni.:	Konjunktiv	lat.:	lateinisch
dat.:	Dativ	m.:	maskulin
dt.:	deutsch	n.:	neutrum
eigtl.:	eigentlich	Pers.:	Person
engl.:	englisch	part.:	Partizip
erg.:	ergänze	perf.:	Perfekt
etc.:	et cetera	pl.:	Plural
etw.:	etwas	PPA:	Partizip Perfekt aktiv
f.:	feminin	praes.:	Präsens
fr.:	französisch	rel.:	relativ
frg.:	fragmentum	sc.:	scilicet, wörtl. „man kann es wissen" = selbstverständlich, denke dir dazu, ergänze
fut.:	Futurum		
gek.:	gekürzt		
gen.:	Genitiv	sg.:	Singular
gest.:	gestorben	sog.:	sogenannt
Ggs.:	Gegensatz	vs:	versus (gegen)
griech.:	griechisch	wörtl.:	wörtlich
h.:	hier	Z.:	Zeile

SAMMELN UND AUFLISTEN

1

1. Wortbildungselemente

- Eine **Wortfamilie** (auch **Lexemverband**) ist eine Reihe von Wörtern, die sich um denselben Wortstamm gruppieren, also dasselbe Stammwort / dieselbe etymologische Wurzel haben.

- **Polysyndeta** sind charakterisiert durch mehrmalige und ungewöhnliche Wiederholung derselben Konjunktion zwischen Wort- oder Satzreihen. Bei **Asyndeta** fehlen diese Konjunktionen in ebenso auffälliger Weise.

emonstrationstext   Augustus, Res gestae 34

Kaiser Augustus legt 13 n. Chr., ein Jahr vor seinem Tod, Rechenschaft über seine Taten ab.

■ Arbeitsaufgaben

1. Suche Wörter zur Wortfamilie *potis* aus dem Text und nenne deren Bedeutung.
2. Finde im Wörterbuch die passende Bedeutung für den Begriff *auctoritas*. Nenne die dazugehörenden Fremdwörter im Deutschen und Englischen sowie in einer dir bekannten romanischen Sprache! Wie hat sich das lat. Suffix *-tas* (bei *auctori**tas***) in den anderen Sprachen weiterentwickelt?
3. Liste die vier Werte bzw. Tugenden auf, die Augustus zugeschrieben werden, und erkläre deren Bedeutung.
4. Wähle aus den unten aufgelisteten Stilmerkmalen die auf den Schreibstil des Augustus nicht zutreffenden aus.

	verum	falsum
Hauptsatzreihen		
asyndetische Struktur		
Komplexe und gliedsatzreiche Satzgefüge		
Partizipia zur Satzverkürzung		
Relativsätze zur genaueren Beschreibung		
Häufung von Nomina		

1

In consulatu sexto et septimo, postquam bella civilia exstinxeram, per consensum universorum potitus rerum omnium rem publicam ex mea potestate in senatus populique Romani arbitrium transtuli. Quo pro merito meo senatus consulto Augustus appellatus sum et laureis postes aedium mearum vestiti publice coronaque civica super ianuam meam fixa est et clupeus aureus in curia Iulia positus, quem mihi senatum populumque Romanum dare virtutis clementiaeque et iustitiae et pietatis causa testatum est per eius clupei inscriptionem. Post id tempus auctoritate omnibus praestiti, potestatis autem nihilo amplius habui quam ceteri, qui mihi quoque in magistratu collegae fuerunt. (95 lat. W.)

In meinem 6. und 7. Konsulat (i.e. 28 und 27 v. Chr.) gelangte ich, nachdem ich den Bürgerkriegen ein Ende gesetzt hatte, durch die Zustimmung aller zur höchsten Gewalt und übertrug den Staat aus meinem Machtbereich der freien Entscheidung des Senats und des römischen Volkes. Für dieses mein Verdienst wurde ich auf Senatsbeschluss hin Augustus genannt, die Türen meines Hauses wurden öffentlich mit Lorbeer geschmückt, die Bürgerkrone über meinem Tor angebracht und ein goldener Schild in der Curia Iulia aufgehängt, von dem bezeugt ist, dass ihn mir wegen meiner Tapferkeit, Milde, Gerechtigkeit und Pflichttreue Senat und Volk von Rom widmeten, wie die Inschrift auf diesem Schild zeigt. Seit dieser Zeit übertraf ich alle an Einfluss, Macht hingegen besaß ich nicht mehr als die Übrigen, die auch ich als Kollegen im Amt hatte.

■ **Tipp:** Betrachte, was den Schreibstil des Augustus betrifft, vor allem den Satzbau in dieser Stelle (Hauptsätze, Gliedsätze, Partizipia)!

■ **Lösungen**

1. Wortfamilie *potis: potitus* als PPA zu: potior 4, potitus sum: sich bemächtigen; *potestate* bzw. *potestatis* zu: potestas, -atis f.: Macht, (politische) Gewalt
2. *auctoritas:* auctoritas, -atis f.: Ansehen, Einfluss – „Autorität" (als Fremdwort); engl. „authority"; frz. „autorité"; ital. „autorità"; span. „autoridad". Wenn man das lat. Suffix *-tas* betrachtet, fällt auf, wie es sich in den anderen Sprachen entwickelt hat: dt. „-tät", engl. „-ty", frz. „-té", ital. „-tà", span. „-dad".
3. Werte des Augustus: *virtus* (Tapferkeit, Tüchtigkeit, Mut); *clementia* (Milde, Schonung); *iustitia* (Gerechtigkeit); *pietas* (pflichtgemäßes Verhalten Göttern und Menschen gegenüber). Diese vier Tugenden können durchaus als die sogenannten „Kardinaltugenden" bezeichnet werden, und Augustus verkörpert sie (eigenen Angaben zufolge) alle in sich, „verewigt" auf dem *clupeus aureus,* welchen er vom Senat und dem römischen Volk bekommen hat.

Abb. 1.: Augustus von Primaporta, Rom, Vatikanische Museen

4. Am Schreibstil des Augustus fällt Folgendes besonders auf: Der Autor verwendet viele Satzreihen (Konnektoren sind vor allem *et* und *-que*), weil er seine Leistungen und Ehrungen aufzählen möchte; zur Satzverkürzung dient ihm das Partizip: *potitus, vestiti, positus*. Untergeordnete Sätze sind hier Relativsätze, um Nomen näher zu beschreiben, und einmal, gleich zu Beginn der Stelle, ein Temporalsatz, der durch *postquam* eingeleitet wird. In diesem Satz steht die finite Form des Verbs allerdings im Plusquamperfekt (statt im Perfekt!). Nicht zutreffend sind: asyndetische Struktur / komplexe und gliedsatzreiche Satzgefüge.

bungstext

Vergil, Aeneis, VI, 847–853

Aeneas erfährt in der Unterwelt vom Schatten seines verstorbenen Vaters Anchises von Roms künftiger Größe („Römerschau").

- *Klimax:* steigernde, oft dreigliedrige Reihung oder Häufung (vom Schwächeren zum Stärkeren, vom weniger Bedeutenden zum Wichtigen), z. B. *veni, vidi, vici*

Arbeitsaufgaben

1. Für das Nomen *imperium* bietet das Wörterbuch folgende Übersetzungsvarianten: (1) Befehl, Vorschrift; (2) Macht, Gewalt, Amtsgewalt; (4) Reich, Staat; (5) Oberbefehl. Wähle die hier am besten passende aus! Nenne dazugehörende Fremdwörter im Deutschen und Englischen sowie in einer dir bekannten romanischen Sprache.
2. Aus *populos* wird *popolo – pueblo – people – peuple!* Ordne jedes dieser Wörter jeweils einer der folgenden Sprachen zu: Englisch, Italienisch, Spanisch, Französisch.
3. Liste alle Tätigkeiten auf, die den *alii* (Z. 1) zugeschrieben werden, und stelle sie den Tätigkeiten gegenüber, die ein Römer vollbringen soll. (Wie ist wohl die Singularform von *Romane* zu verstehen?)
4. Welche der im Folgenden aufgelisteten Stilfiguren finden sich im Text? Wähle die zutreffenden aus – Klimax, Parallelismus, Chiasmus, Anapher, Alliteration, Hyperbaton.

1 Excudent alii spirantia mollius aera,
credo equidem, vivos ducent de marmore voltus,
orabunt causas melius caelique meatus
describent radio et surgentia sidera dicent:
5 Tu regere imperio populos, Romane, memento
(hae tibi erunt artes), pacique imponere morem,
parcere subiectis et debellare superbos!
(41 lat. W., ❯ Übers. S. 122)

Tipp: Berücksichtige beim Sprachlich-Stilistischen die Verbformen (Tempusgebrauch bzw. Modi), den Satzbau (Parallelismus vs. Chiasmus) sowie die Wortstellung (Vorsicht: aus metrischen Gründen sind vielfach Wörter, die zusammengehören, voneinander getrennt!).

2. Lateinische Wortbestandteile und Wurzeln in Fremd- und Lehnwörtern

Fremd- und Lehnwörter sind Wörter, die aus einer anderen Sprache in die jeweilige Sprache entlehnt wurden. Dabei kann man unterscheiden, ob sie (nahezu) unverändert übernommen wurden (**Fremdwörter**, im Dt. z. B. Magister) oder an die Regeln der neuen Sprache angepasst wurden (**Lehnwörter**, im Dt. z. B. Fenster von lat. *fenestra*), wobei die Zugehörigkeit nicht immer leicht erkennbar ist.

emonstrationstext   Hrabanus Maurus, De institutione clericorum 3, 4 (gek.)

Die Priorität des Glaubens über Wissenschaft und Bildung

■ Arbeitsaufgabe
Sammle im vorliegenden Text fünfzehn verschiedene lateinische Vokabeln, die als Wurzeln für deutsche Fremd- oder Lehnwörter dienen. Liste sie auf und gib jeweils ein davon abgeleitetes deutsches Fremd- oder Lehnwort sowie dessen Bedeutung an.

Ante omnia enim opus est ei, qui desiderat ad sapientiae pervenire culmen, Dei timore converti ad cognoscendam eius voluntatem, quid nobis appetendum fugiendumque praecipiat. Timor autem iste cogitationem de nostra mortalitate et de futura morte necesse est[1] incutiat et quasi clavatis carnibus omnes superbiae motus ligno crucis adfigat[2]. Deinde mitescere[3] opus est pietate neque contradicere divinae scripturae […], sed cogitare potius et credere, id esse melius et verius, quod ibi scriptum est, etiamsi lateat, quam id, quod nos per nos ipsos[4] sapere possumus. (83 lat. W.)

Zuallererst nämlich ist es notwendig für denjenigen, der zum Gipfel der Weisheit gelangen will, von der Gottesfurcht hingelenkt zu werden auf das Erkennen Seines Willens, nämlich was Er uns zu erstreben und zu meiden vorschreibt. Diese Furcht aber erregt notwendigerweise Gedanken über unsere Sterblichkeit und über den kommenden Tod und kreuzigt alle Regungen des Hochmuts gleichsam wie mit Nägeln durchbohrtes Fleisch. Daraufhin ist es notwendig, in Frömmigkeit demütig zu werden und nicht der Heiligen Schrift zu widersprechen, sondern eher zu denken und zu glauben, dass das, was dort geschrieben steht, auch wenn es verborgen sein sollte, besser und wahrer ist als das, was wir aus eigenem Vermögen wissen können.

1 necesse est + coni.: notwendigerweise **2 ligno crucis adfigere**: wörtl. „ans Holz des Kreuzes heften" = kreuzigen **3 mitesco** 3: demütig werden **4 per nos ipsos**: aus eigenem Vermögen, aus eigener Kraft

■ Kommentar
Hrabanus Maurus (~ 780–856) war Absolvent der Hofschule Karls des Großen, Abt des Klosters Fulda und Erzbischof von Mainz. Sein Werk „*de institutione clericorum*" („Über die Ausbildung der Geistlichen") baut stark auf frühchristlichen Texten wie „*de doctrina Christiana*" („Über die christliche Bildung") des hl. Augustinus auf.

■ **Antwortmöglichkeiten, z. B.:**

omnia: omnipräsent (allgegenwärtig)
opus: Opus (Kunstwerk, Musikstück)
desiderat: Desiderat (etwas dringend Erwünschtes)
culmen: kulminieren (gipfeln)
converti: konvertieren (umwandeln –
   z. B. von einem Dateiformat in ein anderes)
voluntatem: Volontär (Freiwilliger)
appetendum: Appetit (Verlangen, Gusto)
mortalitate: Mortalitätsrate (Sterblichkeitsrate)
futura: Futur (Zukunft)
carnibus: Karnivor (Fleischfresser)
motus: Motiv (Antrieb)
ligno: Lignin (Pflanzenbaustoff)
crucis: Krux (schwieriges Problem)
pietate: Pietät (Rücksichtnahme)
contradicere: Kontradiktion (Widerspruch)
divinae: divin (göttlich)
credere: Kredit (Darlehen)
verius: verifizieren (nachprüfen)
lateat: latent (verborgen)
ipsos: Ipsation (Selbstbefriedigung)

*Abb. 2: Johann Nepomuk Zwerger, **Karl der Große**, Frankfurt, Historisches Museum*

bungstext   Einhard, Vita Caroli Magni 25 (gek.)

Die Bildung Karls des Großen

■ **Arbeitsaufgabe**

Sammle im vorliegenden Text fünfzehn verschiedene lateinische Vokabeln, die als Wurzeln für deutsche Fremd- oder Lehnwörter dienen. Liste sie auf und gib jeweils ein davon abgeleitetes deutsches Fremd- oder Lehnwort sowie dessen Bedeutung an.

Erat eloquentia copiosus[1] et exuberans[2] poteratque quicquid vellet apertissime[3] exprimere. Nec patrio tantum sermone contentus, etiam peregrinis linguis ediscendis operam impendit[4]. In quibus Latinam ita didicit, ut aeque illa ac patria lingua orare sit solitus, Grecam[5] vero melius intellegere quam pronuntiare poterat. […] Artes liberales studiosissime coluit, earumque doctores plurimum veneratus[6] magnis adficiebat honoribus. In discenda grammatica Petrum Pisanum diaconem senem audivit, in ceteris disciplinis Albinum cognomento[7] Alcoinum, item diaconem, de Brittania Saxonici generis hominem, virum undecumque[8]

1 copiosus 3: reich begabt mit **2 exubero** 1: Überfluss haben **3 apertus** 3: h. klar **4 operam impendo** 3: Mühe verwenden auf **5 Grecus** 3: mittellateinisch für Graecus 3 **6 veneror** 1: verehren **7 cognomentum**, -i: = cognomen, -inis n. Beiname **8 undecumque**: in jeder Hinsicht

Latein in unserer Zeit • Texterschließung • **Sammeln und Auflisten**

doctissimum, praeceptorem⁹ habuit, apud quem et rethoricae et dialecticae, praecipue tamen astronomiae ediscendae plurimum et temporis et laboris inpertivit¹⁰.
15 Discebat artem conputandi et intentione¹¹ sagaci¹² siderum cursum curiosissime rimabatur¹³. (105 lat. W.,
▶ Übers. S. 122)

> **9 praeceptor**, -is m.: Lehrer **10 impertio** 4: zukommen lassen **11 intentio**, -nis f.: h. Aufmerksamkeit **12 sagax**, -acis: scharfsinnig **13 rimor** 1: h. erforschen

■ **Kommentar**

6 Artes liberales: Jene sieben Vorstudien, die in Spätantike und Mittelalter freien Männern vorbehalten waren (daher *liberales*), im Gegensatz zu den handwerklichen Fähigkeiten (*artes mechanicae*). Sie waren die Basis der drei weiterführenden Studien Theologie, Jurisprudenz und Medizin und bestanden aus den drei sprachlichen Fächern (*Trivium*) Grammatik (lateinische Sprache), Rhetorik (Redekunst und Stillehre) und Dialektik (Argumentationskunst) sowie den vier mathematischen Fächern (*Quadrivium*) Arithmetik (Zahlentheorie), Geometrie (Flächenberechnung), Musik (Proportionen) und Astronomie (Bewegungen der Himmelskörper).

9 Petrus Pisanus: Petrus von Pisa (744–799) war Grammatiker in Oberitalien und kam nach der Eroberung des Langobardenreiches an den Hof Karls des Großen.

10 Albinus cognomento Alcoinum: Der Angelsachse Alkuin (~735–804) wurde von Karl dem Großen 781 zum Leiter der Hofschule bestellt und gehörte zu den bedeutendsten Gelehrten seiner Zeit. In seiner Heimat Britannien (und ebenso in Irland) konnte sich nämlich die antike Bildungstradition durch die Zeit der Völkerwanderung hindurch bedeutend besser halten als am europäischen Festland.

3. Etymologische Wurzeln (L6)

emonstrationstext   Genesis 11, 1–4

Der Turmbau zu Babel

■ **Arbeitsaufgabe**

Übersetze den lateinischen Text, vergleiche ihn mit den beigegebenen Versionen aus den romanischen Sprachen und vervollständige die Liste der miteinander verwandten Wörter.

Latein	Spanisch	Portugiesisch	Italienisch	Französisch
terra				
				langue
			pianura	
	ciudad			
		pedra		
	torre			
			fuoco	
		—		nom

Erat autem terra labii unius¹ et sermonum eorundem. cumque proficiscerentur de oriente, invenerunt campum in terra Sennaar et habitaverunt in eo. Dixitque alter ad proximum suum: „Venite, faciamus lateres et coquamus eos igni!" Habueruntque lateres pro saxis et bitumen pro cemento. Et dixerunt: „Venite, faciamus nobis civitatem et turrem, cuius culmen pertingat ad caelum, et celebremus nomen nostrum, antequam dividamur in universas terras!" (63 lat. W.)

Es hatte aber alle Welt einerlei Sprache und Redeweise. Als sie nun vom Osten aufbrachen, fanden sie ein ebenes Land im Lande Sinear und wohnten dort. Und der eine sagte zum anderen: „Wohlauf, lasst uns Ziegel machen und sie im Feuer brennen!" Und sie nahmen Ziegel statt Stein und Erdharz statt Kalk. Und sie sprachen: „Wohlauf, lasst uns eine Stadt und einen Turm bauen, dessen Spitze bis an den Himmel reiche, und lasst uns unseren Namen berühmt machen, bevor wir in alle Länder zerstreut werden.

1 unius labii esse: eine einzige Sprache haben

■ Tipp: Etymologisch verwandte Wörter haben immer eine gewisse lautliche Ähnlichkeit miteinander:

Spanisch: *Era entonces toda la tierra de una lengua y unas mismas palabras.*
Y aconteció que, como se partieron de oriente, hallaron una vega en la tierra de Shinar, y asentaron allí. Y dijeron los unos a los otros: Vaya, hagamos ladrillo y cozámoslo con fuego. Y fuéles el ladrillo en lugar de piedra, y el betún en lugar de mezcla. Y dijeron: Vamos, edifiquémonos una ciudad y una torre, cuya cúspide llegue al cielo; y hagámonos un nombre, por si fuéramos esparcidos sobre la faz de toda la tierra.

Abb. 3: Pieter Breughel, Der Turmbau zu Babel, Öl auf Holz (1563), Wien, Kunsthistorisches Museum

Portugiesisch: *Em toda a Terra, havia somente uma língua, e empregavam-se as mesmas palavras. Emigrando do oriente, os homens encontraram uma planície na terra de Chinear e nela se fixaram. Disseram uns para os outros: «Vamos fazer tijolos, e cozamo-los ao fogo.» Utilizaram o tijolo em vez da pedra, e o betume serviu-lhes de argamassa. Depois disseram: «Vamos construir uma cidade e uma torre, cujo cimo atinja os céus. Assim, havemos de tornar-nos famosos para evitar que nos dispersemos por toda a superfície da Terra.*

Italienisch: *Or tutta la terra fu un labbro solo e uguali imprese. E avvenne, nel loro vagare dalla parte di oriente, che gli uomini trovarono una pianura nel paese di Sennar e vi si stabilirono. E si dissero l'un l'altro: „Orsù! Facciamoci dei mattoni e poi cuociamoli al fuoco". Il mattone servì loro invece della pietra, e il bitume invece della malta. Poi essi dissero: „Costruiamo a nostro vantaggio una città con una torre, la cui cima sia nei cieli e facciamoci un nome, per non essere dispersi sulla superficie di tutta la terra".*

Französisch: *Toute la terre avait une seule langue et les mêmes mots. Comme ils étaient partis de l'orient, ils trouvèrent une plaine au pays de Schinear, et ils y habitèrent. Ils se dirent l'un à l'autre: Allons! faisons des briques, et cuisons-les au feu. Et la brique leur servit de pierre, et le bitume leur servit de ciment. Ils dirent encore: Allons! bâtissons-nous une ville et une tour dont le sommet touche au ciel, et faisons-nous un nom, afin que nous ne soyons pas dispersés sur la face de toute la terre.*

Übungstext

Evangelium nach Matthäus 2, 1 ff.

Die Weisen aus dem Morgenland

Arbeitsaufgabe

Übersetze den lateinischen Text, vergleiche ihn mit den beigegebenen Versionen aus den romanischen Sprachen und vervollständige die Liste der miteinander verwandten Wörter.

Latein	Spanisch	Italienisch	Französisch
regis			
			est
		dí	———
	estrella		
adorare			
			scribes
		sacerdoti	
	se turbó		

Cum ergo natus esset Iesus in Bethleem Iudaeae[1], in diebus Herodis regis ecce magi[2] ab oriente venerunt Hierosolymam dicentes: „Ubi est, qui natus est, rex Iudaeorum? Vidimus enim stellam eius in oriente et venimus adorare eum."
Audiens autem Herodes rex turbatus est et omnis Hierosolyma[3] cum illo et congregans omnes principes sacerdotum et scribas populi sciscitabatur ab eis, ubi Christus nasceretur. At illi dixerunt ei in Bethleem Iudaeae[1]. (67 lat. W.,
> Übers. S. 123)

1 Iudaeae: in Judäa
2 magus, -i: Weiser, Magier

3 Hierosolyma, -ae: Jerusalem

Spanisch: *Y cuando nació Jesús en Belén de Judea en días del rey Herodes, he aquí unos sabios vinieron del oriente a Jerusalén, diciendo: ¿Dónde está el Rey de los Judíos, que ha nacido? Porque su estrella hemos visto en el oriente, y venimos a adorarle. Y oyendo esto el rey Herodes, se turbó, y toda Jerusalén con él. Y convocados todos los príncipes de los sacerdotes, y los escribas del pueblo, les preguntó dónde había de nacer el Cristo. Y ellos le dijeron: En Belén de Judea;*

Italienisch: *Or essendo Gesù nato in Betleem di Giudea, ai dì del re Erode, ecco dei magi d'Oriente arrivarono in Gerusalemme, dicendo: Dov'è il re de' Giudei che è nato? Poiché noi abbiam veduto la sua stella in Oriente e siam venuti per adorarlo. Udito questo, il re Erode fu turbato, e tutta Gerusalemme con lui. E radunati tutti i capi sacerdoti e gli scribi del popolo, s'informò da loro dove il Cristo dovea nascere. Ed essi gli dissero: In Betleem di Giudea;*

Französisch: *Jésus étant né à Bethléhem en Judée, au temps du roi Hérode, voici des mages d'Orient arrivèrent à Jérusalem, et dirent: Où est le roi des Juifs qui vient de naître? car nous avons vu son étoile en Orient, et nous sommes venus pour l'adorer. Le roi Hérode, ayant appris cela, fut troublé, et tout Jérusalem avec lui. Il assembla tous les principaux sacrificateurs et les scribes du peuple, et il s'informa auprès d'eux où devait naître le Christ. Ils lui dirent: A Bethléhem en Judée;*

4. Synonyme
Synonyme und Wortfamilien

In jeder Sprache gibt es Vokabeln, die dieselbe oder häufiger eine sehr ähnliche Bedeutung haben, sogenannte **Synonyme** (im Dt. z. B. laufen – rennen – eilen …). Die Verwendung von Synonymen dient in Texten der Abwechslung und der Vermeidung von Wortwiederholungen.

Von einem Wortstamm können viele unterschiedliche Worte gebildet werden. Man spricht dann von einer **Wortfamilie** (im Dt. z. B. Ordnung – ordnen – ordentlich – Ordner …). Siehe auch ▸ S. 1

Demonstrationstext — Hermeneumata Pseudodositheana, Colloquium Leidense 1–2

Aus einem antiken Schulbuch:
Phrasen zum Thema Morgentoilette

■ **Arbeitsaufgaben**
1. Liste drei im Text verwendete Synonympaare auf und gib jeweils eine gemeinsame Übersetzungsmöglichkeit an.
2. Suche drei Wortfamilien, von denen im Text je mindestens zwei Wörter vorkommen, und schreibe die Wörter in ihrer Wörterbuchform auf.

Abb. 4: Schulszene, Relief, Ausschnitt

¹ Dies. Sol ortus est. Solis ortus. Lux. Lumen. Iam lucet. Aurora. Ante lucem. Mane surgo. Surrexit de lecto. Lectum. Vigilavit heri diu. Vesti me!
⁵ Da mihi calciamenta et udones¹ et bracas. Iam calciatus sum.
Adfer aquam manibus! Aqua. Concha. Manus sordidae sunt. Sordes. Lutum. Sapo. Unctum. Unctatum².
¹⁰ Lavo. Iam lavi meas manus et faciem. Tergo. Adhuc non tersi. Procedo foris de cubiculo. Venio. Vado in scholam.
(66 lat. W.)

Tag. Die Sonne ist aufgegangen. Sonnenaufgang. Helligkeit. Licht. Es ist schon hell. Morgenröte. Vor Tagesanbruch. Ich stehe morgens auf. Er stand vom Bett auf. Bett. Er ist gestern lange aufgeblieben. Zieh mich an! Gib mir die Schuhe, die Socken und die Hose. Ich habe die Schuhe schon an. Bring Wasser für die Hände herbei! Wasser. Waschschüssel. Die Hände sind schmutzig. Schmutz. Dreck. Seife. Creme. Eingecremt. Ich wasche. Ich habe meine Hände und mein Gesicht schon gewaschen. Ich trockne mich ab. Ich habe mich noch nicht abgetrocknet. Ich gehe hinaus vor das Schlafzimmer. Ich komme. Ich gehe in die Schule.

1 udo, -nis m.: dicke Wollsocke   **2 uncto** 1: verstärkte Form (sog. Frequentativ) von *ungo* 3: eincremen, salben

Tipp zu 2.: Versichere dich mittels deines Wörterbuchs, ob die Wörter, die du gefunden hast, tatsächlich einen gemeinsamen Stamm haben: Oft ist im Wörterbuch der Stamm oder ein verwandtes Wort in runden Klammern angegeben. Pass auch auf, ob die im Text vorkommenden Formen wirklich zu verschiedenen Vokabeln gehören oder nur unterschiedliche Formen (hinsichtlich Fall, Geschlecht, Person etc.) desselben Vokabels sind.

Lösungen
1. *lux, lumen* – Licht; *sordes, lutum* – Schmutz; *procedo, vado* – gehen
2. z.B.: lux, lucis f., lumen, luminis n., luceo 2; calciamentum, -i n., calcio 1; sordidus 3, sordes, -is f.; unctus 3, uncto 1; …

Übungstext

Fluchtäfelchen aus Hadrumetum, Nordafrika (3. Jh. n. Chr.)

Ein antiker Liebeszauber

Arbeitsaufgaben
1. Liste zwei im Text verwendete Synonympaare auf und gib jeweils eine gemeinsame Übersetzungsmöglichkeit an.
2. Welche beiden Wörter im Text gehören zur selben Wortfamilie?

Abb. 5: Fluchtäfelchen *im originalen Fundzustand um einen Hühnerknochen gerollt, Mainz*

¹ (Facite), ut non (possit) me contemnere, sed faciat, quodcumque desidero, Vettia, quam peperit Optata, vobis enim adiuvantibus ut amoris mei causa non dormiat, non cibum, non escam accipere possit. (Perdat Vettia), quam peperit Optata, sensum, sapientiam et intellectum¹ et voluntatem, ut amet me, Felicem, quem peperit Fructa, ex² hac die, ex² hac hora, ut obliviscatur patris et matris et propinquorum suorum et amicorum omnium et aliorum virorum […] (67 lat. W., ▶ Übers. S. 124)

1 intellectus, -us m. = intellegentia **2 ex:** „von … an"

Kommentar
Fluchtäfelchen sind kleine Bleitafeln, die in der Antike schwarzmagischen Praktiken dienten: Man ritzte Zaubersprüche und Verfluchungen hinein und deponierte sie anschließend an heiligen Orten, wo sie von heutigen Archäologen gefunden werden können. Oft wurden die Fluchtäfelchen auch zusätzlich noch eingerollt oder durchbohrt, vielleicht um den Schadenszauber zu verstärken. Man durfte sich dabei aber nicht erwischen lassen: Auf Schwarze Magie stand im *Imperium Romanum* die Todesstrafe.
1 facite: Die Bitte richtet sich an mehrere Gottheiten oder Dämonen.
2 quam peperit Optata: Damit der Zauber sicher die richtige Person trifft, wird stets auch der Name der Mutter, nicht jedoch der des Vaters, angegeben: *mater semper certa*.

5. Konnektoren
Konnektoren und Definitionen

Als Besonderheit an **Ciceros Stil** fällt auf, dass er sehr viele **Konnektoren** (Bindewörter, die Satzglieder oder Satzteile / Sätze miteinander verbinden) verwendet, um die logische Abfolge seiner Gedankengänge zu gewährleisten. Einzelne Sätze werden von ihm stets mit Konnektoren verbunden; einzige Ausnahme: Bei relativen Satzanschlüssen fehlt der Konnektor, da ja ein relativer Satzanschluss als solcher fungiert; Vorliebe für **Relativsätze** (vor allem, um Begriffe näher zu erklären); *ut-* bzw. *cum-* **Sätze**.

Demonstrationstext
Cicero, De re publica I, 39; 41 (gek.)

Was macht einen Staat zu einem Staat, was ein Volk zu einem Volk?

■ Arbeitsaufgaben
1. Liste die Konnektoren auf, die Cicero in dieser Textstelle verwendet. Welche weiteren Stileigenheiten lassen sich an diesem Text feststellen?
2. Ergänze den jeweils passenden Terminus zu den angegebenen Definitionen Ciceros.

Abb. 6: Cicero, Marmor (1. Jh. n. Chr.), Rom, Kapitolinisches Museum

Definition	Begriff
coetus multitudinis iuris consensu et utilitatis communione sociatus	
quae est constitutio populi	
res populi	

¹ Est igitur […] res publica res populi, populus autem non omnis hominum coetus quoquo modo congregatus, sed coetus multitudinis iuris ⁵ consensu et utilitatis communione sociatus. Eius autem prima causa coeundi est non tam imbecillitas quam coetus multitudinis naturalis quaedam hominum quasi congregatio. ¹⁰ […] Omnis ergo populus, qui est talis, qualem exposui, omnis civitas, quae est constitutio populi, omnis res publica, quae – ut dixi – populi

Es ist also der Staat Angelegenheit des Volkes, ein Volk aber nicht jede auf irgendeine Art vereinigte Ansammlung von Menschen, sondern eine Ansammlung einer Menge, die in der übereinstimmenden Rechtsauffassung und in gemeinschaftlichem Nutzen vereinigt ist. Ihr erster Beweggrund des Zusammenkommens ist aber nicht so sehr die Schwäche als gleichsam eine natürliche Geselligkeit der Menschen. […] Jedes Volk also, das eine Ansammlung einer solchen Menge ist, wie ich es darlegte, jede Bürgerschaft, die eine Einrichtung des Volkes darstellt, jeder Staat, der, wie ich sagte, Angelegenheit des Volkes ist, muss durch vernünftiges Planen gelenkt werden, damit er ewig sei. Dieses vernünftige Planen ist zuerst immer auf diese Ursache zu beziehen, die den Staat hervorgebracht hat.

res est, consilio¹ quodam regenda est, ut diuturna sit. Id autem consilium primum semper ad eam causam referendum est, quae causa genuit civitatem. (85 lat. W.)

1 consilium, -i: h. vernünftiges Planen

■ **Tipp:** Die Konnektoren sind für die Struktur des Lateinischen wichtiger als für das Deutsche. Sie müssen daher nicht immer übersetzt werden. Keinesfalls sollte man *autem, vero, enim* etc. immer mit „aber" wiedergeben.

■ **Lösungen**

1. Ciceros Sätze sind durch **Konnektoren** miteinander verbunden: *igitur – sed – autem*; *ergo – autem*, um die Textkohärenz besonders zu verdeutlichen. Einzelne Satzglieder oder Satzteile verbindet er oft mit *et*. Vor allem in Kap. 41 (Z. 10 ff.) bedient er sich vieler **Relativsätze**, um die einzelnen Begriffe, wie *populus*, *civitas* und *res publica* näher zu definieren. Außerdem ist in dieser Stelle auch eine **Anapher** zu finden: *omnis (…) populus – omnis civitas – omnis res publica*; was den Bau dieses Satzes betrifft, kann man von einem Parallelismus sprechen.

2.

Definition	Begriff
coetus multitudinis iuris consensu et utilitatis communione sociatus	populus
quae est constitutio populi	civitas
res populi	res publica

bungstext   Cicero, De re publica III, 23

Vor- und Nachteile verschiedener Staats- und Regierungsformen

■ **Arbeitsaufgaben**

1. Liste die Konnektoren auf, die Cicero in dieser Textstelle verwendet. Welche weiteren Stileigenheiten lassen sich an diesem Text feststellen?
2. Für das Nomen *factio* bietet das Wörterbuch folgende Bedeutungen: (1) das Machen; (2) Strömung, Gruppierung, Partei; (3) Verwandtschaft; (4) Zusammenrottung, Bande. Wähle die hier passende aus.
3. Ergänze die jeweils passende Definition zu den angegebenen Termini Ciceros.

Definition	Begriff
	tyranni / reges
	factio / optimates
	licentia / libertas

Sunt enim omnes, qui in populum¹ vitae necisque potestatem habent, tyranni, sed se [...] malunt reges vocari. Cum autem certi propter divitias aut genus aut aliquas opes rem publicam tenent, est factio, sed vocantur illi optimates. Si vero populus plurimum potest², omniaque eius arbitrio geruntur, dicitur illa libertas, est vero licentia. Sed cum alius alium timet, et homo hominem et ordo ordinem, tum, quia sibi nemo confidit, quasi pactio³ fit inter populum et potentes; ex quo existit⁴ id, quod Scipio laudabat, coniunctum civitatis genus; Etenim iustitiae non natura nec voluntas sed inbecillitas mater est. (94 lat.W., ▶ Übers. S. 124)

1 in populum: über das Volk
2 plurimum posse: am meisten Einfluss haben **3 pactio**, -nis f: Abkommen **4 existo** 3: sich entwickeln

6. Wort- und Sachfelder

- Unter **Wortfeld** versteht man allgemein eine Menge (Gruppe) von bedeutungsähnlichen bzw. sinnverwandten Wörtern, deren Bedeutungen sich gegenseitig begrenzen und die einen bestimmten begrifflichen Bereich abdecken (z. B. Wortfeld Kampf: *proelium, pugna, bellum*).

- **Sachfelder** beziehen sich in der Regel auf bestimmte Themen. Die Begriffe eines Sachfeldes müssen nicht zu derselben Wortart gehören (z. B. *amor, basium, diligere, bene velle, amare, carus, bellus* ... zum Sachfeld Liebe).

- Eine **Paraphrase** ist eine Umschreibung eines Sachverhalts oder Textes mit eigenen Worten. Während ein wörtliches Zitat sich nur auf einen kleinen Abschnitt der Quelle beziehen kann und identisch mit dem Original sein muss, überträgt eine Paraphrase den Wortlaut einer längeren Passage in eigene Worte, verdichtet den Inhalt und ist daher immer kürzer als das Original. Eine Inhaltsangabe muss zwar auch in eigenen Worten erfolgen und sich an das Original halten, ist aber deutlich kürzer als dieses und bietet einen globalen Überblick über dieses.

Demonstrationstext

Tacitus, Agricola 30

Tacitus legt dem britannischen Feldherrn Calgacus eine massive Anklage gegen den römischen Imperialismus in den Mund.

Arbeitsaufgaben

1. Sammle Begriffe (Substantiva, Adjektiva, Verben und Wortblöcke) aus dem Sachfeld „Imperialismus – Machtgier – Arroganz" im Zusammenhang mit den Römern.
2. Paraphrasiere den Text in maximal 70 Worten.

Abb. 7: Monty Python, Das Leben des Brian, „Romani, ite domum!"

1

¹ Oculos quoque a contactu dominationis inviolatos habebamus. Nos terrarum ac libertatis extremos recessus¹ ipse ac sinus famae² in hunc diem
⁵ defendit: Nunc terminus Britanniae patet, atque omne ignotum pro magnifico est³. Sed nulla iam ultra gens, nihil nisi fluctus ac saxa, et infestiores Romani, quorum superbiam
¹⁰ frustra per obsequium ac modestiam effugias. Raptores orbis, postquam cuncta vastantibus defuere terrae, mare scrutantur: si locuples hostis est, avari, si pauper, ambitiosi, quos
¹⁵ non Oriens, non Occidens satiaverit: Soli omnium opes atque inopiam pari adfectu concupiscunt. Auferre, trucidare, rapere falsis nominibus imperium, atque ubi solitudinem fa-
²⁰ ciunt, pacem appellant. (84 lat. W.)

Selbst unsere Augen hielten wir von der Berührung mit der Gewaltherrschaft unbefleckt. Uns, die äußersten Bewohner der Länder und die letzten Menschen in Freiheit, hat gerade unsere Entlegenheit und Verborgenheit vor der Welt bis zum heutigen Tag verteidigt: Jetzt steht die Grenze Britanniens offen und alles Unbekannte gilt als großartig. Kein weiteres Volk ist mehr hinter uns, nichts als Meer und Felsen und die noch feindseligeren Römer, deren Hochmut man vergeblich durch Gehorsam und Demut zu entrinnen sucht. Räuber der Welt, durchspüren sie, nachdem ihnen, die alles verwüsteten, die Länder ausgingen, nun auch das Meer – sie sind habgierig, wenn der Feind reich ist, ruhmgierig, wenn er arm ist; sie sind Leute, die weder der Osten noch der Westen zufriedenstellen kann. Als einziges von allen Völkern begehren sie Reichtum und Mangel mit gleicher Leidenschaft. Stehlen, Morden, Rauben nennen sie mit falscher Bezeichnung Herrschaft, und wo sie eine Wüste hinterlassen, nennen sie das Frieden.

1 recessus, -us m.: Entlegenheit **2 sinus famae**: Verborgenheit von der Welt **3 pro magnifico esse**: als großartig gelten

■ **Tipp:** Formuliere den Text für die Paraphrase mit eigenen Worten nochmals, verwende nicht die Strukturen des Originaltextes.

■ **Lösung**

Die Britannier glaubten, durch ihre Entlegenheit in Sicherheit vor Rom zu sein, jetzt sind die Römer da und werden bleiben, da es nichts weiter zu erobern gibt. Man entgehe den räuberischen Römern auch nicht durch Demut. Die Römer wollen erobern, egal, ob sie Reichtum erwarten können oder nicht, egal, in welcher Weltgegend das Gebiet ist. Sie rauben und plündern und nennen die Wüste, die sie hinterlassen, Frieden und rechtmäßige Herrschaft.

bungstext   Tacitus, Agricola 31

Tacitus legt dem britannischen Feldherrn Calgacus eine massive Anklage gegen den römischen Imperialismus in den Mund.

■ **Arbeitsaufgaben**
1. Sammle Begriffe zu den Wortfeldern Sklaverei und Sklavenhalter.
2. Paraphrasiere den Text in maximal 70 Worten.

Abb. 8: Thomas Thornycroft, Denkmal der britannischen Königin und Heerführerin Boadicea, London, Westminster Bridge

Liberos cuique ac propinquos suos natura carissimos esse voluit: Hi per dilectus¹ alibi servituri auferuntur coniuges sororesque etiam si hostilem libidinem effugerunt, nomine amicorum atque hospitum polluuntur². Bona fortunaeque in³ tributum, ager atque annus⁴ in³ frumentum⁵, corpora ipsa ac manus silvis ac paludibus emuniendis inter verbera et contumelias conteruntur⁶. Nata servituti mancipia semel veneunt⁷, atque ultro a dominis aluntur: Britannia servitutem suam cotidie emit, cotidie pascit. Ac sicut in familia recentissimus quisque⁸ servorum etiam conservis ludibrio est⁹, sic in hoc orbis terrarum vetere famulatu novi nos et viles in excidium petimur¹⁰. (91 lat. W., ▶ Übers. S. 124 f.)

1 dilectus, -us m.: Truppenaushebung **2 polluo** 3: schänden **3 in** (+ acc).: zum Zweck von, für **4 ager atque annus**: der jährliche Ertrag des Ackers **5 frumentum,** -i n.: Getreideabgabe **6 contero** 3: geschunden werden, verbraucht werden **7 veneo,** -is, -ire: verkauft werden **8 recentissimus quisque**: gerade die neuesten Sklaven **9 ludibrio esse**: zum Spott dienen, Ziel des Spottes sein **10 in excidium patimur**: zur Vernichtung heimgesucht werden

7. Sprachliche Auffälligkeiten

a. Inkonzinnität

- Unter **Inkonzinnität** versteht man die gezielte Vermeidung von Parallelität in vergleichbaren Elementen eines Satzes, in der Syntax, in der Wortwahl (Wechsel im Satzbau), in der Verwendung der Tempora (historischer Infinitiv vs. Imperfekt/Perfekt).

- **Ellipse**: Gezielte Auslassung eines Satzgliedes, das sich aus dem Zusammenhang erschließen lässt.

Demonstrationstext   Sallust, De Catilinae coniuratione 5

Charakteristik des Catilina

■ Arbeitsaufgaben
1. Unterstreiche die Subjekte der Hauptsätze in diesem Text.
2. Wähle aus den angegebenen Möglichkeiten das jeweils passende Subjekt bzw. das logische Subjekt und ergänze es in den drei Abschnitten des folgenden Satzes, die kein Subjekt haben: *Animus, Catilina, Huic*.
   Der Satz enthält übrigens auch kein Prädikat. Als Prädikat ist *fuit* aus dem ersten Satz zu ergänzen (Ellipse).

Subjekt/ log. Subjekt	Satzabschnitt
Animus	audax, subdolus, varius,
	quoius rei lubet simulator ac dissimulator,
	alieni adpetens, sui profusus, ardens in cupiditatibus,
	satis eloquentiae, sapientiae parum

3. Liste die vier Wortarten auf, denen die tragenden Begriffe, die Catilina beschreiben, in diesem Satz angehören.
4. Stelle fest, wie viele Glieder jeder dieser Blöcke in diesem Satz hat.

L. Catilina, nobili genere natus, fuit magna vi et animi et corporis, sed ingenio malo pravoque. Huic ab adulescentia bella intestina, caedes, rapinae, discordia civilis grata fuere¹ ibique iuventutem suam exercuit. Corpus patiens inediae, algoris, vigiliae supra quam cuiquam credibile est. Animus audax, subdolus, varius, cuius rei lubet² simulator ac dissimulator, alieni³ adpetens, sui³ profusus, ardens in cupiditatibus, satis eloquentiae, sapientiae parum. Vastus animus inmoderata, incredibilia, nimis alta semper cupiebat. Hunc post dominationem L. Sullae lubido maxuma invaserat rei publicae capiundae. (81 lat. W.)

Lucius Catilina entstammte einem adligen Geschlecht, besaß große Geistes- und Körperkraft, aber ein schlechtes und verkommenes Wesen. Von jungen Jahren an fand er nur an Bürgerkriegen, Morden, Rauben und Zwietracht unter den Bürgern Gefallen, und damit beschäftigte er sich in seiner Jugend. Sein Körper war gegen Hungern, Frieren und Nachtwachen abgehärtet, mehr als wohl einer glaubt; sein Geist frech, hinterlistig, bunt schillernd und fähig, beliebig alles zu erheucheln und zu verbergen. Lüstern nach fremdem Gut war er mit dem eigenen verschwenderisch, glühend in seinen Wünschen; Beredsamkeit hatte er genug, Weisheit zu wenig. Sein wüster Sinn strebte immer nach dem Maßlosen, Unwahrscheinlichen, schwindlig Hohen. Ihn hatte seit der Alleinherrschaft des Lucius Sulla die heftigste Lust ergriffen, die Macht im Staat an sich zu reißen.

1 fuere = fuerunt **2 cuius rei lubet**: jeder beliebigen Sache **3 alieni**, sui: der Genitiv beim Partizip bedeutet, dass das Geschilderte eine dauerhafte Eigenschaft ist, er kann mit dem im Deutschen passenden Fall wiedergegeben werden.

■ Tipp: Inkonzinne Strukturen treten (fast) immer gemeinsam mit parallelen Strukturen auf!

■ Lösungen
1. Das Subjekt wechselt ständig, was untypisch für lateinische Sätze und ein Merkmal der Inkonzinnität ist.

2.

Subjekt / log. Subjekt	Satzabschnitt
Animus	audax, subdolus, varius,
Catilina	quoius rei lubet simulator ac dissimulator,
Catilina	alieni adpetens, sui profusus, ardens in cupiditatibus,
Huic	satis eloquentiae, sapientiae parum

3. Adjektiva, Substantiva, Partizipia, Adverbia: Inkonzinnität
4. Die vier Blöcke bestehen abwechselnd aus 3–2–3–2 Gliedern: Inkonzinnität.

bungstext   Sallust, De Catilinae coniuratione 1

Der Unterschied zwischen Mensch und Tier

■ Arbeitsaufgaben
1. Liste vier Gegensatzpaare (Substantiva, Substantiva + Genitivattribut, Adjektiva) auf, die Sallust in dieser Passage verwendet.
2. Unterstreiche diejenigen Gegensatzpaare, die nicht parallel konstruiert sind.

3. Verbinde diejenigen Elemente in den folgenden beiden Sätzen, die einander entsprechen, aber inkonzinn gebaut sind.

   Nam   divitiarum et formae gloria   fluxa atque fragilis   est,

   virtus   clara aeternaque   habetur.

¹ Omnis homines, qui sese student praestare¹ ceteris animalibus, summa ope niti decet, ne vitam silentio transeant veluti pecora, quae natura prona atque ventri oboedientia² finxit³. Sed nostra omnis vis in animo et corpore sita est: Animi imperio, corporis ⁵ servitio magis utimur; alterum nobis cum dis, alterum cum beluis commune est. Quo mihi rectius videtur ingeni quam virium opibus gloriam quaerere et, quoniam vita ipsa, qua fruimur, brevis est, memoriam nostri quam maxume longam efficere. Nam divitiarum et formae gloria fluxa atque fragilis est, virtus clara aeternaque ¹⁰ habetur. (87 lat. W., ▶ Übers. S. 125)

1 praestare (+ dat.): übertreffen **2 oboediens**: ergeben **3 fingo** 3, finxi, fictus: h. schaffen

b. Trikolon

Trikolon (Dreigliedriger Ausdruck / Dreizahl): Die Verwendung dreier Wörter oder dreier Wortgruppen, um einen nachhaltigeren Eindruck zu erreichen. Wenn das zuerst Gesagte durch das Folgende entweder qualitativ (inhaltlich) oder quantitativ (vom Umfang her) oder qualitativ und zugleich quantitativ übertroffen wird, spricht man von einer **Klimax** (▶ S. 24).

Demonstrationstext

Sallust, De Catilinae coniuratione, 58, 18

Vor der entscheidenden Schlacht bei Pistoria 62 v. Chr. gegen das Senatsheer richtet Catilina eine Ansprache an seine Soldaten, in der er sie zu Tapferkeit auffordert *(adhortatio)*.

■ Arbeitsaufgabe
  Finde und nenne das Stilmittel der Dreizahl.

Abb. 9: Feldherrnrede – Rede des Kaisers Trajan vor dem Heer auf dem Dakerfeldzug, Rom, Trajanssäule, Ausschnitt

¹ Quom¹ vos considero, milites, et quom¹ facta vostra² aestumo, magna me spes victoriae tenet. Animus, aetas, virtus vostra me hortantur, ⁵ praeterea necessitudo, quae etiam timidos fortes facit. (27 lat. W.)

Wenn ich euch betrachte, Soldaten, und wenn ich mir eure Taten vorstelle, erfüllt mich eine große Hoffnung auf den Sieg. Eure Gesinnung, Jugend, Tapferkeit ermutigen mich, außerdem die Notlage, die auch Zaghafte mutig macht.

1 quom: statt klass. *cum* **2 vostra**: statt klass. *vestra*

Kommentar
Catilina wird wie ein richtiger römischer Feldherr dargestellt. Dazu gehört auch die *adhortatio* vor einer Schlacht.

Tipp: Suche und markiere alle Wörter und Wortgruppen in dem Text, die der Definition der Dreizahl entsprechen.

Lösung
Animus, aetas, virtus vostra

bungstext   Sallust, De Catilinae coniuratione 58, 11

Arbeitsaufgaben
1. Finde und nenne das Stilmittel der Dreizahl.
2. Stelle fest, ob es sich hier auch um eine Klimax handelt.
3. Achtung! Fällt dir auch das schöne Beispiel einer Alliteration auf?

¹ Praeterea, milites, non eadem nobis et illis necessitudo¹ inpendet: nos pro patria, pro libertate, pro vita certamus, illis supervacuaneum² est pugnare pro potentia paucorum.
(24 lat. W., ➤ Übers. S. 125)

1 necessitudo, -inis f.: Notlage
2 supervacuaneus 3: überflüssig, lästig

Kommentar
Die Stelle stammt aus derselben Rede wie das Demonstrationsbeispiel.

8. Stilmittel
Alliteration, Anapher, Antithese, Asyndeton, Hyperbaton, Klimax, Metapher, *pars pro toto*, rhetorische Frage; für L6 zusätzlich: Chiasmus, Lautmalerei, Litotes, Metonymie, Parallelismus, Pleonasmus, Polysyndeton

a. Alliteration, historischer Infinitiv, Trikolon

Die **Alliteration** ist eine literarische Stilfigur oder ein rhetorisches Schmuckelement, bei der zwei oder mehrere Wörter in räumlicher Nähe mit demselben Anfangskonsonanten beginnen. Sie kann die Zusammengehörigkeit miteinander verknüpfter Ausdrücke unterstreichen und bewirkt Einprägsamkeit (z. B. *veni vidi vici* od. *ceterum censeo Carthaginem esse delendam*).

In lebhafter Schilderung vergangener Zustände oder Vorgänge steht statt des Imperfekts der **historische Infinitiv** – am Subjekt ist zu erkennen, ob er mit der 3. Person Sg. od. Pl. übersetzt werden muss:
Cotidie Caesar Haeduos frumentum flagitare. – Täglich forderte Cäsar von den Haeduern Getreide.
Diem ex die ducere Haedui. – Von einem Tag zum anderen hielten ihn die Haeduer hin.

Trikolon (Dreigliedriger Ausdruck / Dreizahl): Die Verwendung dreier Wörter oder dreier Wortgruppen, um einen nachhaltigeren Eindruck zu erreichen

Demonstrationstext

Sallust, De Catilinae coniuratione 58

Vor der entscheidenden Schlacht bei Pistoria 62 v. Chr. gegen das Senatsheer muntert Catilina wie ein richtiger Feldherr seine Truppen auf, tapfer zu kämpfen.

■ Arbeitsaufgabe

Sammle im Text Trikola, Alliterationen und Anaphern (> S. 20) und liste sie auf.

1 Quapropter vos moneo, uti forti atque parato animo sitis et, cum proelium inibitis, memineritis[1] vos divitias, decus, gloriam, praeterea libertatem atque
5 patriam in dextris vostris portare. [...] Praeterea, milites, non eadem nobis et illis necessitudo[2] inpendet[3]: nos pro patria, pro libertate, pro vita certamus, illis supervacuaneum[4] est pugnare pro poten-
10 tia paucorum. Quo audacius aggredimini memores pristinae virtutis! [...] Quom[5] vos considero, milites, et quom facta vostra[6] aestumo, magna me spes victoriae tenet. Animus, aetas, virtus vostra me
15 hortantur, praeterea necessitudo, quae etiam timidos fortes facit. (85 lat. W.)

Deshalb ermahne ich euch, dass ihr tapfer und entschlossen seid, wenn ihr in den Kampf geht, und dass ihr daran denkt, dass ihr Reichtum, Ehre und Ruhm, außerdem die Freiheit und das Vaterland in euren Händen tragt. [...] Außerdem, Soldaten, droht uns und ihnen nicht dieselbe Notlage: Wir kämpfen für die Heimat, für die Freiheit, für unsere Leben, für sie ist es lästig, für die Macht einiger weniger zu kämpfen. Greift daher umso kühner an und denkt an eure frühere Tapferkeit! [...] Wenn ich euch betrachte, Soldaten, und wenn ich mir eure Taten vorstelle, erfüllt mich eine große Hoffnung auf den Sieg. Eure Gesinnung, Jugend, Tapferkeit ermutigen mich, außerdem die Notlage, die auch Ängstliche mutig macht.

1 memineritis: coni. Perf. = coni. Praes. **2 necessitudo**, -inis f.: Notlage **3 impendeo** 2: drohen **4 supervacuaneus** 3: überflüssig, lästig **5 quom**: statt klass. *cum* **6 vostra**: statt klass. *vestra*

■ Tipp: Suche alle Wörter und Wortgruppen in dem Text, die im Dreierverband erscheinen!

■ Lösung

Trikolon: *divitias, decus, gloriam – pro patria, pro libertate, pro vita – animus, aetas, virtus vostra*
Alliterationen: *pugnare pro potentia paucorum*
Anapher: *pro patria, pro libertate, pro vita*

Übungstext

Sallust, Bellum Iugurthinum 41

Sallust beschreibt den Niedergang der politischen Moral in der römischen Gesellschaft.

■ Arbeitsaufgabe

Finde neben dem Stilmittel des historischen Infinitivs Trikola und Alliterationen und liste sie auf.

1 Ubi metus hostilis[1] mentibus decessit, [...] lascivia[2] atque superbia incessere. Itaque otium, quod in advorsis rebus optaverant, postquam adepti sunt, asperius acerbiusque fuit. Nam coepere nobilitas dignitatem, populus libertatem in

1 hostilis, -e: vor dem Feind **2 lascivia**, -ae f.: Übermut

lubidinem vortere³, sibi quisque ducere⁴, trahere, rapere. Ita omnia in duas partes abstracta sunt, res publica […] dilacerata⁵(est). Ceterum nobilitas factione⁶ magis pollebat⁷, plebis vis soluta atque dispersa⁸ in multitudine minus poterat. Paucorum arbitrio⁹ belli domique agitabatur; […] populus militia atque inopia urgebatur. Praedas bellicas¹⁰ imperatores cum paucis diripiebant. Interea parentes aut parvi liberi militum […] sedibus pellebantur. Ita cum potentia avaritia sine modo modestiaque invadere, polluere¹¹ et vastare¹² omnia. (97 lat. W., ▶ Übers. S. 126)

3 vorto 3: verkommen lassen zu **4 duco**: für sich beanspruchen **5 dilacero** 1: zerfleischen, zerreißen **6 factio**, -onis f.: Lobbying **7 polleo** 2: mächtig sein, Einfluss haben **8 dispersus** 3: zerstreut, verteilt **9 arbitrium**, -i n.: Willen **10 praeda bellica**, -ae f.: Kriegsbeute **11 polluo** 3: beschmutzen, in den Schmutz treten **12 vasto** 1: zerstören, verwüsten

b. Anapher – Epipher – Parallelismus

Anapher: Wortwiederholung am Beginn aufeinander folgender Satzglieder oder Sätze

Epipher: Wortwiederholung am Ende aufeinander folgender Satzglieder oder Sätze

Parallelismus: Parallelstellung ähnlicher Gedanken durch identen Satzbau (gelegentlich wird bei der Wiederholung ein leicht zu ergänzendes Satzglied ausgespart)

Demonstrationstext

Martial IX, 97

Martial macht sich über einen Neider lustig.

■ **Arbeitsaufgabe**
Finde und nenne je sechs Beispiele für Anapher, Epipher und Parallelismus und markiere sie im Text.

Rumpitur invidiā quidam, carissime Iuli¹.
   Quod me Roma legit, rumpitur invidiā.
Rumpitur invidiā, quod turba semper in omni
   monstramur² digito, rumpitur invidiā.
Rumpitur invidiā, tribuit quod Caesar³ uterque
   ius⁴ mihi natorum, rumpitur invidiā.
Rumpitur invidiā, quod rus⁵ mihi dulce sub urbe
                                             est
   parvaque in urbe domus, rumpitur invidiā.
Rumpitur invidiā, quod sum iucundus amicis,
   quod conviva frequens⁶, rumpitur invidiā.
Rumpitur invidiā, quod amamur quodque pro-
                                          bamur.
   Rumpatur, quisquis rumpitur invidiā!
(69 lat. W.)

Es gibt da jemanden, der zerplatzt vor Neid, liebster Julius. Weil mich Rom liest, zerplatzt er vor Neid. Er zerplatzt vor Neid, weil man in jeder Menge mit dem Finger nach mir zeigt, da zerplatzt er vor Neid. Er zerplatzt vor Neid, weil beide Kaiser mir das Kinderrecht verliehen haben, da zerplatzt er vor Neid. Er zerplatzt vor Neid, weil ich ein süßes Landgut in der Vorstadt habe und ein kleines Haus in der Stadt, da zerplatzt er vor Neid. Er zerplatzt vor Neid, weil ich meinen Freunden angenehm bin, weil ich oft eingeladen werde, da zerplatzt er vor Neid. Er zerplatzt vor Neid, weil man mich liebt und lobt. Zerplatzen soll jeder, der vor Neid zerplatzt!

1 Iuli: der sonst unbekannte Adressat dieses Gedichtes (Vokativ!) **2 monstramur**: man zeigt nach mir **3 Caesar uterque**: Titus und Domitian **4 ius natorum**: das Kinderrecht (▶ K) **5 rus**, ruris n.: Landgut **6 sum conviva frequens**: ich werde oft eingeladen

Kommentar

6 ius natorum: Im Kampf gegen die Kinderlosigkeit in den Familien der reichen Römer wurden den Eltern Privilegien (z. B. Steuererleichterung) verliehen. Allerdings konnten auch Kinderlose diese Begünstigung als Auszeichnung für Verdienste erhalten.

■ **Tipp**: Suche gleiche Wörter oder Wortgruppen, wenn sie aufeinander folgende Satzglieder oder Sätze einleiten, markiere sie als Anaphern, wenn sie syntaktisch (als Satzglieder) parallel gestellt sind, markiere sie als Parallelismen.

■ **Lösung**

Anapher und Epipher: ▶ Unterstreichungen im Text. Die parallele Konstruktion ist daraus ersichtlich, dass alle Hauptsätze gleich anfangen und gleich enden und immer durch einen mit *quod* eingeleiteten Gliedsatz unterbrochen werden.

Abb. 10: Rumpitur, Karikatur

bungstext

Martial IX, 32

Über Geschmack soll man nicht streiten.

■ **Arbeitsaufgabe**

Finde und nenne je vier Beispiele für Parallelismus und Anapher und markiere sie im Text.

1 Hanc volo, quae facilis, quae palliolata¹ vagatur,
hanc volo, quae puero iam dedit² ante meo,
hanc volo, quam redimit³ totam denarius alter,
hanc volo, quae pariter sufficit una tribus.
5 Poscentem nummos et grandia verba sonantem
possideat crassae mentula Burdigalae⁴.
(39 lat. W., ▶ Übers. S. 126)

1 palliolatus 3: mit einem leichten Mäntelchen bekleidet **2 dedit**: erg. *se* („die sich hingegeben hat") **3 quam redimit … denarius alter**: die zwei Denare kostet (wörtl.: die der zweite Denar gekauft hat) **4 Burdigala**, -ae: das antike Bordeaux, bekannt für seine gute Küche, deshalb hier *crassa Burdigala* „ein fetter Mann aus Bordeaux"

c. Antithese und Ellipse, Hyperbaton und Ironie

- **Antithese:** Gegenüberstellung von Gegensätzlichem. Sie kann durch **parallele** oder, was wirkungsvoller ist, durch **chiastische** (vertauschte ▶ S. 27) Anordnung entsprechender Satzglieder erreicht werden. Dabei werden zwei Wörter, Begriffe, Satzteile oder Sätze einander gegenübergestellt, die sich im Sinn widersprechen (Gegensatzpaare).

- Gelegentlich werden Satzteile, die aus dem Zusammenhang zu ergänzen sind, nicht expressis verbis genannt (**Ellipse**), was dazu beiträgt, den Text kürzer und pointierter wirken zu lassen, z. B. Ich liebe das Leben auf dem Lande, du (liebst) das (Leben) in der Stadt.

- **Ironie:** Eine Äußerung, welche die – häufig unausgesprochene – wahre Meinung des Sprechenden deutlich macht, indem zum Schein das Gegenteil behauptet wird. Die einfachste Form der Ironie besteht darin, das Gegenteil von dem zu sagen, was man meint. Wer damit rechnet, dass Ironie nicht verstanden werden könnte, kann das, was er sagt, durch besondere Betonung, Gesten oder einen besonderen Gesichtsausdruck begleiten, damit der Zuhörer erkennt, dass das Gesagte ironisch gemeint ist.

- Das **Hyperbaton** (Sperrung) bezeichnet eine Satzstellung, bei der zwei syntaktisch zusammenhängende Wörter gezielt durch einen Einschub getrennt werden. Das Hyperbaton lenkt die Aufmerksamkeit vor allem auf den ersten der beiden getrennten Begriffe.

Demonstrationstext

Cicero, Pro Milone 10, 27 f.

Clodius und Milo brechen beide aus Rom auf – allerdings unter unterschiedlichen Vorzeichen.

■ Arbeitsaufgaben

1. Sammle alle Gegensatzpaare im Text, stelle fest, ob sie parallel oder chiastisch angeordnet sind.
2. Finde im Text je ein Beispiel für Ironie, Hyperbaton, Anapher (> S. 20) und Trikolon (> S. 17).
3. Richtig oder falsch? Wähle aus den unten aufgelisteten Aussagen diejenigen aus, die Ciceros ehrliche Meinung über Clodius bzw. Milo abbilden.

	verum	falsum
Clodius ist ein Chaot und wahnsinnig.		
Clodius ist in Eile und allein.		
Clodius ist ein harmloser Reisender.		
Milo ist nicht in Eile und in Begleitung.		
Milo ist ein Wegelagerer.		
Milo ist ein ehrenhafter Bürger.		

1 Atque (Clodius) ita profectus est, ut contionem turbulentam, in qua eius furor desideratus est, quae illo ipso die habita est, relinqueret, quam nisi obire facinoris locum tempusque voluisset,
5 numquam reliquisset. Milo autem cum in senatu fuisset eo die, quoad senatus est dimissus, domum venit, calceos et vestimenta mutavit paulisper, dum se uxor (ut fit) comparat, commoratus est
10 [...] Ob viam fit ei Clodius, expeditus, in equo, nulla raeda, nullis impedimentis, nullis Graecis comitibus, ut solebat, sine uxore, quod numquam fere: cum hic insidiator, qui iter illud ad caedem faciendam apparasset, cum uxore vehe-
15 retur in raeda, paenulatus, magno et impedito et muliebri ac delicato ancillarum puerorumque comitatu. (106 lat. W.)

In solcher Hast brach Clodius auf, dass er eine für diesen Tag anberaumte turbulente Volksversammlung im Stich ließ, bei der man seine Raserei vermisste; was er nie getan hätte, wenn er nicht Ort und Stunde zu einem Verbrechen hätte wahrnehmen wollen. Milo dagegen war im Senat anwesend bis zum Schluss der Sitzung, ging dann nach Hause, wechselte Kleider und Schuhe und wartete noch ein wenig, bis seine Gattin, wie das so ist, mit ihren Reisevorbereitungen fertig war. [...] Es begegnet ihm Clodius, kampfbereit, zu Pferde, ohne Reisewagen, ohne Gepäck, ohne griechisches Gefolge, wie gewöhnlich, ohne die sonst übliche Begleitung seiner Gattin: Während dieser angebliche Wegelagerer, der diese Reise unternommen haben sollte, um einen Mord zu begehen, mit seiner Frau auf einem Reisewagen saß, in seinen Reisemantel gehüllt, mit großem Gepäck und einem Gefolge von weichlichen, verzärtelten Zofen und Pagen.

■ Tipp: Untersuche der Reihe nach die einzelnen Wortarten, also Substantiva, Adjektiva, Verben, Präpositionen etc.

Lösungen

1. Cicero kontrastiert die beiden Gegner und zeichnet Milo als den braven Biedermann, der mit Frau und Gepäck reist, Clodius aber als den wilden Rabauken.

Clodius	<=>	Milo
ut contionem turbulentam relinqueret		cum in senatu fuisset
expeditus		cum uxore
in equo		in raeda
nulla raeda		paenulatus
nullis impedimentis		magno et impedito et muliebri ac delicato ancillarum puerorumque comitatu
nullis Graecis comitibus		
sine uxore		

Cicero stellt die einander entsprechenden Elemente manchmal direkt nebeneinander, also parallel, manchmal erzeugt er einen Chiasmus, indem er sie örtlich trennt (*expeditus … magno et impedito et muliebri ac delicato … comitatu*).

2. Zur Verdeutlichung der Aussage verwendet er noch weitere Stilmittel, z. B. die Anapher *nulla/nullis/nullis*, die Teil eines Trikolons ist. Ein Trikolon ist eine Dreierfigur, zusammengesetzt aus drei strukturell gleichen – in diesem Fall immer länger werdenden – Elementen: *raeda – nullis impedimentis – nullis Graecis comitibus*.

Die Ironie liegt in der Wortwahl *insidiator*. Cicero meint genau das Gegenteil, Milo ist eben kein Wegelagerer, sondern Clodius ist der Böse!

Das Hyperbaton *magno et impedito et muliebri ac delicato ancillarum puerorumque comitatu* macht darauf aufmerksam, dass Milo niemals die Idee gehabt haben kann, auf dieser Reise Clodius zu bekämpfen.

3.

	verum	falsum
Clodius ist ein Chaot und wahnsinnig.	x	
Clodius ist in Eile und allein.	x	
Clodius ist ein harmloser Reisender.		x
Milo ist nicht in Eile und in Begleitung.	x	
Milo ist ein Wegelagerer.		x
Milo ist ein ehrenhafter Bürger.	x	

bungstext Cicero, Pro Murena 22

Cicero vergleicht Servius und Murena, den Politiker und den Soldaten, die beide Konsul werden wollen:

Arbeitsaufgaben

1. Sammle alle Gegensatzpaare im Text, ergänze nach Möglichkeit die Ellipsen.

2. Richtig oder falsch? Wähle aus den unten aufgelisteten Aussagen diejenigen aus, die Ciceros ehrliche Meinung über Servius und Murena abbilden.

	verum	falsum
Servius und Murena sind beide in der Nacht aktiv.		
Servius und Murena stehen beide früh auf.		
Servius und Murena kümmern sich beide um das römische Reich.		
Servius widmet sich seinen Mitbürgern und wesentlichen Angelegenheiten.		
Murena kämpft mit aller Kraft für Rom.		
Servius ist verweichlicht und verwöhnt.		

Vigilas tu de nocte, ut tuis consultoribus[1] respondeas, ille ut eo, quo[2] intendit[3], mature cum exercitu perveniat. Te gallorum, illum bucinarum cantus exsuscitat; tu actionem[4] instituis, ille aciem instruit. Tu caves, ne tui consultores[1], ille, ne urbes aut castra capiantur; ille tenet et scit, ut[5] hostium copiae, tu, ut[5] aquae pluviae arceantur. Ille exercitatus est in propagandis finibus, tuque in regendis. (61 lat. W., ▶ Übers. S. 127)

1 consultor, -oris m.: Klient
2 eo, quo: dorthin, wohin
3 intendo 3: unterwegs sein, streben
4 actio, -onis f.: Prozess
5 ut: h. wie

■ **Kommentar**

1 consultores/clientes bezeichnet die Anhängerschaft, die Gesamtheit der Schützlinge eines prominenten Römers *(Patronus)*, der diese als Schutzherr z. B. vor Gericht vertritt und im Gegenzug deren Loyalität z. B. bei Wahlen erwartet.

d. Asyndeton, Polysyndeton, rhetorische Frage, Klimax, Wortspiele

- Wie der Parallelismus (▶ S. 27) und die Anapher (▶ S. 20) erscheinen auch das **Asyndeton** und das **Polysyndeton** vor allem in Aufzählungen oft als Mittel zur Verdeutlichung von Witz oder Spott. Polysyndeta sind charakterisiert durch mehrmalige und ungewöhnliche Wiederholung derselben Konjunktion zwischen Wort- oder Satzreihen. Bei Asyndeta fehlen diese Konjunktionen in ebenso auffälliger Weise.

- **Rhetorische Fragen** dienen nicht dem Informationsgewinn, sondern sind sprachliche Mittel der Beeinflussung. Der Fragende erwartet keine (informative) Antwort, sondern will neugierig machen, Aufmerksamkeit wecken und die eigene Meinung gleichsam bestätigt bekommen.

- Witz wird auch durch **Wortspiele**, wie z. B. **Paronomasie**, das Spiel mit zwei ähnlich klingenden Wörtern, erzeugt bzw. durch **Doppelsinn** oder **Doppeldeutigkeit** desselben Wortes, das einmal in seiner gewohnten Bedeutung und einmal in einer metaphorischen bzw. „abgegriffenen" Bedeutung bzw. in einem anderen Zusammenhang verwendet wird.

- **Klimax:** steigernde, oft dreigliedrige Reihung oder Häufung (vom Schwächeren zum Stärkeren, weniger Bedeutendem zum Wichtigen), z. B. *abiit, excessit, evasit, erupit.*

Demonstrationstext 1

Martial III, 26

Candidus hat alles

■ Arbeitsaufgaben

1. Liste die im Text genannten „Besitztümer" des Candidus auf.
2. Finde Beispiele für Polysyndeton, Parallelismus und Antithese im Text und zeige, wie der Dichter in diesem Epigramm Witz erzeugt.

1 Praedia solus habes et solus, Candide, nummos,
   aurea solus habes, murrina solus habes,
   Massica solus habes et Opimi Caecuba solus,
   et cor solus habes, solus et ingenium
5 omnia solus habes – hoc me puta velle negare! –
   uxorem sed habes, Candide, cum populo.
(41 lat. W.)

Landgüter hast du für dich allein und für dich allein, Candidus, Gelder, goldenes Geschirr hast du für dich allein, Gefäße aus Achat für dich allein, Massikerwein hast du für dich allein und Caecuber des Opimius(jahrgangs) für dich allein, und Verstand hast du für dich allein, für dich allein auch Talent.
Alles hast du für dich allein – und glaube nicht, ich wollte das leugnen! –, aber deine Frau hast du, Candidus, mit allen gemeinsam.

■ Kommentar

3 Massica (erg. *vina*): Qualitätswein vom *Massicus mons*, Berg zwischen Latium und Campanien
Caecuba (erg. *vina*): „Caecuber": ein begehrter Wein aus Latium
Opimius: Lucius Opimius war 121 v. Chr. Konsul. In diesem seinem Konsulatsjahr gab es einen „Jahrhundertwein".

■ Tipp: Der Witz, also die Pointe, findet sich bei Epigrammen sehr oft am Ende des Gedichts, baut sich aber schon im Verlauf des Gedichts auf. Wortspiele lassen sich beim Übersetzen schwer wiedergeben, versuche es mit einem vielleicht ganz anders lautenden, aber denselben Sinn abbildenden Wortspiel auf Deutsch.

Abb. 11: Männerporträt aus Fayum

■ Lösung

Candidus hat Landgüter, Geld, edles Geschirr, erlesenen Wein, Herz und Verstand allein für sich, aber seine Frau teilt er mit der Öffentlichkeit.
Stilfiguren, die verwendet werden: Polysyndeton und Parallelismus. Der Witz entsteht dadurch, dass das Verb *habere* am Schluss in einer ungewöhnlichen Bedeutung – für sexuellen Verkehr – verwendet wird, weiters durch die starke Antithese *solus – cum populo*.

Demonstrationstext 2

Martial I, 10

Wahre Liebe?

■ Arbeitsaufgabe

Liste die im Text verwendeten Stilmittel auf und zeige, wie der Dichter in diesem Epigramm Witz erzeugt.

Petit Gemellus nuptias Maronillae
et cupit et instat et precatur et donat.
Adeone pulchra est? Immo foedius nil est.
Quid ergo in illa petitur et placet? Tussit.
(27 lat. W.)

> Gemellus will Hochzeit mit Maronilla halten und wünscht's und drängt und bittet und schenkt. So schön ist sie? Im Gegenteil, hässlicher ist nichts. Was also wird an ihr so umworben, was gefällt ihm? Sie hustet.

■ Lösung

Die verwendeten Stilmittel sind das Polysyndeton, die rhetorische Frage bzw. eine Art pseudo-dialogischer Effekt, eine Alliteration und eine Klimax *(cupit, instat, precatur, donat)*. Der Witz besteht darin, dass am Schluss etwas völlig Unerwartetes genannt wird: Sie hustet, ist also (tod)krank und wird den jungen Ehemann bald als Erben zurücklassen.

Abb. 12: Frauenporträt aus Fayum, Manchester Museum

Übungstext 1

Martial II, 7

Atticus kann alles

■ Arbeitsaufgabe (zu Beispiel 1 und 2)

Liste die im Text verwendeten Stilmittel auf und zeige, wie der Dichter in diesem Epigramm Witz erzeugt.

Declamas belle, causas agis[1], Attice, belle,
 historias bellas, carmina bella facis,
componis belle mimos[2], epigrammata belle,
 bellus grammaticus, bellus es astrologus,
et belle cantas et saltas, Attice, belle,
 bellus es arte lyrae[3], bellus es arte pilae[4].
Nil bene cum facias, facis tamen omnia belle,
 Vis dicam, quid sis? Magnus es ardalio.
(51 lat. W., ▶ Übers. S. 127)

> **1 causas agere**: Rechtsfälle bearbeiten **2 mimus**, -i m.: Mimus, Komödie **3 lyra**, -ae f.: h. Lyraspiel **4 pila**, -ae f.: h. Ballspiel

Übungstext 2

Martial XII, 39

Sabellus ist schön!

Odi te, quia bellus es, Sabelle.
Res est putida[1], bellus et Sabellus,
bellum denique malo quam Sabellum.
Tabescas[2] utinam, Sabelle belle!
(21 lat. W., ▶ Übers. S. 128)

> **1 putidus** 3: widerlich, ekelhaft **2 tabesco** 3: verrecken

e. Chiasmus und Parallelismus

- Ein **Chiasmus** „Kreuzung" (nach dem griechischen Buchstaben X – Chi) ist eine rhetorische Figur, bei der Satzglieder und Teilsätze (Subjekt, Prädikat, Objekt) nach dem Schema SPO–OPS kreuzweise entgegengesetzt in ansonsten parallelen (Teil-)Sätzen angeordnet werden.

- Der **Parallelismus** ist eine Stilfigur, die durch parallelen Satzbau entsteht, d. h. zwei (oder mehrere) aufeinander folgende gleiche Satzarten (Haupt-, Neben-, Fragesatz etc.) oder Teilsätze haben dieselbe Abfolge ihrer Satzglieder (Subjekt, Prädikat, Objekt, Adverbial etc.). Zusätzliche wörtliche Wiederholungen verstärken oft den Eindruck der Parallelität.

Demonstrationstext

Martial III, 44

Der aufdringliche Dichter Ligurinus

■ Arbeitsaufgaben

1. Liste die im Text genannten Aktivitäten des Ligurinus auf.
2. Finde im Text Beispiele für Parallelismus, Chiasmus, Anapher und rhetorische Frage. Welches Bild wird hier vom Wesen des Ligurinus gezeichnet?

Occurrit tibi nemo quod^1 libenter
quod^1, quacumque^2 venis, fuga est et ingens
circa te, Ligurine, solitudo,
quid sit^3, scire cupis? Nimis^4 poeta es.
5 Hoc valde vitium periculosum est.
Non tigris^5 catulis^6 citata^7 raptis,
non dipsas^8 medio perusta^9 sole,
nec sic scorpios inprobus timetur.
Nam tantos, rogo, quis ferat labores?
10 Et stanti legis^{10} et legis sedenti,
currenti legis et legis cacanti.
In thermas fugio: sonas^{11} ad aurem.
Piscinam peto: non licet natare.
Ad cenam propero: tenes euntem.
15 Ad cenam venio: fugas edentem.
Lassus dormio: suscitas iacentem.
Vis, quantum facias mali, videre?
Vir iustus, probus, innocens timeris.
(94 lat. W.)

Dass dir niemand gern begegnet,
dass, wohin auch immer du kommst, gewaltige Flucht einsetzt und gewaltige Einsamkeit rings um dich herrscht, Ligurinus,
dafür willst du den Grund wissen? Du bist allzu sehr Dichter!
Das ist ein höchst gefährliches Laster.
Nicht die Tigerin, die gereizt ist, weil ihr die Jungen geraubt worden sind, nicht die Schlange, die ausgedörrt ist durch die Mittagssonne, nicht ein böser Skorpion wird so gefürchtet.
Denn ich frage dich, wer soll solche Qualen ertragen?
Steht man, liest du vor, du liest vor, wenn man sitzt, läuft man, liest du vor, du liest vor, wenn man kackt.
Ich fliehe in die Thermen: Du posaunst in mein Ohr.
Ich suche das Schwimmbecken auf: Du lässt mich nicht schwimmen.
Ich eile zum Essen: Du hältst mich im Gehen fest.
Ich komme zum Gastmahl: Du verjagst mich beim Essen.
Ich schlafe erschöpft ein: Du scheuchst mich im Liegen auf.
Willst du sehen, wie viel Unheil du anrichtest?
Du, ein gerechter und anständiger Mann, der niemandem etwas zuleide tut, wirst gefürchtet.

1 quod: dass **2 quacumque**: wohin auch immer **3 quid sit**: was los ist, was der Grund ist **4 nimis**: allzu sehr **5 tigris**, -is f.: Tigerin **6 catullus**, -i m.: Junges **7 cito** 1: reizen **8 dipsas**, -adis f.: Schlange **9 peruror** 3, -ussi, -ustum: erhitzen **10 lego**: h. vorlesen **11 sono** 1: schallen, h. brüllen

■ Kommentar

11 legis cacanti: In römischen Latrinen gab es in der Regel bis zu 20 Sitze, auf denen man nebeneinander Platz nehmen konnte. Daher wurde dort geplaudert, man nützte die Gelegenheit, um Geschäfte anzubahnen oder auch, wie in diesem Text, um seine Werke vorzutragen.

Abb. 13: Römische Latrine, Carnuntum

■ Tipp: Achte bei der Auflistung dessen, was Ligurinus so alles tut, um Gehör zu finden, besonders auf die Wortstellung! Die durch Parallelismen entstehende „Enumeratio"-Aufzählung kann komische Effekte bewirken. Denselben Effekt haben auch die Chiasmen.

■ Lösung

1., 3. In diesem Fall wird die Tatsache, dass Ligurinus aus der Sicht des Martial allzu sehr Dichter ist, der sich aufdrängt und sich überall und jederzeit durch Vorlesen in Szene setzen will und niemanden in Ruhe lässt, ironisch verstärkt.

2. Auch Wiederholungsfiguren wie die Anapher und die rhetorische Frage tragen dazu bei, die Botschaft des Autors, dass Ligurinus an Sympathien verliert, weil er kein Maß kennt, zu verdeutlichen. (> Unterstreichungen im Text)

Übungstext

Catull, Carmen 39

Ein bezauberndes Lächeln?

■ Arbeitsaufgaben
1. Unterstreiche alle Parallelismen im Text.
2. Zeige, worüber sich Catull in diesem Gedicht lustig macht und worin die Komik in diesem Text besteht.

Egnatius, quod candidos habet dentes,
renidet usque quaque[1]. Si ad rei ventum est
subsellium[2], cum orator excitat fletum,
renidet ille. Si ad pii rogum filii
lugetur, orba cum flet unicum[3] mater,
renidet ille. Quidquid est, ubicumque est,
quodcumque agit, renidet: Hunc habet morbum,
neque elegantem, ut arbitror, neque urbanum.
Quare monendum est[4] mihi, bone Egnati.
[…] nam risu inepto res ineptior nulla est […]
(62 lat. W., > Übers. S. 128)

1 usque quaque: ununterbrochen **2 si ad rei ventum est subsellium**: wenn ein Rechtsfall verhandelt wird **3 unicus**: erg. filium: den einzigen Sohn **4 monendum est**: es muss gemahnt werden

f. Lautmalerei und Pleonasmus

- **Lautmalerei** ist die Nachahmung eines Naturlautes oder eines sonstigen außersprachlichen akustischen Phänomens durch die klanglich als ähnlich empfundene Lautgestalt eines sprachlichen Ausdrucks (*ululare* – heulen, knattern, zischen …). Besonders Dichter veranschaulichen ihre Aussage oft durch gezielten Einsatz der **Klangfarbe** von Vokalen (a, o, u schaffen eine düstere Stimmung, e und i eine fröhliche) oder durch gehäufte Anwendung von Konsonanten, z. B. *Quadripedante putrem sonitu quatit ungula campum* (Vergil, Aeneis 8, 596) – Hufgestampfe.

- Ein **Pleonasmus** dient zur Verstärkung, Verdeutlichung oder besonderen Hervorhebung des Gesagten. Eine bestimmte Information wird innerhalb einer Wortgruppe mehrfach und auf unterschiedliche Weise zum Ausdruck gebracht („kaltes Eis"; „mit meinen eigenen Händen angefasst").

Demonstrationstext

Ovid, Metamorphoses X, 53 ff.

Orpheus führt seine Eurydice aus der Unterwelt.

Arbeitsaufgaben

1. Liste alle Attribute auf, die zur Beschreibung des Weges verwendet werden, und stelle diejenigen zusammen, die ähnliche oder gleiche Bedeutung haben (Stilmittel des Pleonasmus).
2. Analysiere die Vokale, die Ovid in den Versen 1–3 einsetzt, und stelle fest, welcher Vokal / welche Vokale am öftesten verwendet wird / werden.

Carpitur adclivis per muta[1] silentia trames,
arduus, obscurus, caligine densus opaca[2],
nec procul afuerunt telluris margine summae:
hic, ne deficeret[3], metuens avidusque videndi
flexit amans oculos, et protinus illa relapsa est,
bracchiaque intendens prendique et prendere certans[4]
nil nisi cedentes[5] infelix arripit auras.
(43 lat. W.)

Aufwärts führt sie der Pfad durch schweigende Stille. Sie steigen steil in finsterer Nacht, von dichtestem Nebel umschattet. Nicht mehr fern waren sie der Grenze der oberen Welt: Da befürchtet der Liebende, dass sie ermatte; er sehnt sich nach ihrem Anblick und schaut sich um: schon ist sie entglitten. Und sie breitet die Arme: Die Unglückliche will sich halten lassen, ihn halten, und greift, fasst nichts als entweichende Lüfte.

1 mutus 3: stumm **2 densus caligine opaca**: dicht erfüllt von finsterem Nebel **3 deficio** 3M, -feci, -fectus: zurückfallen, zurückbleiben **4 certo** 1: sich bemühen **5 cedo** 3: h. flüchten, weichen

Lösungen

1. Ovid verwendet viel Mühe darauf, den Weg als steil, düster, unheimlich still und unübersichtlich darzustellen. Dazu verwendet er das Mittel des Pleonasmus.
2. Carpitur adclivis per muta silentia trames,
   arduus, obscurus, caligine densus opaca,
   nec procul afuerunt telluris margine summae:
   Es dominieren *a* (11) und *u* (12), was die düstere, bedrückende Stimmung der Passage unterstreicht.

1 Übungstext

Ovid, Metamorphoses VI, 363–376

Bestrafte Frevler

■ Arbeitsaufgaben
1. Finde zwei Pleonasmen im Text und liste sie auf.
2. Finde ein Beispiel für Lautmalerei im Text und zeige, welches Geräusch Ovid hier imitiert.

1 Nec satis est, ipsos¹ etiam pedibusque manuque turbavere lacus imoque e gurgite mollem huc illuc limum saltu movere maligno. Distulit ira sitim; neque enim iam filia Coei 5 supplicat indignis nec dicere sustinet ultra verba minora dea² tollensque ad sidera palmas „Aeternum³ stagno" dixit „vivatis in isto!" Eveniunt optata deae: Iuvat esse sub undis et modo tota cava submergere membra palude, 10 nunc proferre caput, summo modo gurgite⁴ nare, saepe super ripam stagni consistere, saepe in gelidos resilire lacus, sed nunc quoque turpes litibus⁵ exercent linguas pulsoque pudore, quamvis sint sub aqua, sub aqua maledicere temptant. (94 lat. W., ➤ Übers. S. 128)	**1 ipsos**: zu lacus **2 minora dea**: zu gering für die Göttin **3 aeternum**: auf ewig **4 summo gurgite**: an der Wasseroberfläche **5 lis**, -tis f.: Streit

■ Kommentar:
4 filia Coei: Coeus ist ein Titan, der Vater der Latona.

g. Tropen (Metapher, Metonymie, *pars pro toto*, Litotes)

Von einem **Tropus** spricht man, wenn ein Ausdruck nicht in seiner eigentlichen Bedeutung, sondern in übertragener Bedeutung statt eines anderen Ausdrucks verwendet wird. Tropen finden sich häufig in dichterischer Sprache, aber auch in Umgangssprache und besonders in Sprichwörtern. Es gibt verschiedene Arten:

- Bei der **Metapher** sind der verwendete Ausdruck und der ersetzte Ausdruck meist nur in einem einzigen Punkt vergleichbar / ähnlich und sonst völlig unterschiedlich, im Dt. z. B. „Königskrone" – „Baumkrone".
- Bei der **Metonymie** hingegen stehen der verwendete Ausdruck und der ersetzte Ausdruck in einem logischen Verhältnis zueinander, im Dt. z. B. „Porzellan" statt „Porzellangeschirr" (Rohstoff statt Produkt); „Mozart hören", „Schnitzler lesen" (Urheber statt Werk); „Der ganze Raum starrte sie an." (Ort statt der dort befindlichen Personen / Dinge). Eine Sonderform der Metonymie ist das *pars pro toto*, bei dem ein Teil einer Sache für das Ganze steht, im Dt. z. B. „pro Kopf" statt „pro Person", „England" statt „Großbritannien".
- Bei der **Litotes** wird ein Ausdruck durch sein verneintes Gegenteil ersetzt, z. B. „Er stellte sich nicht ungeschickt an".

Demonstrationstext

Vergil, Aeneis VI, 337–339; 355–362; 365–371

Am Eingang zur Unterwelt begegnet Aeneas seinem über Bord gegangenen Steuermann Palinurus, der die Unterwelt nicht betreten darf, solange er noch nicht begraben ist. Er erzählt Aeneas von seinem Schicksal.

■ Arbeitsaufgabe

Finde im vorliegenden Text **je ein** Beispiel für Metapher, Metonymie, *pars pro toto* und Litotes. Als Hilfe ist angegeben, was mit dem jeweiligen Tropus gemeint sein könnte.

Name der Stilfigur	Beispiel		
Metonymie	*lumine quarto*	statt	*quarto die*
		statt	*cum numine*
		statt	*gladio*
		statt	*nave*
		statt	*scopulos*

Ecce gubernator sese Palinurus agebat,
qui Libyco nuper cursu, dum sidera servat,
exciderat puppi mediis effusus in undis. [...]
„Tris Notus hibernas immensa per aequora noctes
5 vexit me violentus aqua; vix lumine quarto
prospexi Italiam summa sublimis ab unda.
Paulatim adnabam terrae; iam tuta tenebam,
ni gens crudelis madida cum veste gravatum
prensantemque uncis manibus capita aspera montis
10 ferro invasisset praedamque ignara putasset.
Nunc me fluctus habet versantque in litore venti. [...]
Eripe me his, invicte, malis: aut tu mihi terram
inice[1], namque potes, portusque require Velinos[2];
aut tu, si qua via est, si quam tibi diva creatrix
15 ostendit (neque enim, credo, sine numine divum
flumina tanta paras[3] Stygiamque innare[4] paludem),
da dextram misero et tecum me tolle per undas,
sedibus ut saltem placidis in morte quiescam."
(125 lat. W.)

Siehe, da lungert der Steuermann Palinurus herum, der unlängst auf der Fahrt von Libyen vom Schiff gefallen ist, während er die Sterne beobachtete, und mitten in die Wellen geschleudert wurde. [...]
„Drei winterliche Nächte lang trieb mich der heftige Südwind im Wasser durch das gewaltige Meer, mit Mühe erblickte ich, hochgehoben von der höchsten Welle, beim vierten Tagesanbruch Italien. Allmählich schwamm ich an Land, schon hielt ich sicheren Boden, wenn nicht ein grausames Volk mich, der ich beschwert vom nassen Gewand mit gekrümmten Händen die schroffen Klippen des Berges ergriff, mit dem Schwert überfallen und unwissend Beute vermutet hätte. Nun hat mich die Flut und die Winde werfen mich am Strand hin und her. [...] Entreiß mich diesen Übeln, Unbesiegter: Entweder bring mich rasch in die Erde – denn du kannst es – und suche den Hafen von Velia auf; oder, wenn es irgendeinen Weg gibt, wenn dir deine göttliche Mutter irgendeinen zeigt (denn nicht ohne den Willen der Götter schickst du dich an, so große Flüsse und den Stygischen Sumpf zu überqueren), gib dem Armen die rechte Hand und nimm mich mit dir über die Wogen, sodass ich wenigstens an friedlichen Orten im Tod ruhe."

1 inicio 3, -ieci, -iectus: h. rasch hineinbringen **2 portus Velinos**: poetischer Plural, Velia hatte nur einen Hafen **3 paro** 1: h. im Begriff sein, sich anschicken **4 inno** 1: h. überqueren, durchqueren

■ **Tipp:** Tropen sind, mit Ausnahme der Litotes, schwierig zu erkennen. Oft findet man Metaphern und Metonymien in zunächst schwer verständlichen Texten. Im Wörterbuch sind manchmal metaphorische und metonymische Verwendungen einzelner Wörter angegeben.

■ **Lösung**

Name der Stilfigur	Beispiel		
Metonymie	*lumine quarto*	statt	*quarto die*
Litotes	*neque … sine numine*	statt	*cum numine*
Metonymie	*ferro*	statt	*gladio*
pars pro toto	*puppi*	statt	*nave*
Metapher	*capita aspera montis*	statt	*scopulos*

Übungstext

Vergil, Aeneis VI, 424–433

In der Unterwelt: Die Sibylle hat dem dreiköpfigen Unterweltswachhund Cerberus einen Knödel mit Schlafmittel zugeworfen. Nun können Aeneas und sie die Unterwelt betreten.

■ **Arbeitsaufgabe**

Finde im vorliegenden Text mindestens **je ein** Beispiel für Metapher, Metonymie, *pars pro toto* und Litotes und fülle sie in die folgende Tabelle ein. Als Hilfe ist angegeben, was mit dem jeweiligen Tropus gemeint sein könnte.

Name der Stilfigur	Beispiel		
Metapher	*custode sepulto*	statt	*custode sopito*
		statt	*a matre*
		statt	*cum sorte*
		statt	*fluminis*
		statt	*in nascendo*
		statt	*mors*
		statt	*morte*

1 Occupat Aeneas aditum custode sepulto
evaditque celer ripam inremeabilis¹ undae.
Continuo² auditae voces, vagitus et ingens,
infantumque animae flentes, in limine primo
5 quos dulcis vitae exsortis³ et ab ubere⁴ raptos
abstulit atra dies et funere mersit acerbo;
hos iuxta falso damnati crimine⁵ mortis.
Nec vero hae sine sorte⁶ datae, sine iudice, sedes:
quaesitor Minos urnam movet; ille silentum⁷
10 conciliumque vocat vitasque⁸ et crimina⁵ discit.
(64 lat. W., ▶ Übers. S. 129)

1 inremeabilis, -e: keine Rückkehr zulassend **2 continuo**: gleich darauf **3 exsortis** = exsortes; exsors, exsortis: ausgestoßen **4 uber**, -eris n.: Mutterbrust **5 crimen**, criminis n.: h. Anschuldigung **6 sors**, sortis f.: h. Auslosung der Geschworenen **7 silentes**: h. unterweltliche Schatten **8 vita**, -ae: h. Lebenswandel

■ **Kommentar**

  9 urnam movere: Der Richter schüttelt die Urne, um die Lose für die Auswahl der Geschworenen zu mischen.

GLIEDERN UND STRUKTURIEREN

1. Strukturierung ausgewählter Passagen
Gliedern mithilfe von Stilfiguren (Chiasmus und Parallelismus)

- **Parallelismus:** Parallelstellung ähnlicher Gedanken durch parallelen Satzbau
- **Anapher:** Wortwiederholung am Beginn aufeinander folgender Satzglieder oder Sätze
- **Klimax:** steigernde, oft dreigliedrige Reihung oder Häufung (vom Schwächeren zum Stärkeren, vom weniger Bedeutenden zum Wichtigen), z. B. *veni, vidi, vici*

Demonstrationstext
Cicero, In Verrem II, 4,112

Cicero wirft Verres vor, dass er sich übler benommen habe als die Feinde, die die Stadt Henna früher schon besetzt hatten.

■ Arbeitsaufgabe
Finde Beispiele für Parallelismus und Anapher und gliedere mithilfe dieser Stilmittel den Satz Z. 2–9. Kennzeichne die dabei zutage tretende Klimax.

1 Tenuerunt enim P. Popilio P. Rupilio consulibus illum locum servi[1], fugitivi[2], barbari, hostes. Sed neque tam servi illi dominorum[3] quam tu libi-
5 dinum, neque tam fugitivi illi ab dominis quam tu ab iure et ab legibus, neque tam barbari linguā et natione illi quam tu naturā et moribus, neque tam illi hostes hominibus quam
10 tu dis immortalibus. Quae deprecatio[4] est igitur ei reliqua, qui indignitate[5] servos, temeritate[6] fugitivos, scelere barbaros, crudelitate hostes vicerit? (72 lat. W.)

Es besetzten nämlich jenen Ort unter den Konsuln P. Popilius und P. Rupilius Sklaven, entlaufene Sklaven, Barbaren, Feinde. Aber weder waren jene so sehr Sklaven ihrer Herren wie du deiner Gier noch jene so sehr auf der Flucht vor ihren Herren wie du vor dem Recht und den Gesetzen noch jene so sehr Barbaren in Bezug auf Sprache und Herkunft wie du in Bezug auf dein Wesen und deinen Charakter noch jene so sehr Feinde ihrer Mitmenschen wie du der Götter.
Welche Entschuldigung bleibt daher dem, der an Würdelosigkeit die Sklaven, an Rücksichtslosigkeit die entlaufenen Sklaven, an Ruchlosigkeit die Barbaren und an Grausamkeit die Feinde übertroffen hat?

1 servi etc.: Subjekt **2 fugitivus**, -i: entlaufener Sklave **3 tam servi illi dominorum**: erg. *erant* **4 deprecatio**, -onis f.: Entschuldigung **5 indignitate** u. die übr. abl.: an, in Bezug auf ... (abl. lim.); indignitas, -atis f.: Würdelosigkeit **6 temeritas**, -atis f.: Rücksichtslosigkeit

■ Kommentar
1 f. P. Popilio P. Rupilio consulibus: 132 v. Chr.
2 illum locum: Gemeint ist Henna, das Zentrum des Ceres- und Proserpina-Kults im Herzen Siziliens, das von Verres schamlos ausgeraubt wurde.

■ Tipp: Suche gleiche Wörter oder Wortgruppen,
- wenn sie aufeinander folgende Satzglieder oder Sätze einleiten, markiere sie als Anaphern;
- wenn sie syntaktisch (als Satzglieder) parallel gestellt sind, markiere sie als Parallelismen.
Ordne sie untereinander, sodass ihre Aufgabe als Stilmittel klar erkennbar ist.

■ Lösung
Tenuerunt enim P. Popilio P. Rupilio consulibus illum locum servi, fugitivi, barbari, hostes.

Abb. 14: Pluto und Proserpina, Glocken-Fontäne, Sanssouci

Sed

neque tam servi illi dominorum	quam tu libidinum,
neque tam fugitivi illi ab dominis	quam tu ab iure et ab legibus,
neque tam barbari lingua et natione illi	quam tu natura et moribus,
neque tam illi hostes hominibus	quam tu dis immortalibus.

Quae deprecatio est igitur ei reliqua,
    qui
    indignitate servos,
    temeritate fugitivos,
    scelere barbaros,
    crudelitate hostes
    vicerit?

Die Klimax wird von *servi* über *fugitivi* und *barbari* bis *hostes* aufgebaut.

Übungstext
Cicero, In Catilinam I, 32

Cicero spricht vor den Senatoren und verlangt die Isolierung der Mitglieder der Catilinarischen Verschwörung.

■ Arbeitsaufgabe
Finde Beispiele für Parallelismus und Anapher, markiere sie im Text und gliedere mit ihrer Hilfe den Text.

¹ Polliceor hoc vobis, patres conscripti, tantam¹ in nobis consulibus fore diligentiam, tantam in vobis auctoritatem, tantam in equitibus Romanis virtutem, tantam in omnibus bonis consensionem, ut Catilinae profec-
⁵ tione² omnia patefacta, illustrata³, oppressa, vindicata⁴ esse videatis. (35 lat. W., ▶ Übers. S. 129)

> **1 tantam … consensionem**: AcI abhängig von *polliceor* **2 Catilinae profectione**: nach Catilinas Abreise **3 illustro** 1: beleuchten **4 vindico** 1: bestrafen

2. Formale Gliederung
Satzanalyse

Zur Durchführung einer **grafischen Satzanalyse** stehen viele Möglichkeiten zur Verfügung; welche konkret verwendet wird, ist unerheblich. Wichtig ist, dass bei der Darstellung eines Satzgefüges die Prädikate der Hauptsätze in der richtigen Reihenfolge und auf derselben Ebene eingetragen werden. Bei Gliedsätzen muss die unterordnende Konjunktion, das Bindewort samt dem dazu gehörigen Prädikat/den Prädikaten angegeben werden. Satzwertige Konstruktionen (z. B. Participium coniunctum, Ablativus absolutus und attributives Gerundiv) können wie Gliedsätze behandelt werden.

Demonstrationstext
Seneca, Epistulae morales ad Lucilium I, 1

Vom Wert der Zeit

■ **Arbeitsaufgabe**
Gliedere den Satz in Haupt- und Gliedsätze (jedenfalls Prädikate und unterordnende Konjunktionen) und erläutere mithilfe des Satzschemas, was der Autor wohl mit eben dieser Wort- bzw. Satzstellung zeigen wollte.

¹ Et tanta stultitia mortalium est, ut, quae minima et vilissima sunt, certe reparabilia, imputari sibi, cum impetravere, patiantur¹,
⁵ nemo se iudicet quicquam debere, qui tempus accepit, cum interim hoc unum est, quod ne gratus quidem potest reddere. (37 lat. W.)

> So groß ist die Dummheit der Menschen, dass sie sich die Dinge, die sehr gering und wertlos sind, sicher aber ersetzbar, als Schuld anrechnen lassen, wenn sie sie bekommen haben, dass jedoch niemand meint, etwas schuldig zu sein, der Zeit bekommen hat, obwohl sie das einzige ist, was nicht einmal ein Dankbarer zurückgeben kann.
>
> **1 imputari sibi patiantur**: zulassen, dass als Schuld angerechnet wird

■ **Tipp:** Wenn der erste Hauptsatz im Indikativ steht, dann stehen allfällige weitere Hauptsätze auch im Indikativ. Ein Wechsel zwischen Indikativ und Konjunktiv in Hauptsätzen desselben Satzgefüges ist nicht anzunehmen (*iudicet* kann also nur zum Gliedsatz gehören).

Lösung

Tanta est stultitia mortalium,
    ut ea ↑ imputari sibi patiantur,
        quae minima et vilissima sunt, certe reparabilia,
        cum impetravere (= impetraverunt).
(et) ut nemo ↑ se quidquam debere iudicet,
    qui tempus accepit,
        cum interim hoc unum est,
        → quod ne gratus quidem potest reddere.

Das Schema zeigt, dass Seneca die Wirkung der Dummheit der Menschen in zwei, für ihn offenbar gleichwertigen, daher auch parallel gebauten Nebensatzkonstruktionen darstellt. Die Menschen sind dumm, weil sie sich unbedeutende Dinge zum Verdienst anrechnen lassen und weil sie dem Geschenk der Zeit keinen Wert beimessen.

Übungstext

Cicero, De re publica I, 8

Jeder Bürger hat die Verpflichtung, sich für den Staat und die Allgemeinheit einzusetzen.

■ Arbeitsaufgabe

Gliedere den Satz in Haupt- und Gliedsätze sowie satzwertige Strukturen und trage die lateinischen Textsequenzen in die Tabelle ein (jedenfalls Prädikate, unterordnende Konjunktionen und satzwertige Verbalformen) und erläutere mithilfe des Satzschemas, was der Autor wohl mit eben dieser Wort- bzw. Satzstellung zeigen wollte.

Neque enim hac nos patria lege genuit aut educavit, ut nulla quasi alimenta[1] expectaret a nobis, ac tantummodo[2] nostris ipsa commodis serviens tutum perfugium otio nostro suppeditaret et tranquillum ad quietem locum, sed ut plurimas[3] et maximas nostri animi ingenii consilii partes[3] ipsa sibi ad utilitatem suam pigneraretur[4], tantumque nobis in[5] nostrum privatum usum, quantum ipsi superesse posset, remitteret[5]. (59 lat. W., ➤ Übers. S. 130)

1 alimentum, -i n.: Unterhalt, Unterstützung **2 tantummodo**: nur **3 plurimas**: zu partes **4 pigneror** 1: beanspruchen **5 remittere in** (+ acc.): für eine Sache übriglassen

3. Metrik (Hexameter, Pentameter – L6)
Interpretieren mithilfe der Metrik

- Der **daktylische Hexameter** besteht aus sechs Versfüßen, deren letzter ein **Spondeus** – – oder **Trochäus** – ∪ ist. In den ersten vier Füßen kann statt eines **Daktylus** – ∪ ∪ regelmäßig ein Spondeus eintreten, im fünften Fuß nur selten. Während viele Daktylen dem Vers ein eher fröhliches Gepräge geben und z. B. lebhafte Bewegung signalisieren, vermittelt ein Vers mit vielen Spondeen Schwerfälligkeit, Schwermut und Trauer.

  $\stackrel{\prime}{-} \overline{\cup\cup} \mid \stackrel{\prime}{-} \overline{\cup\cup} \mid \stackrel{\prime}{-} \overline{\cup\cup} \mid \stackrel{\prime}{-} \overline{\cup\cup} \mid \stackrel{\prime}{-} \cup\cup \mid \stackrel{\prime}{-} \overline{\cup}$

- **Wortstellung:** In der Dichtersprache kann der Dichter seine Aussage auch durch die Wortstellung verdeutlichen: Er kann Dinge, die ihm wichtig sind, in die Mitte des Verses rücken oder durch ein **Hyperbaton** / eine Sperrung „umarmen" etc., z. B. *Vivamus, mea Lesbia, atque amemus!* – Lesbia steht im Zentrum des Denkens des Dichters.

- **Klangfarbe der Vokale:** Eine Häufung von dunklen Vokalen (a, o, u) lässt den Text ruhig oder traurig wirken, den Handlungsablauf langsam. Helle Vokale (i, e) erregen den Eindruck von Heiterkeit, Leichtigkeit etc. (> Lautmalerei, S. 29).

- **Anapher:** Wortwiederholung am Beginn aufeinander folgender Satzglieder oder Sätze

Demonstrationstext

Ovid, Metamorphoses X, 1–10

Schlimme Vorzeichen für die Ehe

■ Arbeitsaufgaben

1. Skandiere die Verse 1–5 und versuche aus dem Verhältnis der Spondeen zu den Daktylen Rückschlüsse auf die Stimmungslage des Textes zu ziehen.
2. Finde in den Zeilen 1–7 eine Anapher und zwei Hyperbata.
3. Analysiere die Klangfarbe der verwendeten Vokale und stelle fest, welche Stimmung sie transportieren.
4. Beachte auch die Wortstellung und zeige, was der/die Lesende besonders im Gedächtnis behalten soll.

1 Inde[1] per inmensum croceo velatus amictu
   aethera digreditur Ciconumque Hymenaeus ad oras
   tendit et Orphea[2] nequiquam voce vocatur.
   Adfuit ille quidem, sed nec sollemnia verba
5 nec laetos vultus nec felix attulit omen.
   Fax quoque, quam tenuit, lacrimoso stridula fumo
   usque[3] fuit nullosque invenit motibus ignes.
   exitus auspicio gravior: Nam nupta per herbas
   dum nova Naiadum turba comitata vagatur,
10 occidit in talum serpentis dente recepto.
   (64 lat. W.)

> Von dort geht Hymenaeus, in einen safrangelben Mantel gehüllt, durch den unermesslichen Himmelsraum zur Küste der Kikonier, aber er wird von Orpheus' Gesang vergeblich gerufen. Jener war zwar da, aber weder feierliche Gesänge noch fröhliche Mienen noch glückliche Vorzeichen brachte er. Auch die Fackel, die er hielt, zischte ständig von Tränen erregendem Rauch und fing trotz der Bewegungen kein Feuer. Der Ausgang war schwerer als das Vorzeichen. Denn während die Frischvermählte durch die Wiesen spazierte, begleitet von einer Schar Nymphen, starb sie, nachdem sie von einer Schlange in ihren Knöchel gebissen worden war.
>
> **1 inde**: von dort, von der letzten Hochzeit **2 Orpheus** 3: zu Orpheus bzw. dem Orpheus gehörig **3 usque**: in einem fort, ununterbrochen

■ Kommentar

1 croceus amictus: Ein safranfarbiger Umhang gehört zu den Attributen des Ehegottes Hymenaeus.

2 Cicones, -um: Die Kikonen sind ein thrakischer, also nordgriechischer Volksstamm. Thrakien ist die Heimat des Orpheus.

Hymenaeus: der Hochzeitsgott

6 fax: Bei der Hochzeit werden Fackeln mitgetragen, die als ein glückverheißendes Zeichen hell brennen sollen; beim Begräbnis hält man das brennende Ende der Fackel nach unten, sodass sie raucht.
9 Naiades: Nymphen, halbgöttliche Bewohnerinnen von Quellen, Bäumen und Bergen

■ **Tipp: Eine Silbe gilt als lang, wenn hinter dem Vokal der Silbe mindestens zwei Konsonanten folgen (die nicht zum selben Wort gehören müssen), wenn der Vokal der Silbe ein Diphthong ist (ae, au, ei ...) oder wenn die Silbe von Natur aus (= immer) lang gesprochen wird (z. B. *natura*).**

■ **Lösungen**

1. – U U | – – | –   U U | – – | – U U | – X
   Inde per inmensum croceo velatus amictu
   – U U | – U U | – U U | –   U U | – U U | – X
   aethera digreditur Ciconumqu(e) Hymenaeus ad oras
   – U U | – – | – – | – – | – U U | – X
   tendit et Orphea nequiquam voce vocatur.
   – U U | – U U | – – | – – | UU | – X
   Adfuit ille quidem, sed nec sollemnia verba
   – – | – – | – – | – – | – UU | – X
   nec laetos vultus nec felix attulit omen.
   Der Hochzeitsgott kommt, gerufen von Orpheus, er ist heiterer Stimmung auf seinem Weg, wie die Daktylen zeigen, aber auch seine heitere Anwesenheit (V. 4) kann nicht helfen. Als Ankündigung des Unglücks dienen die Spondeen, die eine düstere Stimmung hinterlassen.
2. Hyperbaton: Das Schlüsselwort *nequiquam* wird umrahmt von der ansonsten so genialen Stimme des Orpheus, die hier auch nichts bewirken kann: *nullos ... ignes*. Gesteigert wird die trübe Stimmung durch die Anapher *nec ... nec ... nec*.
3. Die Klangfarbe der Vokale in den Versen 5–7 ist düster, es dominieren u / a / o:
   nec laetos vultus nec felix attulit omen. / Fax quoque, quam tenuit, lacrimoso stridula fumo / usque fuit nullosque invenit motibus ignes.
4. ➤ Lösung zu Frage 2

Übungstext
Ovid, Metamorphoses VIII, 679 ff.

Weil sich ihr Wein auf wundersame Weise vermehrt, realisieren Philemon und Baucis, zwei fromme alte Leute, dass sie Götter bewirtet haben.

Abb. 15: Adam Elsheimer, Jupiter und Mercur bei Philemon und Baucis,
Öl auf Kupfer (um 1600), Dresden, Gemäldegalerie Alte Meister

■ **Arbeitsaufgaben**
1. Skandiere die Verse 6–9 und versuche aus dem Verhältnis der Spondeen zu den Daktylen Rückschlüsse auf die Stimmungslage des Textes zu ziehen.
2. Finde einen Pleonasmus (❯ S. 29) und eine Alliteration (❯ S. 18) im Text.

Interea totiens haustum cratera[1] repleri
sponte sua per seque vident succrescere[2] vina:
attoniti novitate[3] pavent manibusque supinis[4]
concipiunt Baucisque preces timidusque Philemon
et veniam dapibus[5] nullisque paratibus[6] orant.
Unicus anser erat, minimae custodia villae:
quem dis hospitibus domini mactare[7] parabant;
ille celer penna tardos aetate fatigat
eluditque diu tandemque est visus ad ipsos
confugisse deos: superi vetuere[8] necari.
(58 lat. W., ❯ Übers. S. 130)

1 cratera: griech. acc., den Krug **2 succresco** 3, -crevi, -cretum: mehr werden, sich vermehren **3 novitas**, -atis f.: ungewöhnliches Ereignis **4 supinus** 3: nach oben gerichtet (Gebetshaltung) **5 dapes**, -um f.: Speisen **6 paratus**, -us m: Aufwand; nullis paratibus: für den geringen Aufwand **7 macto** 1: schlachten **8 vetuere** = vetuerunt

4. Einteilung in Sinnabschnitte
a. Gliedern durch Sinnabschnitte und Überschriften

Eine **Überschrift** ist im Allgemeinen die möglichst kurze, prägnante Bezeichnung für einen Text oder einen Abschnitt eines Textes. Sie weist mit einem Satz oder einem Wort auf das im Folgenden Kommende voraus.

Demonstrationstext   Caesar, De bello Gallico 1,6

Die Helvetier wollen ihr Gebiet verlassen und sich weiter im Westen ansiedeln. Für diesen Weg bieten sich ihnen, wie Cäsar ausführt, verschiedene Möglichkeiten.

■ **Arbeitsaufgaben**
1. Gliedere die vorliegende Textpassage, liste die laut Cäsar vorhandenen Möglichkeiten auf und ordne ihnen die von Cäsar zugeschriebenen Merkmale zu.
2. Versieh die Abschnitte mit passenden Überschriften.

Erant omnino itinera duo, quibus itineribus (Helvetii) domo exire possent: unum per Sequanos, angustum et difficile, inter montem Iuram et flumen Rhodanum, vix qua singuli carri ducerentur. Mons autem altissimus impendebat, ut facile perpauci prohibere possent. alterum per provinciam nostram, multo facilius atque expeditius, propterea quod inter fines Helvetiorum et Allobrogum, qui nuper pacati erant, Rhodanus fluit isque non nullis locis

Es gab insgesamt nur zwei Wege, auf denen die Helvetier auswandern konnten: einen durch das Gebiet der Sequaner, schmal und schwer gangbar, zwischen dem Juragebirge und der Rhone, auf dem kaum einzelne Karren gefahren werden konnten. Ein sehr hoher Berg ragte über den Weg, sodass ganz wenige Leute den Weg blockieren konnten. Es gab noch einen zweiten durch unsere Provinz, viel bequemer und leichter zu passieren, weil zwischen dem Gebiet der Helvetier und der Allobroger, die neulich unterworfen worden waren, die Rhone

vado transitur. Extremum oppidum Allobrogum est proximumque Helvetiorum finibus Genava. Ex eo oppido pons ad Helvetios pertinet. (78 lat. W.)

> fließt und an einigen Stellen an Furten überschritten werden kann. Die letzte Stadt der Allobroger und die dem Gebiet der Helvetier am nächsten gelegene ist Genf. Aus dieser Stadt führt eine Brücke zu den Helvetiern.

■ **Kommentar**

4 mons Iura: Der Jura ist ein Faltengebirgszug mit einer Längenausdehnung von etwa 300 km, der sich in einem halbmondförmigen, nach Südosten offenen Bogen erstreckt.
flumen Rhodanus: Die Rhone ist ein 812 km langer Fluss in der Schweiz und in Frankreich.
7 provincia nostra: Cäsar meint die römische Provinz *Gallia ulterior*, die heutige Provence.
9 Allobroges: keltischer Stamm; ihr Gebiet erstreckte sich zwischen der Rhône und Isère bis hin zum Genfersee.

■ **Tipp: Beim Gliedern und Strukturieren ist es oft sinnvoll, nach Zahlwörtern vorzugehen. Häufig werden Abschnitte auch durch reihende Konnektoren** *(primo, deinde, denique, postremo …)* **definiert.**

■ **Lösung**

Ein harter Weg	Bequemer geht's nicht
unum per Sequanos	alterum per provinciam nostram
angustum et difficile	multo facilius atque expeditius
inter montem Iuram et flumen Rhodanum	propterea quod inter fines Helvetiorum et Allobrogum Rhodanus fluit
vix qua singuli carri ducerentur.	qui nuper pacati erant
Mons autem altissimus impendebat,	isque non nullis locis vado transitur.
ut facile perpauci prohibere possent.	

Cäsar will dem Leser nahelegen, dass die Helvetier fast keine andere Wahl haben, als den bequemeren Weg durch die römische Provinz zu nehmen.

Übungstext

Sallust, De Catilinae coniuratione 7

Der Historiker Sallust schildert den Weg Roms zur Großmacht.

■ **Arbeitsaufgaben**
1. Gliedere die vorliegende Textpassage, liste die Abschnitt-bildenden Konnektoren auf (➤ S. 11).
2. Sammle aus jedem Abschnitt einige Leitbegriffe (Schlüsselwörter).
3. Versieh jeden Abschnitt mit einer Überschrift.

1 Hi <Troiani et cum iis Aborigines>, postquam in una moenia convenere, […] alii alio more viventes, incredibile memoratu[1] est, quam facile coaluerint: Ita brevi multitudo dispersa atque vaga concordia civitas facta erat. Sed postquam res eorum civibus, mo-
5 ribus, agris aucta satis prospera satisque pollens videbatur, […]

> **1 incredibile memoratu**: es ist unglaublich zu erwähnen

invidia ex opulentia orta est. Igitur reges populique finitumi² bello temptare³, pauci ex amicis auxilio esse³. Nam ceteri metu perculsi a periculis aberant. At Romani domi militiaeque intenti festinare³, parare³, alius alium hortari³, hostibus obviam ire³, libertatem, patri-
am parentisque armis tegere³. Post, ubi pericula virtute propulerant, sociis atque amicis auxilia portabant magisque dandis quam accipiundis beneficiis amicitias parabant. Imperium legitumum⁴, nomen imperi regium habebant. Delecti […] rei publicae consultabant. Hi vel aetate vel curae similitudine patres appellabantur. Post, ubi regium imperium […] in superbiam dominationemque se convortit⁵, inmutato more annua imperia binosque imperatores sibi fecere: Eo modo minume posse putabant per licentiam insolescere⁶ animum humanum. (142 lat. W., ▸ Übers. S. 131)

2 finitumi = finitimi
3 temptare, esse …: historische Infinitive, sie vertreten die 3. Pers. Pl. **4 legitumus** 3: rechtmäßig **5 se convortere**: sich wandeln zu **6 insolesco** 3: übermütig werden

■ **Kommentar**
1 Aborigines: „Ureinwohner" der Region Latium, im Gegensatz zu den eingewanderten Trojanern

b. Gliedern durch Sinnabschnitte

Jeden Text – sei es ein Gedicht, ein Roman, ein Sachtext etc. – kann man nach dem jeweiligen Inhalt in Sinnabschnitte gliedern.

Demonstrationstext   Johannes Kepler, Astronomia Nova 44

Die astronomischen Messungen der Planetenumlaufbahnen um die Sonne bringen ein anderes Ergebnis als die Berechnung der Kreisbahn. Das wurde damit erklärt, dass die Sonne sich nicht im Zentrum der Kreisbahn befinde; Johannes Kepler kommt aber zu einer anderen Erklärung.

■ **Arbeitsaufgabe**
Gliedere den vorliegenden Text nach den Stufen der Argumentation (Ausgangspunkt – Argument – Schlussfolgerung) in Sinnabschnitte.

Quid ergo dicendum? Num hoc illud est, quod supra capite¹ VI dictum, per translationem² suppositionis³ a medio ad apparentem⁴ Solis motum alium constitui eccentricum⁵, qui ad latus apogaei⁶ Solis excedat? Nequaquam. Nam quantum is hinc excedit, tantum inde appropinquat. Hic autem videtis utrinque planetam a circuli orbita⁷ ad centrum appropinquare: quod multae aliae observationes partim securae capitibus LI, LIII attestantur. Itaque plane⁸ hoc est: orbita planetae non est circulus, sed ingrediens ad latera utraque

Was ist also zu sagen? Ist dies nicht jenes, was oben in Kapitel 6 gesagt worden war, wo ich durch die Verschiebung des Bezugspunkts von der Mitte zur tatsächlichen Bewegung der Sonne eine andere Kreisbahn aufgestellt habe, die zur Seite des Sonnenapogäums ausschert? Keineswegs. Denn soweit sie hier ausschert, soweit nähert sie sich dort an. Hier aber seht ihr, dass der Planet sich auf beiden Seiten von der Kreisbahn zum Zentrum hin annähert: Das bezeugen auch viele andere Beobachtungen, die zum Teil in den Kapiteln 51 und 53 folgen werden. Daher ist dies klar: Die Umlaufbahn des Planeten ist kein Kreis, sondern geht an beiden Seiten ein bisschen nach innen und geht im Perigäum wiederum zur Weite des Kreises auf; eine solche Form der Kreisbahn nennen sie eiförmig.

paulatim, iterumque ad circuli amplitudinem⁹ in perigaeo¹⁰ exiens: cuiusmodi figuram¹¹ itineris ovalem appellitant.
(87 lat. W.)

> **1 caput**, capitis n: h. Kapitel **2 translatio**, -nis f.: h. Verschiebung **3 suppositio**, -nis f.: h. Bezugspunkt, Mittelpunkt des Kreises **4 apparens**, -ntis: h. tatsächlich **5 eccentricus**, -i: Kreisbahn **6 apogaeum**, -i: Apogäum (▶ K) **7 orbita**, -ae: h. Umlaufbahn **8 planus** 3: h. klar, offensichtlich **9 amplitudo**, -inis f.: Weite **10 perigaeum**, -i: Perigäum (▶ K) **11 figura**, -ae: h. Form

■ Kommentar

2 quod supra capite VI dictum: Die Abweichungen zwischen berechneter und beobachteter Planetenposition wurden zunächst damit erklärt, dass die Sonne nicht genau im Mittelpunkt der Kreisbahn stehe, sondern in einiger Entfernung (▶ Abb. 16). Das **Apogäum** bezeichnet bei dieser Vorstellung jenen Punkt der Umlaufbahn, an dem der Planet am weitesten von der Sonne entfernt ist; das **Perigäum** den gegenüberliegenden Punkt, an dem der Planet der Sonne am nächsten ist. Auch bei der ellipsenförmigen Umlaufbahn werden diese Bezeichnungen verwendet.

■ Lösung

Abschnitt 1 (rhetorische Frage): Quid ergo dicendum? Num hoc illud est, quod supra capite VI dictum, per translationem suppositionem a medio ad apparentem Solis motum alium constitui eccentricum, qui ad latus apogaei Solis excedat?

Abschnitt 2 (Antwort und Argumentation): Nequaquam. Nam quantum is hinc excedit, tantum inde appropinquat. Hic autem videtis utrinque planetam a circuli orbita ad centrum appropinquare: quod multae aliae observationes partim securae capitibus LI, LIII attestantur.

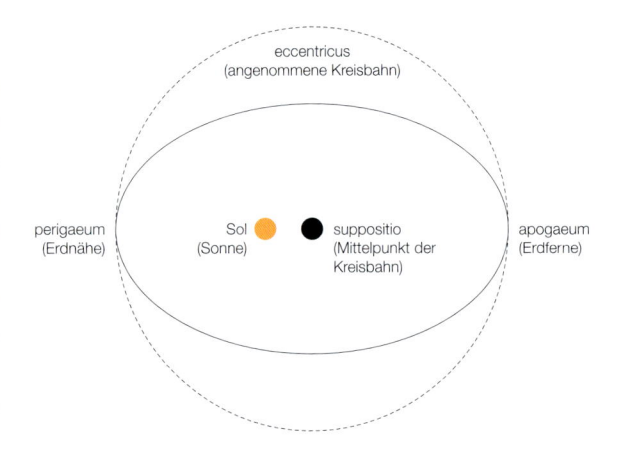

Abb. 16: Skizze der Erdumlaufbahn nach Johannes Kepler (1571–1630)

Abschnitt 3 (Schlussfolgerung): Itaque plane hoc est: orbita planetae non est circulus, sed ingrediens ad latera utraque paulatim, iterumque ad circuli amplitudinem in perigaeo exiens: cuiusmodi figuram itineris ovalem appellitant.

Übungstext
Vergil, Aeneis VI, 426–437

In der Unterwelt: Eine Zwischenregion zwischen Tartarus und Elysium beherbergt die Seelen von Verstorbenen, die wegen ihres verfrühten Todes (noch) nicht in die eigentliche Unterwelt gelangen können.

■ Arbeitsaufgaben
1. Gliedere den vorliegenden Text in Sinnabschnitte und finde für jeden eine Überschrift.
2. Liste die Wörter auf, mit denen der Autor die Sinnabschnitte verknüpft bzw. einleitet.

Continuo¹ auditae voces, vagitus et ingens,
infantumque animae flentes, in limine primo
quos dulcis vitae exsortis² et ab ubere³ raptos
abstulit atra dies et funere mersit acerbo;
5 hos iuxta falso damnati crimine⁴ mortis.
Nec vero hae sine sorte⁵ datae, sine iudice, sedes:
quaesitor Minos urnam movet; ille silentum⁶
consiliumque vocat vitasque⁷ et crimina⁴ discit.
Proxima deinde tenent maesti loca, qui sibi letum
10 insontes peperere⁸ manu lucemque perosi⁹
proicere animas. Quam¹⁰ vellent aethere in alto
nunc et pauperiem et duros perferre labores!
(81 lat. W., ➤ Übers. S. 132)

1 continuo gleich darauf **2 exsortis** = exsortes; exsors, exsortis: ausgestoßen **3 uber**, -eris n.: Mutterbrust **4 crimen**, criminis n: h. Anschuldigung **5 sors**, sortis f.: h. Auslosung der Geschworenen **6 silentes**: h. unterweltliche Schatten **7 vita**, -ae: h. Lebenswandel **8 pario** 3M peperi partum: h. zufügen **9 perosus** 3: hassend **10 quam** (im Ausruf): wie sehr, wie gern

■ Kommentar:
7 urnam movet: Der Richter schüttelt die Urne, um die Lose für die Auswahl der Geschworenen zu mischen.
10 insontes: Erzwungener Selbstmord war in der Antike auch eine als besonders mild angesehene Form der Todesstrafe; Vergil meint hier aber jene, die aus freien Stücken aus dem Leben schieden.

5. Nachzeichnen von Argumentationslinien
„Der rote Faden"

Eine **Argumentationslinie** ist der logische Faden, anhand dessen die Entwicklung eines Gedankengangs aufgebaut ist.

Demonstrationstext   Privilegium minus 3–5 (DD FI 151,3–5, gek.)

In diesem Dokument bestätigte Kaiser Friedrich I. „Barbarossa" (1152–1190) 1156 dem Babenberger Heinrich II „Jasomirgott" Privilegien als Gegenleistung für den Verzicht auf das Herzogtum Bayern.

■ Arbeitsaufgabe
Verfolge die Entwicklung der in diesem Text vorkommenden Argumentation und mache sie grafisch sichtbar.

Alle sollen wissen, dass der Kaiser in einem feierlichen Akt dem Streit zwischen seinem Onkel Heinrich II. und seinem Neffen Heinrich von Sachsen um das Herzogtum Bayern auf diese Weise ein Ende bereitete …

Abb. 17: Konstantin Vasilyev (1942–1976), **Friedrich Barbarossa**

[...] quod dux Austrie[1] resignavit[2] nobis ducatum Bawarie, quem statim in beneficium[3] concessimus duci Saxonie. Dux autem Bawarie resignavit nobis marchiam[4] Austrie cum omni iure suo et cum omnibus beneficiis, que quondam marchio Liupoldus[5] habebat a ducatu Bawarie.
Ne autem in hoc facto aliquatenus[6] minui videretur honor et gloria dilectissimi patrui nostri, [...] omnibus principibus approbantibus marchiam[3] Austrie in ducatum commutavimus et eundem ducatum cum omni iure prefato patruo nostro Heinrico et prenobilissime uxori sue Theodore in beneficium concessimus [...].
Si autem predictus dux Austrie, patruus noster, et uxor eius absque liberis decesserint[7], libertatem habeant eundem ducatum affectandi[8] cuicumque voluerint. [...]
(97 lat. W.)

[...] dass der Herzog von Österreich uns das Herzogtum Bayern zurückgegeben hat, das wir sofort dem Herzog von Sachsen zu Lehen gegeben haben, und der Herzog von Bayern aber uns die Mark Österreich zurückgegeben hat mit allem ihrem Recht und mit allen Lehen, die einst Markgraf Leopold vom Herzogtum Bayern innehatte. Damit aber dadurch die Ehre und der Ruhm unseres geschätztesten Oheims nicht irgendwie gemindert erscheinen, haben wir [...] mit Zustimmung aller Fürsten die Mark Österreich in ein Herzogtum umgewandelt und dieses Herzogtum mit allem Recht unserem obgenannten Oheim Heinrich und seiner allerdurchlauchtigsten Gattin Theodora zu Lehen gegeben. [...] Wenn aber der oben genannte Herzog von Österreich, unser Oheim, und seine Gattin kinderlos sterben sollten, dann sollen sie die Freiheit haben, das Herzogtum zu vererben, wem auch immer sie wollen. [...]

1 Austrie: Entsprechend der mittelalterlichen Aussprache wurde ae als e geschrieben, ebenso in *Bawarie, Saxonie* ... **2 resigno** 1: h. zurückgeben **3 beneficium**, -i: Lehen **4 marchia**, -ae: Markgrafschaft **5 marchio Liupoldus**: Markgraf Leopold I **6 aliquatenus**: irgendwie **7 absque liberis decedere**: kinderlos sterben **8 affecto** 1: vererben

■ **Kommentar**

6 marchio Liupoldus: Markgraf Leopold I. (gest. 994) war der erste Babenberger, der mit Österreich belehnt wurde.

14 Heinricus: Heinrich II, „Jasomirgott" (1141–1177), Babenberger, 1. Herzog von Österreich

14 f. Theodora: Gemahlin Heinrichs II., eine byzantinische Prinzessin, die er am 2. Kreuzzug heiratete

18 f. libertas affectandi: Die freie Wahl des Erben *(ius affectandi)* war ein besonders wichtiges Vorrecht.

■ **Tipps**

1. Markiere die Textteile, die zueinander in einem kausalen Verhältnis stehen.
2. Kennzeichne die Richtung der logischen Abfolge durch einen Pfeil.
3. Achtung! Die logische Denkfolge kann auch gegen die Leserichtung formuliert sein.

■ **Lösung**

[...] quod dux Austrie resignavit nobis ducatum Bawarie, quem statim in beneficium concessimus duci Saxonie. Dux autem Bawarie resignavit nobis marchiam Austrie cum omni iure suo et cum omnibus beneficiis, que quondam marchio Liupoldus habebat a ducatu Bawarie.
Ne autem in hoc facto aliquatenus minui videretur honor et gloria dilectissimi patrui nostri, [...] omnibus principibus approbantibus marchiam Austrie in ducatum commutavimus et eundem ducatum cum omni iure prefato patruo nostro Heinrico et prenobilissime uxori sue Theodore in beneficium concessimus [...].
Si autem predictus dux Austrie, patruus noster, et uxor eius absque liberis decesserint, libertatem habeant eundem ducatum affectandi cuicumque voluerint. [...]

Grund		Folge
quod dux … Bawarie	→	quem statim … Saxonie
Dux autem … Bawarie	}	marchiam Austrie … concessimus
Ne autem in hoc facto … nostri		

Übungstext

Nepos, Themistocles IV, 3–5, 3

Vor der Seeschlacht von Salamis leitete und koordinierte Themistokles (lat. Themistocles, -i) in Athen, das sich ganz auf den Kampf zur See konzentrierte, den Krieg gegen die Perser. Als die Griechen von den Schiffen aus Athen brennen sahen, wollten sie das gemeinsame Heer verlassen, um jeweils ihre eigene Heimatstadt zu verteidigen.

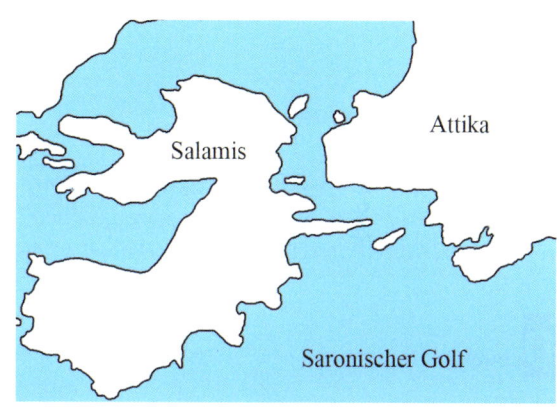

Abb. 18: Skizze der Bucht von Salamis

■ Arbeitsaufgabe

Verfolge die Entwicklung der in diesem Text vorkommenden Argumentation und mache sie grafisch sichtbar.

Themistocles unus restitit et universos pares esse posse aiebat, dispersos testabatur[1] perituros idque Eurybiadi, regi Lacedaemoniorum, qui tum summae imperii praeerat[2], fore affirmabat. Quem cum minus, quam vellet[3], moveret, noctu de servis[4] suis, quem habuit fidelissimum, ad regem Persarum misit, ut nuntiaret suis verbis[5] adversarios eius in fuga esse. Qui si discessissent[6], maiore cum labore et longinquiore tempore bellum confecturum, cum singulos[7] consectari cogeretur; quos si[8] statim aggrederetur, brevi universos oppressurum.
[…] Hac re audita barbarus nihil doli subesse credens postridie alienissimo[9] sibi loco, contra[10] opportunissimo hostibus adeo angusto mari conflixit, ut eius multitudo navium explicari[11] non potuerit. (98 lat. W., ▶ Übers. S. 132)

1 testo 1: beteuern **2 summae imperii praeerat**: er hatte den Oberbefehl inne **3 minus, quam vellet**: nicht nach seinen Vorstellungen **4 de servis …** = e numero servorum; de servis suis fidelissimum, quem habuit … **5 suis verbis**: in seinem Namen **6** Beginn einer kurzen oratio obl.; im Dt. alles Konjunktiv! **7 singuli, -ae, -a**: einzeln **8 quos si**: wenn er aber … **9 alienus** 3: fremd = ungünstig; Gegenteil ist opportunus 3 **10 contra**: h. Adv. **11 explicari**: sich entfalten

■ Kommentar

2 Eurybiades, -is: König von Sparta / Lacedaemonia

3 ZUSAMMENFASSEN UND PARAPHRASIEREN

1. Begriffe
Begriffe sammeln

Paraphrase von Begriffen: Sprachliche, formale und inhaltliche Elemente werden aus der vorgelegten Textstelle gemäß den vorgegebenen Aufgaben gesucht, kurz und prägnant mit eigenen Worten umschrieben und sinnvoll aufgelistet.

Demonstrationstext

Magna Charta Libertatum 15

■ **Arbeitsaufgabe**
Sammle die fünf Einschränkungen des Verbots, bei größeren Aufwendungen von Untergebenen einen Beitrag zu verlangen, fasse sie mit eigenen Worten zusammen und liste sie auf.

1 Nos non concedemus alicui, quod¹ capiat auxilium² de liberis hominibus suis, nisi ad corpus suum
5 redimendum³, et ad faciendum primogenitum filium suum militem⁴, et ad primogenitam filiam suam semel maritandam, et ad hec non
10 fiat, nisi racionabile auxilium. (38 lat. W.)

Wir werden niemandem gestatten, einen Unterstützungsbeitrag von seinen freien Untergebenen zu fordern, außer als Lösegeld für sich selbst und um seinen erstgeborenen Sohn zum Ritter auszurüsten und um seine älteste Tochter ein Mal zu verehelichen, und auch dafür nur einen angemessenen Betrag.

1 statt klass. *ut* **2 auxilium capere**: einen Beitrag verlangen **3 ad corpus suum redimendum**: als Lösegeld **4 miles**, -itis m.: Ritter

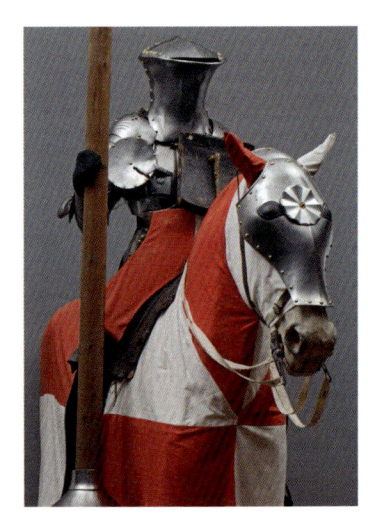

Abb. 19: Ritterrüstung und Rossstirn (1485/1490), **Hans Grünewalt** zugeschrieben, Wien, Kunsthistorisches Museum

■ **Kommentar**
Wahrscheinlich ist die berühmte Geschichte von der Gefangennahme des engl. Königs Richard Löwenherz bei seiner Rückkehr vom 3. Kreuzzug 1193 in Wien durch den Babenberger Leopold V. und die anschließende Erpressung eines hohen Lösegeldes der Grund für die Aufnahme dieses Kapitels in die „charta". Die Kosten waren nämlich auf die Stände übertragen worden.

3 auxilium: Wenn ein Lehensherr in finanziellen Nöten war, konnte er von seinen Untergebenen Hilfsgelder eintreiben. Hier wird dieses Recht auf drei genau definierte Fälle reduziert.

6/8 militem facere: Einen Ritter auszurüsten war eine kostspielige Sache, ebenso wie die Ausrichtung einer Hochzeit für ein adeliges Mädchen.

■ Tipps
1. Suche und markiere alle Wörter und Formulierungen in dem Text, die der Aufgabenstellung (Einschränkung des Verbots) entsprechen.
2. Führe das Ergebnis (mit Zitaten) in geordneter Reihenfolge an.

■ Lösung
Folgende Einschränkungen des Verbots werden angeführt:

1	Es gilt nicht für Unfreie.	liberis
2	Lösegeld für sich selbst	ad corpus suum redimendum
3	um seinen erstgeborenen Sohn zum Ritter auszurüsten	ad faciendum primogenitum filium suum militem
4	um seine älteste Tochter ein Mal zu verehelichen	ad primogenitam filiam suam semel maritandam
5	Gefordert werden darf nur ein angemessener Betrag.	racionabile

Übungstext   Magna Charta Libertatum 42

In Kapitel 41 der „Magna Charta" wurden die Rechte ausländischer Händler geregelt. In Kapitel 42 wird Reisefreiheit garantiert.

■ Arbeitsaufgabe
Sammle die acht Bedingungen, unter denen die Reisefreiheit eingeschränkt wird, fasse sie mit eigenen Worten zusammen und liste sie auf.

1 Liceat unicuique decetero[1] exire de regno nostro, et redire, salvo et secure, per terram et per aquam, salva fide nostra[2], nisi tempore gwerre[3] per aliquod breve tempus, propter communem utilitatem regni, excep-
5 tis imprisonatis[4] et utlagatis[5] secundum legem regni, et gente[6] de terra contra nos gwerrina[7], et mercatoribus, de quibus fiat sicut predictum est. (53 lat. W., ▶ Übers. S. 133)

1 decetero: in Zukunft **2 salva fide nostra**: vorausgesetzt, er ist uns gegenüber loyal **3 gwerra, -ae**: Krieg **4 imprisono** 1: einsperren (engl. to imprison) **5 utlago** 1: vogelfrei erklären (engl. to outlaw) **6 gens, -tis**: Leute, Menschen **7 gwerrinus** 3: kriegführend

2. Einzelne Passagen

> Eine **Paraphrase** ist eine Umschreibung eines Sachverhalts oder Textes mit eigenen Worten. Während ein **wörtliches Zitat** sich nur auf einen kleinen Abschnitt der Quelle beziehen kann und identisch mit dem Original sein muss, überträgt eine Paraphrase den Wortlaut einer längeren Passage in eigene Worte, verdichtet den Inhalt und ist daher immer kürzer als das Original. Eine **Inhaltsangabe** muss zwar auch in eigenen Worten erfolgen und sich an das Original halten, ist aber deutlich kürzer als dieses und bietet einen globalen Überblick.

Demonstrationstext

Livius, Ab urbe condita I, 13

Die einst von den Römern geraubten Sabinerinnen greifen im Konflikt zwischen ihren Vätern und ihren Ehemännern ein.

Abb. 20: Jacques-Louis David, Der Raub der Sabinerinnen (1799)

■ Arbeitsaufgaben

1. Gliedere den ersten Satz (Z. 1–9) in Haupt- und Gliedsätze sowie satzwertige Strukturen und trage die lateinischen Textsequenzen in die Tabelle ein (jedenfalls Prädikate, unterordnende Konjunktionen und satzwertige Verbalformen).

HS / GS / satzwertige V-Formen	Textzitat

2. Unterstreiche alle Tätigkeiten, die die Frauen in diesem Satz setzen (Verben und Partizipia).
3. Paraphrasiere den Satz anhand folgender Leitfragen: Was ist das Anliegen der Frauen? Welche Handlungen sind untypisch für römische Frauen, welche dramatischen Gesten unterstreichen ihr Anliegen?

1 Tum Sabinae mulieres, quarum ex iniuria bellum ortum erat, crinibus passis[1] scissaque veste, victo malis[2] muliebri pavore, ausae (sunt) se inter
5 tela volantia inferre, ex transverso[3] impetu facto dirimere infestas acies, dirimere iras, hinc patres, hinc viros orantes, ne sanguine se nefando soceri generique respergerent, ne parrici-
10 dio macularent partus[4] suos, nepotum illi, hi liberorum progeniem. „Si adfinitatis inter vos, si conubii piget[5], in

Dann wagten die Sabinischen Frauen, deren unrechter Raub Anlass zum Krieg gegeben hatte, mit offenen Haaren, zerrissenem Gewand sich zwischen die fliegenden Geschoße zu stellen, nachdem sie die weibliche Angst durch die Übel überwunden hatten, von der Seite her die feindseligen Schlachtreihen zu trennen, die Emotionen zu trennen und die Männer auf der einen und die Väter auf der anderen Seite zu bitten, dass Schwiegerväter und Schwiegersöhne sich nicht mit frevelhaftem Blut besprizen, dass sie ihre Nachkommen nicht mit Mordschuld beflecken, die einen die Schar ihrer Kinder, die anderen die ihrer eigenen Enkel. „Wenn euch aber die Verwandtschaft und die eheliche Verbindung so zuwider sind, richtet euren Zorn gegen uns. Wir sind der Grund des Krieges und der Wunden und des Gemetzels für Männer und Väter.

nos vertite iras! nos causa belli, nos (causa) vulnerum ac caedium viris
15 ac parentibus sumus; melius peribimus quam sine alteris vestrum⁶ viduae aut orbae vivemus." Movet res cum multitudinem tum duces; silentium et repentina fit quies;
20 inde ad foedus faciendum duces prodeunt. (105 lat. W.)

Besser werden wir sterben, als ohne die einen von euch als Witwen oder Waisen zu leben." Die Sache rührt die Menge und die Führer. Es entsteht plötzlich Stille, man hört kein Wort. Dann treten die Führer vor, um einen Vertrag zu schließen.

1 passus: offen (die Haare offen zu tragen galt als Trauergestus) **2 malum**, -i n.: Übel, Leid **3 ex transverso**: von der Seite her **4 partus**, -us m: Nachkommen **5 vos piget** (+ gen.): es verdrießt euch, ihr seid nicht einverstanden mit; **6 sine alteris vestrum**: ohne den einen oder anderen von euch

■ Lösungen

1.

HS / GS / satzwertige V-Formen	Textzitat
HS	Tum … ausae sunt se inferre … dirimere … dirimere
GS	quarum … ortum erat
HS	orantes
GS	ne … respergerent
GS	ne … macularent

2. ➤ Unterstreichungen im Text
3. Was die Frauen wollen, könnte man mit drei griffigen Sätzen zusammenfassen: Schließt Frieden! Akzeptiert die Situation, wie sie ist! Tötet keine Verwandten! Untypisch an ihrem Verhalten ist, dass sie sich in das Kriegshandwerk einmischen, ihre weibliche Angst überwinden und sogar zwischen die Fronten treten. Trauergesten (zerrissene Kleider und offenes Haar) unterstreichen die Ernsthaftigkeit ihres Anliegens.

Übungstext

Plinius, Epistulae V, 5 (gek.)

Der Tod des Caius Fannius

■ Arbeitsaufgaben

1. Unterstreiche im Traum des C. Fannius (Z. 9–15) alle Verbalformen, die mit Kaiser Nero in Zusammenhang stehen.
2. Paraphrasiere den Traum des C. Fannius (Z. 9–15) anhand folgender Leitfragen:
   a. Wo spielt die Traumerzählung? b. Warum träumt Fannius wohl von Nero?
   c. Welche Aktionen setzt Nero im Traum? d. Was folgert C. Fannius daraus?

1 […] Pulcherrimum opus imperfectum reliquit. Quamvis enim agendis causis¹ distringeretur, scribebat tamen exitus occisorum aut relegatorum a Nerone et iam tres libros subtiles et diligentes et Latinos² atque inter sermonem historiamque medios³ absolverat,
5 et tanto magis reliquos perficere cupiebat, quanto frequentius hi lectitabantur. Mihi autem videtur acerba semper et immatura mors eorum, qui immortale aliquid parant. […] Caius quidem Fannius, quod accidit, multo ante praesensit. Visus est sibi per nocturnam quietem iacere in lectulo suo compositus in habitum studentis,

1 causis agendis: mit dem Verhandeln von Rechtsfällen **2 Latinos**: in gutem Latein **3 inter sermonem historiamque medius**: in der Mitte zwischen Umgangssprache und Geschichtsstil

10 habere ante se scrinium⁴ (ita solebat). Mox imaginatus est venisse
Neronem, in toro resedisse, prompsisse primum librum, quem de
sceleribus eius ediderat, eumque ad extremum revolvisse⁵, idem in
secundo ac tertio fecisse, tum abisse. Expavit et ita interpretatus
est, tamquam idem sibi futurus esset scribendi finis, qui fuit illi
15 legendi. Et fuit idem. (128 lat. W., ▶ Übers. S. 134)

4 scrinium, -i: Bücherkiste **5 revolvo** 3, -volvi, -volutus: durchblättern

3. Gesamttext
Inschrift

Der Inhalt der vorgelegten Textstelle wird anhand der Leitfragen zusammengefasst und mit eigenen Worten wiedergegeben. Allfällige Vorgaben der Wortanzahl müssen eingehalten werden.

Demonstrationstext   Universalmuseum Joanneum Inv.-Nr. 58, CIL III 10878

Stein des Caius Cassius Celer aus Spodnja Hajdina

■ Arbeitsaufgabe
Gib den Inhalt der Inschrift anhand folgender Leitfragen wieder:
a. Wie hieß der Begrabene mit Vor-, Gentil- und Beinamen?
b. Wie hieß der Vater des Verstorbenen?
c. In welcher Tribus (Wahlbezirk) war er eingetragen?
d. Aus welcher Stadt stammte er?
e. Was war er von Beruf?
f. Welcher Legion gehörte er an?
g. In welchem Alter starb er?
h. Wer setzte den Grabstein?

Abb. 21: Stein des C. Cassius Celer,
Universalmuseum Joanneum

1 C. CASSIVS
  C. F. CELER
  ANIESIS¹ CRE.
  VET. LEG. VIII.
5 AVG. AN. XL
  H. S. E.
  H.² ET TVCE³ L.
  POSVERVNT

C. = Caius
F. = filius
CRE. = Cremona
VET. = veteranus, LEG. = legionis
AVG. = Augustae, AN. = annorum
HSE = hic situs est
H. = heres, L. = liberta

Hier liegt C. Cassius Celer, Sohn des Caius, aus der Tribus Aniensis, von Cremona, Veteran der 8. Legion Augusta, verstorben mit 40 Jahren, begraben. Der Erbe und seine Freigelassene Tyche haben (diesen Stein) gesetzt.

1 Aniensis: eine römische Tribus (Wahlbezirk) **2 heres**, heredis m. / f.: Erbe, Erbin **3 Tuce**: Tyche (Mädchenname für Sklavinnen)

■ Kommentar:
In den Garnisonsstädten hatten Legionäre oft die Möglichkeit, eine Sklavin zu kaufen und außerhalb der Kaserne einen eigenen Haushalt einzurichten. Nach ihrer Entlassung aus dem Militärdienst blieben sie meist am selben Ort und heirateten die inzwischen freigelassene Sklavin.

■ **Tipp:** Für Abkürzungen gibt es eigene Verzeichnisse. Außerdem werden auch in den Lehrbüchern mit lateinischen Inschriften meist die wichtigsten Abkürzungen angeführt.

■ **Lösung**
a. Caius Cassius Celer
b. Caius
c. Aniensis
d. Cremona
e. Veteran, altgedienter Soldat
f. der 8. Legion Augusta
g. mit 40 Jahren
h. sein Erbe und seine Freigelassene Tyche

Übungstext

Universalmuseum Joanneum Inv.-Nr. 60, CIL III 10879

Stein des Caius Servilius aus Spodnja Hajdina

■ **Arbeitsaufgaben**

Gib den Inhalt der Inschrift anhand folgender Leitfragen wieder:
a. Wie hieß der Begrabene mit Vor- und Gentilnamen?
b. Wie hieß der Vater des Verstorbenen?
c. In welcher Tribus (Wahlbezirk) war er eingetragen?
d. Aus welcher Stadt stammte er?
e. Was war er von Beruf?
f. Welcher Legion gehörte er an?
g. Welcher Waffengattung gehörte er an?
h. In welchem Alter starb er?
i. Wie viele Dienstjahre hatte er abgeleistet?
j. Wer setzte den Grabstein?
k. In welchen Informationen unterscheiden sich diese beiden Steine?

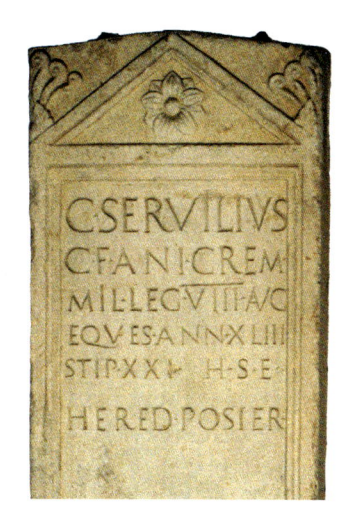

Abb. 22: Stein des C. Servilius, Universalmuseum Joanneum

1 C. SERVILIVS
  C.F. ANI[1]. CREM.
  MIL. LEG. VIII. AVG.
  EQVES ANN. XLIII
5 STIP. XXI H.S.E.
  HERED[2]. POSIER.
  (➤ Übers. S. 134)

C. = Caius
F. = filius, ANI. = Aniensis, CREM. = Cremona
MIL. = miles, LEG. = legionis, AVG. = Augustae
ANN. = annorum
STIP. = stipendiorum, H.S.E. = hic situs est
HERED. = heredes, POSIER. = posuerunt

1 Aniensis: eine römische Tribus (Wahlbezirk) **2 heres**, heredis m. / f.: Erbe, Erbin

4 GEGENÜBERSTELLEN UND VERGLEICHEN

1. Zusätzliche Texte / Textteile

Demonstrationstext 1

Christoph Columbus – Jean-Jacques Rousseau

Christoph Columbus macht 1492 erstmals Bekanntschaft mit den Bewohnern der sogenannten „Neuen Welt".

■ **Arbeitsaufgaben**
1. Sammle die Informationen, die Columbus über die Bewohner der Karibik gibt.
2. Fasse Jean-Jacques Rousseaus Theorie vom glücklichen Naturzustand der Menschheit im deutschen Vergleichstext mit eigenen Worten zusammen.
3. Vergleiche die beiden Textstellen miteinander und bedenke dabei, dass Rousseau von den Berichten über die fremden Völker in der „Neuen Welt" beeinflusst war.

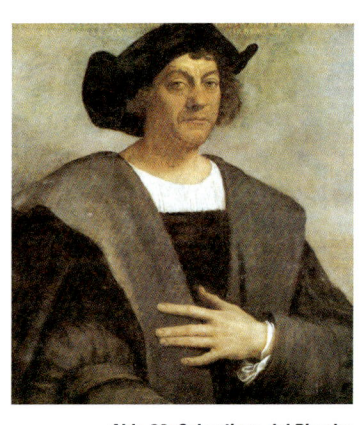

Abb. 23: Sebastiano del Piombo, Christoph Columbus (1519)

Christoph Columbus, Epistola de insulis in mari Indico nuper inventis 8 (gek.)

1 Omnium insularum, quas ego vidi et quarum cognitionem habeo, incolae utriusque sexus nudi semper incedunt, quemadmodum eduntur in
5 lucem, praeter aliquas feminas, quae folio frondeve aliqua aut bombycino velo[1] pudenda[2] operiunt, quod ipsae sibi ad id negotii parant. Carent hi omnes, ut supra dixi, quocumque ge-
10 nere ferri. Carent et armis, utpote[3] sibi ignotis, nec ad ea sunt apti; non propter corporis deformitatem (cum sint bene formati), sed quia sunt timidi ac pleni formidine. (72 lat. W.)

Auf allen Inseln, die ich gesehen habe und von denen ich Kenntnis habe, laufen die Bewohner beiderlei Geschlechts immer nackt einher, wie sie ans Licht gegeben werden (= wie sie zur Welt kommen), mit Ausnahme einiger Frauen, die ihre Schamteile mit einem Blatt oder irgendeinem Laub oder mit einem Tuch aus Seide bedecken, welches sie sich selbst zu diesem Zweck herstellen. Diese alle, wie ich oben sagte, besitzen keine Form des Eisens. Sie haben auch keine Waffen, die sind ihnen nämlich unbekannt, und sie sind für diese auch nicht geeignet; und zwar nicht wegen der körperlichen Missgestalt (obwohl sie gut gebaut sind), sondern weil sie furchtsam und angsterfüllt sind.

1 velum, -i **bombycinum**: ein Tuch aus Seide **2 pudenda**, -orum n. pl.: Schamteile **3 utpote**: nämlich

Jean-Jacques Rousseau, Diskurs über die Ungleichheit (Auszug)

Solange die Menschen sich mit ihren ländlichen Hütten begnügten, solange sie sich darauf beschränkten, ihre Kleider aus Häuten mit Dornen oder Gräten zu nähen, sich mit Federn und Muscheln zu schmücken, sich den Körper mit verschiedenen Farben zu bemalen, ihre Bogen und ihre Pfeile zu vervollkommnen oder zu verschönern, mit scharfen Steinen einige Fischerboote oder einige krude Musikinstrumente zu schnitzen; mit einem Wort: Solange sie sich nur Arbeiten widmeten, die ein Einzelner bewältigen konnte, und Künsten, die nicht das Zusammenwirken mehrerer Hände erforderten, lebten sie so frei, gesund, gut und glücklich, wie sie es ihrer Natur nach sein konnten. […]

■ Kommentar

Jean-Jacques Rousseau (1712–1778), politischer Philosoph und Schriftsteller, war der Ansicht, in der Einfachheit der Natur sei die beste Staatsform zu finden. Berühmt geworden durch sein Schlagwort „Zurück zur Natur!", ging es ihm vor allem darum, die zivilisatorischen Missstände zu überwinden. Die dem Menschen von Natur aus verliehene Freiheit sah er in der Gesellschaft seiner Zeit bedroht.

■ **Tipp: Lies zunächst die zu vergleichenden Textstellen genau durch. Behandle danach zuerst die erste, dann die zweite Stelle und versuche im Anschluss daran, Gemeinsamkeiten und Unterschiede herauszuarbeiten.**

■ Lösungen

1. Es herrscht (laut Columbus) auf den Inseln der Karibik nahezu ein paradiesischer Urzustand: Alle, Männer wie Frauen, laufen nackt umher; nur einige Frauen bedecken ihre Schamteile mit Blättern oder mit Tüchern aus Seide, die sie selbst herstellen. Das heißt, man lebt von und mit der Natur. Die Menschen dieser Inseln kennen kein Eisen und auch keine Waffen – das muss heißen, dass hier nicht Krieg geführt wird. Sie benutzen deshalb keine Waffen, weil sie sehr ängstlich sind, und nicht, weil es ihr körperlicher Zustand nicht zulassen würde.
2. Rousseau schwärmt von der Zeit, als die Menschen noch einfach und dadurch glücklich und frei waren. Sie verwendeten nur das, was die Natur abwarf (Häute, Dornen, Gräten, Steine, …). Diesen Zustand möchte er für seine Zeit, das 18. Jahrhundert, wiederherstellen und bekämpft die Missstände, die die Zivilisation mit sich bringt.
3. In beiden Texten wird die einfache Lebensweise der Menschen glorifiziert; es fällt jedoch auf, dass die Inselbewohner der „Neuen Welt" unbewaffnet sind, die in Rousseaus Text jedoch sehr wohl Waffen tragen, wenn auch nur einfache, wie z. B. Steine. Im Brief des Columbus stellen Frauen das, womit sie ihre Nacktheit verhüllen, selbst her (arbeiten also alleine für sich), auch Rousseau spricht davon, dass man nur so lange frei, gesund, gut und glücklich leben kann, solange man für sich selbst arbeitet, d. h. autark ist.

Übungstext 1 — Amerigo Vespucci – Alexander von Humboldt

Auch Vespucci beschreibt – kurz nach Columbus – die Bewohner der „Neuen Welt".

■ Arbeitsaufgaben

1. Fasse mit eigenen Worten zusammen, wie Vespucci, der 1501 die brasilianische Küste betreten hat, die Bewohner dieser „Neuen Welt" sieht.
2. Liste die Infomationen auf, die Alexander von Humboldt bei seiner Beschreibung Südamerikas gibt.
3. Vergleiche die beiden Texte.

Amerigo Vespucci, Mundus novus 4 (gek.)

¹ Omnes utriusque sexus incedunt nudi, nullam corporis partem operientes. Et uti ex ventre matris prodeunt, sic usque ad mortem vadunt. Corpora enim habent magna, quadrata, bene disposita ac proportionata et colore declinantia ad rubedinem. Quod eis acci-
⁵ dere puto, quia nudi incedentes tingantur a sole. Habent et comam amplam et nigram. Sunt in incessu¹ et ludis agiles et liberali atque venusta facie. Quam tamen ipsimet² sibi destruunt. Perforant enim sibi genas et labra et nares et aures. Neque credas foramina³ illa esse parva aut, quod unum tantum habeant. Vidi enim nonnullos ha-
¹⁰ bentes in sola facie septem foramina, quorum quodlibet capax⁴ erat unius pruni⁵. (103 lat. W., ➤ Übers. S. 135)

1 incessus, -us m.: Gangart **2 ipsimet** = verstärktes ipsi **3 foramen**, -inis n.: Loch, Durchbohrung (Piercing!) **4 capax**, -acis (+ gen.): groß genug für **5 prunum**, -i n.: Pflaume

Alexander von Humboldt, Brief an seinen Bruder Wilhelm (Cumaná, 17.10.1800; Auszug)

Ich kann dir nicht genug wiederholen, wie sehr glücklich ich mich befinde in diesem Teile der Welt, in welchem ich mich schon so an das Klima gewöhnt habe, dass es mir vorkommt, als wenn ich gar nicht in Europa gewohnt hätte. Es gibt vielleicht kein Land auf der ganzen Welt, wo man angenehmer und ruhiger leben könne als in den spanischen Kolonien, die ich seit 15 Monaten durchstreife. Das Klima ist sehr gesund, die Hitze fängt erst des Morgens gegen 9 Uhr an stark zu werden und dauert nur bis um 7 Uhr des Abends. Die Nächte und die Morgen sind viel frischer als in Europa. Die Natur ist reich, mannigfaltig, groß und über allen Ausdruck majestätisch. Die Einwohner sind sanft, gut und gesprächig, sorglos und unwissend zwar, aber einfach und ohne Ansprüche. […]

■ **Kommentar**

Alexander von Humboldt (1769–1859), Naturforscher und Geograf aus Berlin, forschte 1799 bis 1804 im Gebiet der heutigen Staaten Venezuela, Kuba, Kolumbien, Ecuador, Peru und Mexiko. Er beschäftigte sich neben seinen naturwissenschaftlichen Studien auch mit den Sprachen und der Kultur der in Südamerika lebenden Indianer.

Demonstrationstext 2

Pico della Mirandola – Ovid

Für Pico della Mirandola ist der Mensch das vollkommenste und wunderbarste Geschöpf auf Erden.

■ **Arbeitsaufgaben**
1. Sammle die Argumente Picos dafür, dass der Mensch das wunderbarste Geschöpf ist.
2. Finde bei Ovid Hinweise darauf, welche Rolle dem Menschen zukommt.
3. Vergleiche die beiden Passagen.

Pico della Mirandola, Oratio de hominis dignitate, p. 7; 10 (gek.)

¹ […] Multa de humanae naturae praestantia afferuntur a multis: esse hominem creaturarum internuntium, superis familiarem, regem inferiorum; sensuum perspicia, rationis indagine,
⁵ intellegentiae lumine naturae interpretem. […]
Er lässt Gott, den optimus opifex, sprechen:

[…] Vieles wurde von vielen über die Vorzüglichkeit der menschlichen Natur angeführt: Der Mensch sei ein Vermittler unter den Geschöpfen, mit den Göttern vertraut, König über die niedrigeren Wesen; mit seiner Sinnesschärfe, der Entdeckungskraft seiner Vernunft, dem Licht seines Verstandes sei er der Deuter der Natur. […]

„ [...] Medium te mundi posui, ut circumspiceres inde commodius, quicquid est in mundo. Nec te caelestem neque terrenum neque mortalem neque immortalem fecimus, ut tui ipsius quasi arbitrarius honorariusque plastes et fictor, in quam malueris, tu te formam effingas. Poteris in inferiora, quae sunt bruta, degenerare; poteris in superiora, quae sunt divina, ex tui animi sententia regenerari." O summam Dei patris liberalitatem, summam et admirandam hominis felicitatem! Cui datum <est> id habere, quod optat, id esse, quod velit. (102 lat. W.)

„[...] Ich habe dich in die Mitte der Welt gestellt, damit du dich von dort aus bequemer umschauen kannst, was es auf der Welt gibt. Wir haben dich weder himmlisch noch irdisch, weder sterblich noch unsterblich gemacht, damit du dich selbst wie dein eigener, in Ehre frei entscheidender und schöpferischer Bildhauer zu der Gestalt formst, in die du gerne möchtest. Du wirst zum Niedrigeren, was das Tierische ist, verkümmern können; du wirst aber auch zu Höherem, was das Göttliche ist, nach Beschluss deiner Seele wieder hervorgebracht werden können." O, welch höchste Güte Gottes, des Vaters, welch höchstes und bewundernswertes Glück des Menschen! Dem es gegeben ist zu haben, was er wünscht, und zu sein, was er will.

■ **Kommentar**

Pico della Mirandola (1463–1494), Gelehrter aus Italien (Nähe von Modena), schreibt in seinem Werk „*Oratio de hominis dignitate*", einem der schönsten Vermächtnisse der Renaissance, über die Menschenwürde. Nach ihm sei der Mensch ein eigenständiges, selbstbestimmendes Wesen, welches durch seine *ratio* und durch philosophisches Nachdenken zur Vollkommenheit gelangen könne.

Ovid kommt im 1. Buch seiner „*Metamorphosen*" auf die Entstehung der Lebewesen zu sprechen. Die Krone der Schöpfung sei jedoch der Mensch.

Ovid, Metamorphoses I, 76–86 (gek.)

Sanctius his[1] animal mentisque capacius altae
deerat adhuc et quod dominari in cetera posset:
Natus homo est, sive hunc divino semine fecit
ille opifex rerum, mundi melioris origo,
sive recens tellus seductaque nuper ab alto
aethere cognati retinebat semina caeli; [...]
pronaque cum spectent animalia cetera terram,
os homini sublime[2] dedit caelumque videre
iussit et erectos ad sidera tollere vultus.
(60 lat. W.)

Ein heiligeres und des hohen Sinnes fähigeres Lebewesen als diese (= Tiere) fehlte bis jetzt noch, eines, das über die übrigen herrschen könnte: Der Mensch wurde geboren; ob ihn der Weltschöpfer, der Ursprung der besseren Welt, aus göttlichem Samen schuf oder die Erde, jüngst erst vom hohen Äther getrennt, die Samen des verwandten Himmels erhielt. [...] Während die übrigen Lebewesen vornübergebeugt die Erde betrachten, gab er dem Menschen ein zum Himmel blickendes Gesicht und ließ ihn den Himmel sehen und den Blick zu den Sternen hinauf erheben.

1 his (abl. comp.): gemeint sind die vorhin genannten Tiere **2 sublimis**, -e: zum Himmel blickend

■ **Tipp:** Du kannst die beiden Textstellen mit eigenen Worten paraphrasieren, um die Leitfragen zu beantworten. Versuche auch die Kernaussage des Pico-Textes zu formulieren.

■ **Lösungen**
1. Pico lebte und wirkte zur Zeit der Renaissance und des Humanismus, in einer Zeit, in der der Mensch (im Gegensatz zum Mittelalter) in den Mittelpunkt des Interesses gerückt wurde; er sieht in ihm den mit

ratio ausgestatteten produktiven Denker und beschreibt ihn folgendermaßen: Er sei Vermittler unter den Geschöpfen (Art Mediator!), könne mit den Göttern, beherrsche die ihm unterlegenen Wesen und sei Deuter der Natur (kraft seiner *ratio* und seiner *intellegentia*). Von Gott, dem Weltschöpfer, sei er in die Mitte der Welt gestellt worden, um sich dort umzuschauen; er sei weder himmlisch noch irdisch, weder sterblich noch unsterblich – der Mensch habe sich selbst in der Hand (könne sich selbst so formen, wie er möchte) und werde nicht gesteuert. Was auch immer er aus sich mache, sei ihm überlassen: Er könne zu etwas Niedrigem verkümmern, sei aber auch zu Höherem berufen. Die Kernaussage lautet sicherlich: Der Mensch habe die Freiheit, das zu sein, was er will.

2. Ovid erzählt uns in seinen *„Metamorphosen"* sogenannte Verwandlungssagen und sieht den Menschen als Produkt, das aus dem Schöpfungsmythos heraus zu verstehen ist (vgl. dazu etwa Genesis 1, 1; 25 ff.). Alles war schon erschaffen, nur etwas fehlte noch, das allem überlegen wäre: der Mensch. Die Tiere seien vornübergebeugt, der Mensch hingegen blicke zum Himmel empor. Es ist nur nicht ganz geklärt, ob der Mensch aus göttlichem Samen erschaffen sei oder die Erde die Samen vom ihr verwandten Himmel erhalten habe. Beides enthält jedoch Göttliches.
3. Der Unterschied zwischen den beiden Texten liegt darin, dass Pico dem Menschen die Freiheit zu Gut oder Böse expressis verbis zuschreibt. Gemeinsam ist beiden, dass der Mensch sowohl Himmlisches / Göttliches als auch Irdisches in sich trägt.

Übungstext 2

Augustus – Vergil

Kaiser Augustus legt 13 n. Chr., ein Jahr vor seinem Tod, Rechenschaft über seine Taten ab.

■ Arbeitsaufgaben

1. Liste die Verdienste auf, die sich Augustus zuschreibt, und die Ehren, die ihm dafür zuerkannt wurden. Überlege auch, ob es Texte in dieser Form auch heute noch geben könnte.
2. Zeige, worin Vergil, der die Worte Anchises, dem Vater des Aeneas, in den Mund legt und dem Kaiser Augustus für die Einführung einer lang ersehnten Friedenszeit ein Denkmal setzen wollte, den „Aufgabenbereich" der Römer sieht.
3. Vergleiche die beiden Textstellen miteinander.

Abb. 24: Drepanum, Sterbeort des Anchises

Augustus, Res gestae 34

1 In consulatu sexto et septimo, postquam bella civilia exstinxeram, per consensum universorum potitus rerum¹ omnium rem publicam ex mea potestate in senatus populique Romani arbitrium² transtuli. Quo pro merito
5 meo senatus consulto³ Augustus appellatus sum et laureis postes aedium mearum vestiti⁴ publice coronaque civica super ianuam meam fixa est et clupeus aureus in curia Iulia positus, quem⁵ mihi senatum populumque Romanum dare virtutis clementiaeque et iustitiae et pietatis
10 causa testatum est⁵ per eius clupei inscriptionem. Post id

1 rerum potiri: die Macht an sich reißen **2 arbitrium**, -i n.: h. Entscheidungsgewalt **3 senatus consultum**, -i n.: Senatsbeschluss **4 laureis postes aedium mearum vestiti**: erg. *sunt;* die Türen meines Hauses wurden mit Lorbeer geschmückt **5 quem … testatum est**: von dem bezeugt ist, dass ihn … (AcI im Relativsatz)

tempus auctoritate⁶ omnibus praestiti, potestatis autem nihilo amplius⁷ habui quam ceteri, qui mihi quoque in magistratu collegae fuerunt. (95 lat. W., ➤ Übers. S. 135 f.)

6 auctoritate (abl. lim.): was meine Autorität betrifft **7 nihilo amplius**: um nichts mehr

■ **Kommentar**

6 corona civica: Die sogenannte „Bürgerkrone", die aus einem Kranz aus Eichenblättern bestand, galt als militärische Auszeichnung.

7 clupeus (= clipeus) aureus: Dieser goldene Schild enthielt die vier Kardinaltugenden des Augustus, nämlich *virtus, clementia, iustitia* und *pietas*.

7 f. curia Iulia: das von C. Iulius Caesar errichtete Senatsgebäude

Aeneas erfährt in der Unterwelt vom Schatten seines verstorbenen Vaters Anchises von Roms künftiger Größe („Römerschau").

Vergil, Aeneis VI, 847–853

1 Excudent alii spirantia mollius aera,
credo equidem, vivos ducent de marmore voltus,
orabunt causas melius caelique meatus
describent radio et surgentia sidera dicent:
5 Tu regere imperio populos, Romane, memento
(hae tibi erunt artes), pacique imponere morem,
parcere subiectis et debellare superbos!
(41 lat. W.)

Andere werden lebensechte Bronzestatuen weicher formen, ich jedenfalls glaube es, sie werden lebendige Porträts aus Marmor gestalten, sie werden Prozessreden besser halten, die Himmelsbahnen mit dem Stab beschreiben und die aufgehenden Gestirne benennen: Du, Römer, denk daran, Völker mittels deiner Macht zu regieren (dies werden deine Künste sein), dem Frieden sittliche Ordnung aufzuerlegen, Unterworfene zu schonen und Starrköpfige niederzukämpfen!

■ **Tipps**

1. Betrachte die Aufzählungen von Augustus' „guten" Taten sowie von den ihm zuteil gewordenen Ehrungen, um dir ein Bild davon zu machen, wie ein solcher Rechenschaftsbericht auf heutige Leserinnen und Leser wirkt.
2. Schau dir den Aufbau von Vergils „Römerschau" genau an: Wen/Was nennt Vergil, bevor er auf die Römer näher eingeht?

Demonstrationstext 3
Christoph Columbus – Amerigo Vespucci

Wie schauen nun die Bewohner der sogenannten „Neuen Welt" aus?

■ **Arbeitsaufgaben**

1. Vergleiche die beiden Texte anhand folgender Leitfragen:
   a. Wie werden die Bewohner der „Neuen Welt" von Columbus, wie von Vespucci beschrieben?
   b. Worauf legt jeder der beiden in der Art der Charakterisierung seine Schwerpunkte?
   c. Was fällt beiden an den dortigen Bewohnern in gleicher Weise auf?
2. Liste vergleichbare Textstellen in einer Tabelle auf und kommentiere sie.

Abb. 25: Columbus' Adelswappen, oben die Burg von Kastilien und der Löwe von León, unten die neu entdeckten Inseln und fünf Anker als Zeichen der Admiralswürde

Christoph Columbus, Epistola de insulis in mari Indico nuper inventis 8 (gek.)

Omnium insularum, quas ego vidi et quarum cognitionem habeo, incolae utriusque sexus nudi semper incedunt, quemadmodum eduntur in lucem, praeter aliquas feminas, quae folio frondeve aliqua aut bombycino velo[1] pudenda[2] operiunt, quod ipsae sibi ad id negotii parant. Carent hi omnes, ut supra dixi, quocumque genere ferri. Carent et armis, utpote[3] sibi ignotis, nec ad ea sunt apti; non propter corporis deformitatem (cum sint bene formati), sed quia sunt timidi ac pleni formidine. (72 lat. W.)

Auf allen Inseln, die ich gesehen habe und von denen ich Kenntnis habe, laufen die Bewohner beiderlei Geschlechts immer nackt einher, wie sie ans Licht gegeben werden (= wie sie zur Welt kommen), mit Ausnahme einiger Frauen, die ihre Schamteile mit einem Blatt oder irgendeinem Laub oder mit einem Tuch aus Seide bedecken, welches sie sich selbst zu diesem Zweck herstellen. Diese alle, wie ich oben sagte, besitzen keine Form des Eisens. Sie haben auch keine Waffen, die sind ihnen nämlich unbekannt, und sie sind für diese auch nicht geeignet; und zwar nicht wegen der körperlichen Missgestalt (obwohl sie gut gebaut sind), sondern weil sie furchtsam und angsterfüllt sind.

1 velum, -i **bombycinum**: ein Tuch aus Seide **2 pudenda**, -orum n. pl.: Schamteile **3 utpote**: nämlich

Amerigo Vespucci, Mundus novus 4 (gek.)

Omnes utriusque sexus incedunt nudi, nullam corporis partem operientes. Et uti ex ventre matris prodeunt, sic usque ad mortem vadunt. Corpora enim habent magna, quadrata, bene disposita ac proportionata et colore declinantia ad rubedinem. Quod eis accidere puto, quia nudi incedentes tingantur a sole. Habent et comam amplam et nigram. Sunt in incessu[1] et ludis agiles et liberali atque venusta facie. Quam tamen ipsimet[2] sibi destruunt. Perforant enim sibi genas et labra et nares et aures. Neque credas foramina[3] illa esse parva aut, quod unum tantum habeant. Vidi enim nonnullos habentes in sola facie septem foramina, quorum quodlibet capax[4] erat unius pruni[5]. (103 lat. W.)

Alle, beiderlei Geschlechts, laufen nackt umher und bedecken keinen Teil des Körpers. Und wie sie aus dem Leib der Mutter kommen, so gehen sie bis zu ihrem Tod. Sie haben große, quadratische, wohlgeformte, gut proportionierte und durch die Hitze zur Röte neigende Körper. Dies geschieht ihnen, wie ich meine, darum weil sie, während sie nackt umherlaufen, von der Sonne gerötet werden. Sie haben auch langes und schwarzes Haar. Sie sind beim Laufen und bei Spielen flink und haben ein edles und hübsches Gesicht. Dieses verunstalten sie sich jedoch selbst. Sie durchbohren sich nämlich Wangen, Lippen, Nasen und Ohren. Und du sollst nicht glauben, dass diese Löcher klein wären oder dass sie nur eines hätten. Ich sah nämlich einige, die allein im Gesicht sieben Löcher hatten, von denen jedes groß genug für eine Pflaume war.

1 incessus, -us m.: Gangart **2 ipsimet** = verstärktes ipsi **3 foramen**, -inis n.: Loch, Durchbohrung (Piercing!) **4 capax**, -acis (+ gen.): groß genug für **5 prunum**, -i: Pflaume

■ **Tipp:** Beim Beantworten dieser Arbeitsaufgabe ist es geschickt, wenn du den Beobachtungen des Columbus gleich die des Vespucci gegenüberstellst, weil dadurch Gemeinsamkeiten und Unterschiede in der Darstellungsweise der Bewohner der „Neuen Welt" besser hervortreten.

■ **Lösungen**

1. Gleich zu Beginn jeder Textstelle wird beschrieben, dass die Menschen der „Neuen Welt", sowohl Männer als auch Frauen, nackt umherlaufen. Bei Columbus heißt es: (…) incolae **utriusque sexus nudi** semper **incedunt**, und zwar so, wie sie zur Welt gekommen sind: quemadmodum eduntur in lucem. Vespucci formuliert in ähnlichem Wortlaut: omnes **utriusque sexus incedunt nudi**, und

zwar *et uti ex ventre matris prodeunt, sic usque ad mortem vadunt*. Columbus macht nur eine Einschränkung, indem er sagt, dass bloß einige Frauen ihre Schamteile *folio frondeve aliqua aut bombycino velo* bedecken, während Vespucci bemerkt hat, dass die Bewohner *nullam corporis partem* verhüllen. Beiden fällt somit auf, dass sich die „Indios" noch im Zustand paradiesischer Unschuld befinden. Dass deren Körper gut gebaut sind, stellen beide fest. Columbus geht nur kurz darauf ein, indem er meint, sie seien *bene formati* (auch wenn sie fürs Waffentragen nicht geeignet sind). Er nennt die Menschen *timidi ac pleni formidine* (Hendiadyoin! ➤ Stilmittel 41, S. 118). Vespucci beschreibt ihren Körperbau ausführlicher: *corpora enim habent magna, quadrata, bene disposita ac proportionata*, außerdem seien deren Körper von der Hitze der Sonne rot gefärbt. Er geht in seiner Beschreibung noch einen Schritt weiter als Columbus, wenn er etwa auf entsprechende Löcher / Durchbohrungen (sogenannte „Piercings") im Gesichtsbereich zu sprechen kommt.

2. Die Tabelle könnte wie folgt aussehen:

Columbus	Vespucci
Bekleidung: […] *incolae utriusque sexus nudi semper incedunt*, und zwar so, wie sie zur Welt gekommen sind: *quemadmodum eduntur in lucem*. Nacktheit beiderlei Geschlechts wird betont, mit der Einschränkung: Bloß einige Frauen würden ihre Schamteile *folio frondeve aliqua aut bombycino velo* bedecken.	**Bekleidung**: *Omnes **utriusque sexus incedunt nud**i*, und zwar *et uti ex ventre matris prodeunt, sic usque ad mortem vadunt*. Nacktheit beiderlei Geschlechts wird betont.
Körperbau: Die Bewohner seien **bene formati** (auch wenn nicht fürs Waffentragen geeignet!). C. geht nur kurz darauf ein.	**Körperbau**: *corpora enim habent magna, quadrata, **bene disposita** ac proportionata* Beschreibung des Körperbaus scheint V. wichtig zu sein!
Lebensstil, Gewohnheiten: C. nennt die Menschen *timidi ac pleni formidine* (Hendiadyoin!). Er scheint auf Äußerlichkeiten weniger Wert zu legen.	**Lebensstil, Gewohnheiten**: • *colore declinantia ad rubedinem. Quod eis accidere puto, quia nudi incedentes tingantur a sole.* (unbekleidete Körper von der Hitze der Sonne rot gefärbt) • *in incessu et ludis agiles et liberali* • *Perforant enim sibi genas et labra et nares et aures* („Piercings"!)

Übungstext 3

Cicero – Plutarch

Die Krönung Cäsars bei Cicero – Cicero wirft M. Antonius vor, dass er Cäsar in aller Öffentlichkeit ein Diadem als Zeichen der Königswürde aufsetzen wollte.

■ Arbeitsaufgabe

Finde Ähnlichkeiten, Gemeinsamkeiten und Unterschiede zwischen den Worten Ciceros und dem Bericht des griech. Biografen Plutarch (50–125 n. Chr.) und stelle sie einander gegenüber.

Cicero, Philippica II, 85–86 a

1 Sedebat[1] in rostris collega tuus amictus[2] togā purpureā, in sella aurea, coronatus[3]. Escendis[4], accedis ad sellam – ita eras Lupercus[5], ut[6] te consulem esse meminisse deberes – diadema[7] ostendis.
5 Gemitus[8] toto foro. Unde diadema? Non enim abiectum sustuleras[9], sed attuleras domo meditatum et cogitatum scelus[10]. Tu dia-dema imponebas[11] cum plangore[12] populi. Ille cum plausu reiciebat[13]. Tu ergo unus, scelerate, inventus es, qui
10 cum auctor regni esses[14], eumque, quem collegam habebas, dominum habere velles, idem temptares, quid populus Romanus ferre et pati posset.
(80 lat. W., ➤ Übers. S. 136)

1 Sedebat: Da saß also… **2 amictus** 3: eingehüllt **3 coronatus** 3: bekränzt **4 escendo** 3, escendi, escensus: hinaufsteigen **5 Lupercus**, -i: Faschingsnarr **6 ita eras … ut**: warst du auch … so hättest du **7 diadema**, -tis n. (griech.): Diadem, Königsbinde **8 gemitus**, -us m.: Stöhnen **9 tollo** 3, sustuli, sublatus: aufheben (Ironie!) **10 meditatum et cogitatum scelus**: als wohl überlegtes Verbrechen **11 imponebas**: Du wolltest Cäsar das Diadem aufsetzen (imperf. de conatu) **12 plangor**, -oris m.: We klagen **13 reiciebat:** er wies es immer wieder zurück (Imperf. der Wiederholung) **14 auctor regni esse**: die Königsherrschaft einführen

Die Krönung Cäsars bei Plutarch

Plutarch, Antonius 12

[…] er <Antonius> lief mit einem Diadem, um das er einen Lorbeerkranz gewunden hatte, auf die Rednerbühne zu, ließ sich von denen, die mit ihm liefen, in die Höhe heben und wollte es Cäsar aufs Haupt setzen zum Zeichen, dass ihm die Königswürde gebühre. Da Cäsar sich dagegen sperrte und den Kopf zurückbog, freute sich das Volk und klatschte Beifall. Wieder hielt es Antonius hin und wieder schlug Cäsar es aus, und da sie noch lange Zeit so miteinander stritten, klatschten dem Antonius, der seinen Willen durchsetzen wollte, nur wenige seiner Freunde Beifall, aber Cäsar, der sich weigerte, das ganze Volk mit lautem Geschrei, sodass es verwunderlich war, dass sie, die sich tatsächlich schon einer Königsherrschaft fügten, doch den Königstitel als Aufhebung der Freiheit ablehnten. Voll Ärger stand schließlich Cäsar von der Rednerbühne auf, zog die Toga vom Halse weg und rief, er wolle jedem, der es verlange, die Kehle hinhalten.

Abb. 26: Cäsar weist das von Marcus Antonius angebotene Königsdiadem zurück, Stich von Pogliaghi, Museo della Civiltà Romana

2. Übersetzungsvarianten

Übersetzen heißt, einen Text in einer **Ausgangssprache** zu verstehen und in einer **Zielsprache** möglichst inhalts- und wortgetreu wiederzugeben. Korrekte Übersetzungen desselben Textes unterscheiden sich oft stark: Denn häufig gibt es für ein Wort der Ausgangssprache in der Zielsprache mehrere Möglichkeiten der Wiedergabe. Das deutsche Wort „glauben" könnte im Lateinischen z. B. durch *credere, putare, arbitrari, existimare* u. a. ausgedrückt werden (wobei es zwischen diesen Wörtern noch kleine Bedeutungsnuancen gibt); das englische Wort „*terrible*" im Deutschen z. B. durch „schrecklich", „furchtbar", „entsetzlich" etc. Auch unter professionellen Übersetzungen gibt es solche, die das oben formulierte Ziel besser, und andere, die es schlechter umgesetzt haben.

Demonstrationstext

Catull, Carmen 85

Hörigkeit

■ **Arbeitsaufgabe**

Vergleiche Catulls Epigramm mit den anschließenden Übersetzungen und beantworte danach folgende Fragen:
- a. Welche Übersetzung bewahrt den Wortlaut des Originals am besten?
  1 ☐   2 ☐   3 ☐   4 ☐
- b. Welche Übersetzung bewahrt als einzige nicht das originale Versmaß?
  1 ☐   2 ☐   3 ☐   4 ☐
- c. In welcher Übersetzung wird der Grundkonflikt des Epigramms, das gleichzeitige *odi et amo*, am deutlichsten ausformuliert?
  1 ☐   2 ☐   3 ☐   4 ☐

> Odi et amo. Quare id faciam, fortasse requiris[1].
> Nescio, sed fieri sentio et excrucior[2]. (14 lat. W.)

1 requiro 3, quisivi, quisitus: fragen, nachforschen **2 excrucio** 1: quälen

■ **Ergänzungstexte**

1 Hassen und lieben zugleich muß ich. – Wie das? Wenn ich's wüßte!
  Aber ich fühl's, und das Herz möchte zerreißen in mir.   *(Eduard Mörike, 1840)*

2 Ach, ich hasse und liebe. Du fragst, warum ich das tue.
  Weiß nicht. Ich fühle nur: es geschieht und tut weh.   *(Max Brod, 1914)*

3 Liebe trag ich mit Haß. Warum? So fragst du. Ich weiß nicht.
  Aber ich fühle: so ist's; und ich verblute in Qual.   *(Eduard Saenger, 1926)*

4 Ich hasse und liebe. Warum ich das tue, fragst du vielleicht?
  Ich weiß es nicht. Aber dass es geschieht, fühle ich, und ich leide Qualen.
  (Niklas Holzberg, 2009)

■ **Tipp:** Schau dir die Bedeutungen der einzelnen Wörter gut an und vergleiche sie mit den Übersetzungen: Was bedeutet z. B. *fieri* – und wie wurde es jeweils übersetzt?

■ **Lösung**: a. 4   b. 4   c. 1

Übungstext

Martial I, 47

Umschulung nicht notwendig!

■ **Arbeitsaufgabe**

Vergleiche das Epigramm Martials mit den beiden Übersetzungen und beantworte danach die Fragen auf S. 62.

a. Welche Übersetzung gibt die Wortstellung des Originals im ersten Vers besser wieder?
   1 ☐   2 ☐
b. Welche Übersetzung gibt den Wortlaut des Originals im zweiten Vers besser wieder?
   1 ☐   2 ☐
c. Welche Übersetzung bewahrt das Versmaß?
   1 ☐   2 ☐

1 Nuper erat medicus, nunc est vispillo¹ Diaulus:
   quod vispillo facit, fecerat et² medicus.
(13 lat. W., ➤ Übers. S. 137)

1 vispillo, -onis m.: Leichenträger **2 et** = etiam

■ Ergänzungstexte

1   Jüngst war er Arzt, und jetzt ist er Leichenträger Diaulus,
       legt er jetzt Leichen aufs Bett, tut er, was früher der Arzt. *(Rudolf Helm, 1957)*
2   Vor kurzem war Diaulus noch Arzt, jetzt ist er Leichenträger:
       Was er als Leichenträger tut, hatte er auch als Arzt schon getan.
                                                        (Paul Barié / Winfried Schindler, 1999)

3. Aussagen zum Text

Es ist **vor dem Vergleichen** von Texten immer sinnvoll, jeden Text sorgfältig durchzulesen und ihn mit eigenen Worten zusammenzufassen sowie allfällige Leitfragen zu den einzelnen Texten für sich abzuklären.

Demonstrationstext   Juan Ginés de Sepúlveda – Bartolomé de Las Casas

Darf man Indios versklaven?

■ Arbeitsaufgaben

1. Richtig oder falsch? – Studiere genau die Aussagen, die Sepúlveda und Las Casas in den beiden Texten machen, und markiere in der Tabelle die nicht zutreffenden als falsch.

	verum	falsum
Sepúlveda und Las Casas meinen, Indios und Europäer seien nicht gleich.		
Sepúlveda meint, Indios seien den Christen durch ihre Sitten und Bräuche überlegen.		
Sepúlveda meint, die Indios hätten viele grausame Traditionen und Bräuche.		
Sepúlveda meint, Christen dürften schlechte Menschen unterjochen.		
Las Casas meint, niemand dürfe unterjocht werden, weil er anders sei.		
Las Casas meint, wenn jemand ungebildet sei, müsse er Sklave sein.		

2. Vergleiche die beiden Texte und fasse den Grundgedanken jedes Textes in jeweils einem Satz zusammen.

Juan Ginés de Sepúlveda, Apologia 1

1 Optimo iure isti barbari a Christianis in dicionem rediguntur¹: Primum, quia sunt – aut erant certe, antequam in Christianorum dicionem venirent – omnes moribus, plerique etiam naturā barbari, sine litteris, sine prudentia et multis barbaricis vitiis contaminati². Huiusmodi autem gentes iure naturae debent humanioribus et praestantioribus³ parere, ut melioribus moribus et institutis gubernentur. Sed si admoniti⁴ imperium recusent, possunt armis cogi, et id bellum erit iustum iure naturae. (67 lat. W.)

Mit bestem Recht werden diese Barbaren von den Christen unter ihre Herrschaft gebracht. Erstens, weil sie alle durch ihre Sitten, viele auch durch ihr Wesen Barbaren sind, ohne Kultur und ohne Klugheit und von vielen barbarischen Lastern verdorben. Völker dieser Art müssen durch das Naturrecht den kultivierteren und überlegenen gehorchen, damit sie durch bessere Sitten und Bräuche regiert werden. Wenn sie trotz Warnung die Herrschaft verweigern, können sie durch Waffengewalt gezwungen werden, und dieser Krieg wird gerecht sein nach dem Naturrecht.

1 in dicionem redigere: in die Gewalt bringen **2 contamino** 1: verderben, besudeln **3 praestans**, -tis: überlegen **4 admoneo** 2: warnen

Abb. 27: Juan Ginés de Sepúlveda

Abb. 28: Bartolomé de Las Casas

Bartolomé de Las Casas, Apologia 1

1 Ex his apparet fundamentum¹ Sepulvedae, qui has gentes rudes et stupidas esse docet, falso falsius esse. Demus² tamen hanc gentem non valere ingenii acumine et sollerti industria: Certe non ideo tenentur³ sese sapientioribus subicere et eorum ingenium amplecti⁴, ita, ut, si recusent, bello illato perdomari possint tamquam mancipia – quod hodie fit – subigi. (52 lat. W.)

Daraus ist ersichtlich, dass die These Sepúlvedas, der behauptet, diese Völker seien unkultiviert und dumm, grundfalsch ist. Wir wollen dennoch annehmen, dass sich dieses Volk durch Scharfsinn und eifrige Geschicklichkeit nicht hervortut: Sicher sind sie deshalb nicht verpflichtet, sich den Weiseren zu unterwerfen und deren Genialität anzunehmen, so, dass sie, wenn sie sich weigern sollten, bekriegt und unterworfen und – wie das heute geschieht – wie Sklaven unterjocht werden können.

1 fundamentum, -i: These, Ansatz **2 do** 1: h. annehmen **3 teneor**: verpflichtet werden **4 amplector** 3, -plexus: gern annehmen

■ Lösungen

1.

	verum	falsum
Sepúlveda und Las Casas meinen, Indios und Europäer seien nicht gleich.	x	
Sepúlveda meint, Indios seien den Christen durch ihre Sitten und Bräuche überlegen.		x
Sepúlveda meint, die Indios hätten viele grausame Traditionen und Bräuche.	x	
Sepúlveda meint, Christen dürften schlechte Menschen unterjochen.	x	
Las Casas meint, niemand dürfe unterjocht werden, weil er anders sei.	x	
Las Casas meint, wenn jemand ungebildet sei, müsse er Sklave sein.		x

2. Sepúlveda meint, die geistig und moralisch unterlegenen Indios dürften von den Christen unterjocht werden. Las Casas meint, die Indios seien nicht unterlegen, aber selbst wenn sie es wären, dürften sie nicht wie Sklaven behandelt werden.

Übungstext

Vergil – Augustinus

4

Hilfreiche Götter?

■ Arbeitsaufgaben

1. Richtig oder falsch? Studiere genau die Aussagen, die Vergil und Augustinus in den beiden Texten machen, und markiere in der Tabelle die nicht zutreffenden als falsch.

	verum	falsum
Vergil sagt, Troja werde durch die Hilfe der Götter gerettet.		
Vergil sagt, der Priester Panthus wolle die Götterstatuen retten.		
Vergil sagt, Panthus sehe die Griechen als überlegene Sieger.		
Augustinus sagt, es könne kein Frevel sein, wenn Christen die römischen Götter als wirkungslos bezeichnen.		
Augustinus sagt, die nach Rom gebrachten Götter Trojas seien verantwortlich für dessen Glanz und Glorie.		
Augustinus sagt, die Römer hätten nie auf besiegte Götter hoffen dürfen.		
Augustinus sagt, die Römer hätten selbst gewusst, dass ihre besiegten Götter nicht hilfreich sein können.		

2. Vergleiche die beiden Texte und fasse den Grundgedanken des Augustinus-Textes kurz zusammen.

Die Griechen (Danaer) sind bereits in der Stadt Troja (Ilium), die Trojaner (Teucri bzw. Troes) sind in Panik. Da begegnet Aeneas dem Apollo-Priester Panthus.

Vergil, Aeneis II, 319 ff.

1 (Panthus) Othryades, arcis Phoebique sacerdos,
sacra manu victosque deos parvumque nepotem
ipse trahit, cursuque amens ad limina tendit.

Siehe, Panthus, der Sohn des Othrys, Priester der Burg und des Phoebus, trägt die Heiligtümer in seiner Hand, er schleppt die besiegten Götter und seinen

„Quo res summa¹ loco (est), Panthu, quam prendimus arcem²?"
Vix ea fatus eram, gemitu cum tale reddit:
„Venit summa dies³ et ineluctabile tempus Dardaniae. Fuimus Troes. Fuit Ilium et ingens gloria Teucrorum. Ferus omnia Iuppiter Argos⁴ transtulit. Incensa Danai dominantur in urbe.
(60 lat. W.)

kleinen Enkel und eilt wie von Sinnen an die Schwelle. „Panthus, wie steht unser Kampf? Welche Stellung halten wir noch?" Ich hatte das kaum gesagt, da erwiderte er unter Seufzen folgendes: „Der letzte Tag ist da und Trojas unausweichliche Endzeit. Wir sind Trojaner gewesen, gewesen ist Ilium und der gewaltige Ruhm der Trojaner. Der wütende Jupiter hat alle Macht nun nach Argos übertragen. In der brennenden Stadt herrschen die Griechen."

1 res summa: Sache, Lage **2 arx**, -cis f: Stellung (zur Verteidigung) **3 summa dies**: das Ende **4 Argos**: nach Argos = nach Griechenland

Augustinus verwendet die Passage zu seinen Zwecken.

Augustinus, De civitate dei I, 3 (gek.)

Ecce qualibus diis urbem Romani servandam se commisisse gaudebant! O nimium miserabilem errorem! Et nobis suscensent, cum de diis eorum talia dicimus; nec suscensent auctoribus suis, quos, ut ediscerent, mercedem dederunt! [...] Aeneas ipse, pius totiens appellatus, nonne ita narrat: „Panthus Othryades, arcis Phoebique sacerdos, Sacra manu victosque deos parvumque nepotem ipse trahit cursuque amens ad limina tendit?" Nonne deos ipsos, quos victos non dubitat dicere, sibi potius quam se illis perhibet commendatos, cum ei dicitur: Sacra suosque tibi commendat Troia penates? Si igitur Vergilius tales deos et victos dicit et, ut vel¹ victi quoquo modo² evaderent, homini commendatos – quae dementia est existimare his tutoribus Romam sapienter fuisse commissam et, nisi eos amisisset³, non potuisse vastari⁴?
(117 lat. W., ➤ Übers. S. 138)

1 vel: wenn auch **2 quoquo modo**: irgendwie, auf irgendeine Art **3 amitto** 3, -misi, -missum: verlieren (gemeint ist durch die Einführung des Christentums als Staatsreligion) **4 vasto** 1: verwüsten (gemeint sind die Angriffe auf Rom und das ganze Imperium in der Zeit der Völkerwanderung)

■ **Kommentar**
1 Othryades: Sohn des Othrys
Phoebus: Phoebus Apollo, Gott des Maßes, des Lichtes, des Orakels und der Künste

4. Bildliche Darstellung

Definition: Eine Textstelle wird nach bestimmten Vorgaben mit einem Beispiel aus der bildenden Kunst verglichen.

Demonstrationstext

Eugipp, Vita S. Severini 7 –
Kupferstich von Johann Michael Mettenleitner (1823)

Hoher Besuch beim hl. Severin

Severin wurde nicht nur von seinen Landsleuten verehrt, sondern auch von den Germanen, deren Fürsten ihn gerne besuchten, um sich seinen Segen für eine Reise nach Italien zu holen.

■ Arbeitsaufgabe

Betrachte die bildliche Darstellung der Unterredung Odoakers mit Severin in dem kolorierten Kupferstich von Johann Michael Mettenleitner (> Abb. 29) und vergleiche sie mit dem Text in Eugipps Severinbiografie anhand folgender Leitfragen:
a. Welche Textpassagen sind im Bild umgesetzt?
b. Welche bildlichen Darstellungen haben im Text keine Grundlage?
c. Wie lassen sich die Unterschiede erklären?

Inter quos[1] et Odoacar, qui postea regnavit Italiae[2], vilissimo[3] tunc habitu[4] iuvenis staturā procerus[5] advenerat. Qui, dum se, ne humillimae tectum cellulae suo vertice[6] contingeret, inclinasset[7], a viro Dei gloriosum se fore cognovit. Cui etiam valedicenti: "Vade," inquit, "ad Italiam, vade, vilissimis nunc pellibus coopertus[8], sed multis cito plurima largiturus[9]!" (50 lat. W.)

Unter ihnen war auch Odoaker, welcher später in Italien regierte, damals ein junger Mann in ganz ärmlicher Kleidung, doch von herausragender Gestalt, gekommen. Als er sich bückte, damit er nicht mit seinem Scheitel an die Decke der sehr niedrigen Zelle stoße, erfuhr er vom Mann Gottes, dass er berühmt sein werde. Als er sich verabschiedete, sagte er zu ihm auch: „Geh nach Italien, geh! Jetzt bist du noch mit armseligen Fellen bedeckt, aber bald wirst du viele reichlich beschenken."

1 quos: Gemeint sind die germanischen Fürsten. **2 Italiae**: in Italien **3 vilis**,-e: ärmlich **4 habitus**, -us m.: Kleidung **5 staturā procerus**: von herausragender, großer Gestalt **6 vertex**, - icis m.: Scheitel **7 se inclinare** 1: sich bücken **8 pellibus coopertus**: mit Fellen bedeckt **9 largior** 4: schenken (largiturus: part. fut., wörtl.: einer, der schenken wird)

■ Kommentar

1 Odoacar (Odoaker): Ein Skirenfürst, der 469 in die kaiserliche Garde aufgenommen wurde. 476 stürzte er den letzten römischen Kaiser Romulus Augustulus und wurde von den germanischen Söldnern zum König ausgerufen, was das Ende des weströmischen Reiches bedeutete. 493 wurde er von Theoderich, dem König der Ostgoten, ermordet.

■ Tipps

1. Lies den Text aufmerksam und markiere die Stellen, die du in der bildlichen Darstellung erkennst.
2. Notiere die Elemente der bildlichen Darstellung, die im Text nicht vorkommen.
3. Versuche, für die Abweichungen plausible Erklärungen zu finden.

Abb. 29: Johann Michael Mettenleitner, Der heilige Severin segnet Odoaker vor seinem Zug über die Alpen nach Italien, kolorierter Kupferstich (1823)

■ Lösungen

a. Die Entsprechung reduziert sich auf die Beschreibung der Gestalt *(iuvenis staturā procerus,* Z. 3 f.*)*.
b. • Größte Diskrepanz: Im Bild spielt die Szene in einem hohen, großen Raum. Von niedriger Zelle keine Spur!
   • Die Kleidung Odoakers wirkt nicht ärmlich, sondern vornehm. Statt Fellkleidung erkennt man kostbare Stoffe.
   • Odoaker neigt zwar seinen Kopf, bückt sich aber nicht, wie im Text beschrieben, wegen einer niedrigen Decke, sondern um Severins Segen zu empfangen.

- Von Begleitung auf beiden Seiten ist im Text keine Rede, sie kann aber angenommen werden. Allerdings hätten in einer engen Zelle nie so viele Leute Platz.
c. Der Maler hat seinen künstlerischen Freiheiten freien Lauf gelassen. Eigentlich stimmt nur das Faktum des historischen Treffens. Sein besonderes Anliegen war es offenbar, Odoaker als strahlenden Helden darzustellen. Dabei hätte die gebückte Haltung in einer niedrigen Zelle ebenso gestört wie eine armselige Fellbekleidung. Sein Ansehen wird auch durch die Begleitung erhöht, die in der Zelle keinen Platz gehabt hätte. Aus kompositorischen Gründen sind neben Severin auch zwei Mönche platziert.

Übungstext

Livius, Ab urbe condita, frg. 60, Lib. CXX – Kupferstich von Matthäus Merian d. Ä. (1630)

Ciceros Tod

■ **Arbeitsaufgabe**
Betrachte die bildliche Darstellung von Matthäus Merian d. Ä. (1630) und vergleiche sie mit dem Text bei Livius anhand folgender Leitfragen:
a. Welche Textpassagen sind im Bild umgesetzt?
b. Welche bildlichen Darstellungen haben im Text keine Grundlage?
c. Wie lassen sich die Unterschiede erklären?

Abb. 30: *Matthäus Merian d. Ä., Die Ermordung Ciceros*, Kupferstich (1630). Aus: Johann Ludwig Gottfried, Historische Chronica, Frankfurt am Main

Cicero wusste, dass er von den Häschern seiner Feinde gesucht wurde, und wollte ihnen in einem Boot aufs Meer entkommen. Als er erkennen musste, dass die widrigen Verhältnisse keine Flucht zuließen, entschloss er sich zur Rückkehr an Land:

1 [...] Regressusque[1] ad superiorem villam, quae paulo plus mille passibus a mari abest, "Moriar," inquit, "in patria saepe servata."
Satis constat servos fortiter fideliterque paratos fuisse
5 ad dimicandum[2], ipsum[3] deponi lecticam et quietos pati, quod sors iniqua cogeret, iussisse. Prominenti[4] ex lectica[5] praebentique immotam cervicem[6] caput praecisum[7] est. (48 lat. W., ➤ Übers. S. 138)

1 regressus: nachdem er zurückgekehrt war **2 dimico** 1: kämpfen **3 ipsum … iussisse**: AcI abhängig von *constat*, *deponi* bis *pati* ist von *iussisse* abhängig **4 promineo** 2: sich hinausbeugen **5 lectīca**, -ae: Sänfte **6 cervix**, -īcis f.: Nacken **7 praecīdo** 3, cīdi, cīsus: abschlagen

5. Rezeptionsdokumente
Textsorte, Texttyp, Erzählsituation

- **Definition:** Eine Textstelle wird in Beziehung zu einem Vergleichsbeispiel gesetzt, und dabei werden Gemeinsamkeiten, Ähnlichkeiten und Unterschiede nach vorgegebenen Parametern sichtbar gemacht.

- Beim **Textvergleich** können zusätzlich zum Inhalt z. B. folgende Kriterien herangezogen werden:
  Textsorte: z. B. Epos, Gedicht, Prosatext …
  Texttyp: appellativ-operativ, informativ, expressiv …
  Sprachniveau/-register: Ist der Text umgangssprachlich, bildhaft, sachlich, ironisch, in einer Fach- oder Sondersprache gehalten, gesprochener Sprache nachempfunden, weist er dialektale Besonderheiten auf …
  Erzählsituation: z. B. auktorial, neutral, personal
  formal: Ich-Erzähler bzw. lyrisches Ich (bei Gedichten), Du-, Er-/Sie-Erzähler …
  Geschehenshintergrund: Wird auf politische Ereignisse angespielt, Milieu …
  Sofern bekannt, können auch Kriterien außerhalb des Textes zum Vergleich herangezogen werden, z. B. das Zielpublikum, der Adressatenbezug od. der Zweck, den der Autor mit dem Text verfolgte, die Person des Autors (Werdegang, Beruf, politische Orientierung …) oder die Situation der Textentstehung (Wo? Wann? Besondere Umstände?).

Demonstrationstext

Ovid – Robert Walser

Narziss hat erkannt, dass er sein eigenes Spiegelbild liebt.

■ **Arbeitsaufgabe**
Vergleiche die Passage aus Ovids Metamorphosen mit dem anschließenden Text von Robert Walser (1878–1956) und beachte dabei auch die Textsorten der beiden Texte, ihre Erzählsituation und ihre Stimmung.

Abb. 31: Caravaggio, Narcissus, Öl auf Leinwand (1597–1599), Rom, Galleria Nazionale d'Arte Antica

Ovid, Metamorphoses III, 463 ff.

1 Iste ego sum: Sensi, nec me mea fallit imago;
Uror amore mei: Flammas moveoque feroque.
Quid faciam? Roger anne rogem? Quid deinde rogabo?
Quod cupio, mecum est: Inopem me copia fecit.
5 O utinam a nostro secedere corpore possem!
Votum in amante novum, vellem, quod amamus, abesset.
Iamque dolor vires adimit, nec tempora vitae
longa meae superant, primoque exstinguor in aevo.
Nec mihi mors gravis est posituro morte dolores,
10 Hic, qui diligitur, vellem diuturnior esset;
Nunc duo concordes anima moriemur in una.
(81 lat. W.)

Der da bin Ich! Ich habe es erkannt! Mein eigenes Bild täuscht mich nicht! Ich brenne aus Liebe zu mir. Errege und leide die Liebesflammen! Was soll ich tun? Lass ich mich bitten? Soll ich bitten? Was sollte ich dann auch erbitten? Was ich begehre, ist mit mir! Die Fülle macht mich arm. Könnte ich doch von meinem Körper scheiden! Der Wunsch ist ungewöhnlich bei einem Liebenden. Ich wünschte, was ich liebe, wäre weg!
Und schon nimmt der Schmerz mir die Kräfte. Es bleibt mir nicht mehr lang Zeit zu leben. Ich schwinde dahin in früher Jugend. Aber der Tod ist nicht schwer für mich, weil ich durch ihn die Schmerzen loswerden kann. Ich wollte nur, dass der, den ich liebe, beständiger wäre. Jetzt aber sterben wir einträchtig in einer Seele.

Robert Walser, Liebe

Ich bin der Liebling meiner selbst.
Ich bin es, der mich liebt und haßt
Ach, keine Liebesmacht erfaßt
mich selbst so völlig wie ich selbst.
Oft, wenn ich stundenlang allein
mit mir in Selbstgedanken lag

war ich mir Nacht, war ich mir Tag
war ich mir Qual und Sonnenschein.
Ich bin die Sonne, die mich wärmt
Ich bin das Herz, das mich so liebt
das so vergessen hin sich giebt
das sich um seinen Liebling härmt.

Robert Walser, Gedichte. 1909

■ Lösung

Ovids Werk ist ein Epos, auch die Metamorphose des Narziss ist ein relativ langer Text im epischen Hexameter. Robert Walsers Text ist der Gattung Lyrik zuzuordnen (Reimschema: abba), er umfasst insgesamt nur 76 Wörter. Beide Texte sind expressiv, in beiden Fällen spricht ein poetisches Ich. Der größte Unterschied ist, dass Ovids Narziss an der Erkenntnis, dass er sich selbst liebt, zerbricht – der Schmerz, dass der Inhalt seiner Liebe unerreichbar ist und bleibt, treibt ihn in Verzweiflung und Tod. (Er möchte sich von seinem eigenen Körper entfernen, der Schmerz raubt ihm die Kräfte – Ausrufe zeugen von der Verzweiflung, noch im Tod sorgt er sich um den Geliebten, dem er ein längeres Leben gegönnt hätte.) Walsers Narziss ist sich seiner Selbstverliebtheit bewusst, leidet aber nicht so verzweifelt, er „härmt sich" zwar um seinen Liebling, also um sich selbst, geht aber an dem Leid nicht zugrunde. Walser thematisiert den Egoismus eines Intellektuellen des 20. Jahrhunderts, Ovid das Schicksal des für seine Selbstsucht bestraften Schönlings.

Übungstext 1

Ovid – Peter Maiwald

Orpheus hat die Götter durch seinen Gesang milde gestimmt und bekommt Eurydice unter der Bedingung zurück, dass er sich am Rückweg zur Oberwelt nicht nach ihr umsieht.

■ Arbeitsaufgabe

Vergleiche die Passage aus Ovids Metamorphosen mit dem anschließenden Text von Peter Maiwald (1946–2008; bis 1984 Mitglied der Deutschen Kommunistischen Partei) und beachte dabei auch die Textsorten der beiden Texte, ihre Erzählsituation, den Geschehenshintergrund und ihre Stimmung.

Ovid, Metamorphoses X, 50 ff.

1 Hanc simul et legem Rhodopeius accipit heros,
ne flectat retro sua lumina[1], donec Avernas
exierit valles; aut irrita dona futura.
Carpitur acclivis per muta[2] silentia trames,
5 arduus, obscurus, caligine densus opaca[3],
nec procul afuerunt telluris margine summae:
Hic, ne deficeret[4], metuens avidusque videndi
flexit amans oculos, et protinus illa relapsa est,
bracchiaque intendens prendique et prendere certans[5]
10 nil nisi cedentes[6] infelix arripit auras.
Iamque iterum moriens non est de coniuge quicquam
questa suo (quid enim nisi se quereretur amatam?)

1 sua lumina retro flectere: sich umschauen **2 mutus** 3: stumm **3 densus caligine opaca**: dicht erfüllt von finsterem Nebel **4 deficio** 3M, -feci, -fectus: zurückfallen, zurückbleiben **5 certo** 1: sich bemühen **6 cedo** 3: h. flüchten, weichen

supremumque „vale", quod iam vix auribus ille acciperet, dixit revolutaque⁷ rursus eodem est.
(92 lat. W., ➤ Übers. S. 139)

7 revolvor 3, -volutus: zurücksinken, zurückgleiten

■ Kommentar
1 Rhodopeius heros: Orpheus, der aus Rhodope in Thrakien stammt
2 f. Avernas valles: Der Kessel des Avernersees bei Cumae in Kampanien galt als Eingang in die Unterwelt.

Peter Maiwald, Orpheus
Dreh dich: sagten sie: nicht um.
Ich tat's und Eurydike
sah ich im Streifengewand
hinter dem Draht aus Strom,
offenen Munds, sie schrie und blieb zurück in der Unterwelt.
So wird meine Schuld verhandelt:
Daß ich mich umgedreht hätte.
Nicht, daß ich wissend wegging.

Peter Maiwald, Guter Dinge. Deutsche Verlagsanstalt 1987, S. 31

Übungstext 2

Catull – Ernesto Cardenal

Zueignungen

■ Arbeitsaufgabe
Vergleiche die beiden Texte und beantworte folgende Leitfragen:
a. Wem sind die Gedichte gewidmet? –
   Catull: .... Cardenal: ....
b. Wie stellen die Dichter ihre eigenen Werke dar?
c. Welche Leistungen – Vorzüge – Eigenschaften heben die Dichter an ihren Adressaten hervor?
d. Was halten die Dichter vom Erfolg ihrer Werke?
e. Welche der folgenden Charakteristika treffen auf die beiden Dichter zu?

Abb. 32: Catull-Statue in Sirmio

	Catull	**Cardenal**
stolz		
devot		
bescheiden		
scheinheilig		
vorsichtig		
demütig		
überheblich		
selbstsicher		

Catull, Carmen 1

Dedicatio¹

1 Cui dono² lepidum³ novum libellum⁴
arida⁵ modo⁶ pumice⁷ expolitum⁸?
Corneli, tibi: namque tu solebas
meas esse aliquid⁹ putare nugas¹⁰,
5 iam tum, cum ausus es unus Italorum
omne aevum¹¹ tribus explicare¹² chartis¹³
doctis, Iuppiter, et laboriosis¹⁴.
(35 lat. W., ➤ Übers. S. 139)

> **1 dedicatio**, onis f.: Weihung, Widmung **2 dono** 1: geben, widmen **3 lepidus** 3: fein **4 libellus**, -i: Büchlein **5 aridus** 3: trocken **6 modo**: eben **7 pumex**, -icis f.: Bimsstein (zum Glätten der Papyrusrolle) **8 expolitus** 3: geglättet **9 esse aliquid**: etwas (wert) sein **10 nugae**, -arum: Kleinigkeiten **11 aevum**, -i: Zeit, Zeitalter **12 explico** 1: entfalten, darstellen **13 charta**, -ae: Papyrusblatt, -rolle **14 laboriosus** 3: mühevoll

■ Kommentar

Das Gedicht ist im Hendekasyllabus, einem elfsilbigen Versmaß, abgefasst, das Catull besonders gern für seine Spottgedichte verwendet.
3 Cornelius: Cornelius Nepos (100–25 v. Chr.) schrieb eine allgemeine Chronik und eine Biografiensammlung „Über berühmte Männer" *(„De viris illustribus")*.

Ernesto Cardenal, Epigrama 1

Widmung

1 Te doy, Claudia, estos versos, porque tu eres su dueña.
Los he escrito sencillos para que tú los entiendas.
Son para ti solamente, pero si a ti no te interesan,
un día se divulgarán tal vez por toda Hispanoamérica.
[…]
5 Y si al amor que los dictó, tú también lo desprecias,
otras soñarán con este amor que no fue para ellas.
Y tal vez verás, Claudia, que estos poemas,
(escritos para conquistarte a ti) despiertan
en otras parejas enamoradas que los lean
10 los besos que en ti no despertó el poeta.

Cardenal

Abb. 33: Ernesto Cardenal

Dir gebe ich, Claudia, diese Verse, weil du ihre Herrin bist.
Ich habe sie einfach geschrieben, damit du sie verstehst.
Sie sind für dich allein, aber wenn sie dich nicht interessieren,
werden sie eines Tages vielleicht in ganz Hispanoamerika Verbreitung finden. […]
Und wenn du auch die Liebe, die sie diktiert hat, verachtest,
werden andere von dieser Liebe träumen, die nicht für sie bestimmt war.
Und vielleicht wirst du sehen, Claudia, dass diese Gedichte
(die geschrieben wurden, um dich zu erobern)
bei anderen verliebten Paaren, die sie lesen,
die Küsse wecken, die der Dichter bei dir nicht wachgerufen hat.

nach Werner Nagel, Latinitas Fons, Latein in unserer Zeit, S. 49–52

5 BELEGEN UND NACHWEISEN (L6)

1. Aussagen über den Text
Wie weise ich etwas nach?

- Mögliche Vorgangsweise beim **Belegen und Nachweisen (L6):** These kurz formulieren, Begründung anführen, Beispiele bringen, Schlussfolgerung ziehen

- **Klimax:** steigernde, oft dreigliedrige Reihung oder Häufung (vom Schwächeren zum Stärkeren, vom weniger Bedeutenden zum Wichtigen), z. B. *veni, vidi, vici*.

Demonstrationstext

Sulpicius Severus – Tacitus

Rom brennt und die Christen büßen dafür.

Abb. 34: Petrus u Paulus, Antike Grabplatte

■ Arbeitsaufgaben
1. Belege mithilfe des Textes, dass sein Verfasser, Sulpicius Severus, Christ ist.
2. Finde eine Klimax in den verschiedenen Formen der Bestrafung der Christen.
3. Vergleiche die Passage mit dem Ausschnitt aus den „Annalen" des Tacitus und zeige, welche Gemeinsamkeiten und welche evidenten Unterschiede mit der taciteischen Darstellung der Ereignisse der Bericht des Sulpicius Severus aufweist.

Sulpicius Severus, Chronica II, 29

Interea abundante iam Christianorum multitudine accidit, ut Roma incendio conflagraret, Nerone apud Antium constituto¹. Sed opinio omnium invidiam incendii in principem retorquebat,

| Als die Anzahl der Christen sehr anwuchs, passierte es, dass Rom durch einen Brand zerstört wurde, während Nero sich gerade in Antium aufhielt. Aber die Meinung der Allgemeinheit richtete ihre Wut über die Brandkatastrophe auf den Kaiser und man glaubte, der Kaiser habe den Ruhm haben wollen, eine neue Stadt zu bauen.

credebaturque imperator gloriam innovandae urbis quaesivisse. Neque ulla re Nero efficiebat, quin² ab eo iussum incendium putaretur. Igitur vertit invidiam in Christianos, actaeque in innoxios crudelissimae quaestiones³ sunt. Quin et novae mortes⁴ excogitatae, ut ferarum tergis contecti laniatu canum⁵ interirent, multi crucibus affixi aut flamma usti, plerique in id reservati, ut cum defecisset dies, in usum⁶ nocturni luminis urerentur. Hoc initio in Christianos saeviri coeptum est. Post etiam datis legibus religio vetabatur, palamque edictis propositis Christianum esse non licebat. Tum Paulus ac Petrus capitis damnati. Quorum uni cervix gladio desecta, Petrus in crucem sublatus est. (118 lat. W.)

> Und Nero konnte es durch kein Mittel verhindern, dass man glaubte, der Brand sei von ihm in Auftrag gegeben worden. Daher versuchte er, den Volkszorn auf die Christen zu lenken, und es wurden sehr grausame Verhöre an den Unschuldigen vollzogen. Ja, man dachte sich sogar neue Todesarten aus, dass sie z.B. bekleidet mit den Fellen von Tieren von Hunden zerfleischt starben, viele wurden gekreuzigt oder verbrannt, die meisten wurden dafür aufbewahrt, dass sie als Nachtbeleuchtung verbrannt wurden, wenn der Tag zu Ende gegangen war. Mit diesem Ereignis wurde begonnen gegen die Christen zu wüten. Später wurde die Religionsausübung durch erlassene Gesetze verboten und durch veröffentlichte Edikte war es nicht mehr erlaubt, sich offen als Christ zu bekennen. Dann wurden Petrus und Paulus zum Tode verurteilt; dem einen von ihnen wurde der Kopf mit dem Schwert abgehauen, Petrus wurde gekreuzigt.

1 constituor 3: h. sich aufhalten **2 quin**: dass nicht **3 quaestio**, -onis f.: Untersuchung, Verhör **4 mortes**: Todesarten, Techniken der Hinrichtung **5 laniatu canum**: zerfleischt durch Hunde **6 in usum**: zum Zweck, als

■ Kommentar
3 Antium: Antium, Küstenstadt in der Nähe von Rom
Nero: Nero Claudius Cäsar Augustus Germanicus, von 54 bis 68 Kaiser des Römischen Reiches

■ Tipp: Orientiere dich immer möglichst eng an den Leitfragen.

Tacitus, Annales XV, 44

Aber nicht durch menschliche Hilfsmaßnahmen, nicht durch die Spenden des Kaisers oder die Maßnahmen zur Versöhnung der Götter verschwand das Gerücht, dass man glaubte, der Brand sei angeordnet worden. Daher schob Nero, um dem Gerede ein Ende zu machen, andere als Schuldige vor und belegte sie mit den ausgesuchtesten Strafen, die wegen ihrer Schandtaten verhasst waren und die das Volk Christen nannte. Der Mann, von dem sich dieser Name herleitet, Christus, war unter der Herrschaft des Tiberius auf Veranlassung des Prokurators Pontius Pilatus hingerichtet worden; und für den Augenblick unterdrückt, brach der üble Aberglaube wieder aus, nicht nur in Judäa, dem Ursprungsland dieses Übels, sondern auch in Rom, wo aus der ganzen Welt alle Gräuel und Scheußlichkeiten zusammenströmen und gefeiert werden. So verhaftete man zuerst diejenigen, die ein Geständnis ablegten, dann wurde auf ihre Anzeige hin eine ungeheure Menge nicht so sehr wegen des Verbrechens der Brandstiftung als vielmehr wegen einer hasserfüllten Haltung gegenüber dem Menschengeschlecht schuldig gesprochen. Die Sterbenden wurden noch in der Weise verspottet, dass sie, in die Felle wilder Tiere gehüllt, von Hunden zerfleischt umkamen oder, ans Kreuz geschlagen, sobald sich der Tag neigte als nächtliche Beleuchtung verbrannt wurden. Seinen Park hatte Nero für dieses Schauspiel zur Verfügung gestellt und gab zugleich ein Circusspiel, bei dem er sich in der Tracht eines Wagenlenkers unters Volk mischte oder sich auf einen Rennwagen stellte. Daraus entwickelte sich Mitgefühl, wenngleich gegenüber Schuldigen, die die härtesten Strafen verdient hatten. Man glaubte nämlich, sie würden nicht dem öffentlichen Interesse, sondern der Grausamkeit eines Einzelnen geopfert.

■ Lösungen

1. Beleg: Sulpicius Severus ist eindeutig Christ. Am gesamten Geschehen um den Brand Roms interessiert ihn nur das Schicksal der Christen und ihrer Glaubenslehrer Petrus und Paulus, auch wenn er davon weiß, dass das Volk Nero verantwortlich machte und dass dieser Schuldige vorschob. Auch seine Wortwahl belegt dies: Er bezeichnet die Christen als *innoxios*, unschuldig, spricht vom Wüten gegen die Christen, das mit dieser Aktion begonnen habe *(saeviri)*. Wenn er von Religion spricht, meint er so selbstverständlich die christliche, dass er kein klärendes Attribut mehr beifügt.
2. ❯ blaue Unterstreichungen im Text
3. Vergleich: Während es Sulpicius Severus im Zusammenhang mit dem Brand Roms nur um die Christen geht, zeigt Tacitus die Grausamkeit Neros anhand der Christen, ohne sich für diese wirklich zu interessieren oder auch nur mehr als die landläufigen Klischees zu kennen. Tacitus erwähnt auch Christus und einige Fakten zu dessen Biografie, was Sulpicius Severus nicht für notwendig hält. Beide berichten wortident von den Strafen für die Christen, Tacitus fügt noch eine Schilderung des abstoßenden Verhaltens des Nero bei und berichtet, in Anbetracht des wahnsinnigen Verhaltens des Kaisers sei Mitleid für die Christen aufgekommen, obwohl man sie für schuldig hielt.

Übungstext

Minucius Felix

Minucius Felix lässt in diesen beiden Texten einen Christen bzw. einen Anhänger der antik-heidnischen Religion sprechen und den eigenen Glauben verteidigen.

■ Arbeitsaufgaben

1. Stelle fest, ob der Sprecher dieser Passage Christ ist, und belege deine Erkenntnisse durch Textzitate.
2. Vergleiche diese Passage mit dem zweiten Text von Minucius Felix und zeige, welche Gemeinsamkeiten sich in der Argumentationstechnik zeigen, wo die Hauptunterschiede in der Aussage liegen, und wie jeweils Entsetzen und Erschütterung zum Ausdruck gebracht wurden.
3. Finde im vorliegenden Text eine Klimax.

Minucius Felix, Octavius 30

Illum iam velim convenire[1], qui initiari[2] nos dicit aut credit de caede infantis et sanguine. Putas posse fieri, ut tam molle, tam parvulum corpus fata vulnerum capiat[3], ut quisquam illum rudem sanguinem novelli et vixdum[4] hominis caedat, fundat, exhauriat? Nemo hoc potest credere, nisi qui possit audere (ipse). Vos enim video procreatos filios nunc feris et avibus exponere, nunc adstrangulatos[5] misero mortis genere elidere[6]. Sunt, quae in ipsis visceribus medicaminibus et potis[7] originem futuri hominis exstinguant et parricidium faciant, antequam pariant. Et haec utique de deorum vestrorum disciplina descendunt[8]. Nam Saturnius filios suos non exposuit, sed voravit. (97 lat. W., ❯ Übers. S. 140)

1 convenio 4 (+ acc.): treffen
2 initiari de: getauft werden mit, eingeweiht werden durch
3 fata vulnerum capere: das Schicksal der Verwundung erleiden
4 vixdum: eben erst geboren
5 adstrangulatus 3: gewürgt
6 elido 3: erdrosseln, ersticken
7 potus, -i m.: Getrunkenes, Trank
8 descendere de: sich herleiten von

■ Kommentar

11 Saturnius: Gemeint ist hier der griechische Gott Kronos, der seine Kinder verschlang, um nicht von ihnen gestürzt werden zu können.

Minucius Felix, Octavius 9

An geheimen Zeichen und Merkmalen erkennen sie einander und lieben sich schon, fast ehe sie sich noch kennen. Unterschiedslos vollziehen sie miteinander eine Art Ritual der Lüste; sie nennen einander Brüder und Schwestern, sodass die bei ihnen übliche Unzucht durch den Gebrauch eines so ehrwürdigen Wortes sogar zum Inzest wird. So prahlt ihr sinn- und inhaltsleerer Aberglaube noch mit seinen Schandtaten. Wäre nicht etwas Wahres dabei, würde das scharfsichtige Gerede nicht die verschiedenen ungeheuerlichen Dinge berichten, für deren Erwähnung allein man sich schon rechtfertigen muss. […] Dann wird eine Geschichte über Initiationsriten erzählt, die genauso abstoßend ist wie bekannt. Um die ahnungslosen Initianden zu täuschen, überziehen sie ein Kind mit Teig und legen es dem vor, der in ihren Kult eingeweiht wird. Der Neuling lässt sich, durch die Teighülle getäuscht, zu Stichen verleiten, bei denen er nichts Arges vermutet, und tötet so das Kind mit Wunden, die dem Auge verborgen bleiben. Das Blut dieses Kindes – welch furchtbare Schandtat – lecken sie gierig auf und reißen sich noch um die zerstückelten Glieder. Das also ist das Opfer, mit dem sie sich verbrüdern.

2. Rezeptionsdokumente

Demonstrationstext

Catull – Sappho

Betrachtung des geliebten Mädchens

■ **Arbeitsaufgabe**
Lies dir das vorliegende Gedicht Catulls und das Lied der griechischen Dichterin Sappho durch. Weise nach, dass Sapphos Gedicht für Catull als Vorbild diente, und belege dies durch Zitate aus den Texten.

Catull, Carmen 51

1 Ílle mí par ésse deó vidétur,
ílle, sí fas ést, superáre dívos,
quí sedéns advérsus idéntidem te
    spéctat et aúdit
5 dulce ridentem, misero quod omnis
eripit sensus mihi: nam simul te,
Lesbia, aspexi, nihil est super[1] mi
    [vocis in ore,]
lingua sed torpet, tenuis sub artus
10 flamma demanat, sonitu suopte[2]
tintinant aures, gemina et teguntur
    lumina nocte.
Otium, Catulle, tibi molestum est:
otio exultas nimiumque gestis[3];
15 otium et reges prius et beatas
    perdidit urbes.
(74 lat. W.)

> Jener scheint mir gleich zu sein einem Gott,
> jener, wenn es erlaubt ist, scheint mir die Götter zu übertreffen, der, dir gegenübersitzend, dich immer wieder sieht und hört,
> wie du süß lachst, was mir Armem jede Sinneswahrnehmung herausreißt:
> Denn gleich, wenn ich dich anschaue, Lesbia, habe ich keine Stimme im Mund mehr übrig,
> sondern die Zunge ist gelähmt, ein feines Feuer fließt mir unter den Gliedern herab, von ihrem eigenen Schall klingeln die Ohren, und die beiden Augen werden von Nacht bedeckt.
> Freizeit, Catull, ist für dich schädlich:
> Durch Freizeit bist du maßlos und schwärmst zu viel;
> Freizeit hat auch früher Könige und glückliche Städte zerstört.

1 super (h. als Adverb): übrig **2 suopte**: verstärktes suo **3 gestio**: schwärmen

Sappho, frg. 31 (Voigt)

1 Φαίνεταί μοι κῆνος ἴσος θέοισιν
ἔμμεν᾽ ὤνηρ, ὄττις ἐνάντιός τοι
ἰσδάνει καὶ πλάσιον ἆδυ φωνεί-
   σας ὑπακούει

5 καὶ γελαίσας ἰμέροεν. τό μ᾽ ἦ μάν
καρδίαν ἐν στήθεσιν ἐπτόαισεν.
ὡς γὰρ ἔς σ᾽ ἴδω βρόχε᾽, ὥς με φώνη-
   σ᾽ οὐδὲν ἔτ᾽ εἴκει,

ἀλλὰ κὰμ μὲν γλῶσσα ἔαγε, λέπτον
10 δ᾽ αὔτικα χρῶι πῦρ ὑπαδεδρόμακεν,
ὀππάτεσσι δ᾽ οὐδὲν ὄρημμ᾽, ἐπιρρόμ-
   βεισι δ᾽ ἄκουαι,

κὰδ δέ μ᾽ ἴδρως κακχέεται, τρόμος δέ
παῖσαν ἄγρει, χλωροτέρα δὲ ποίας
15 ἔμμι, τεθνάκην δ᾽ ὀλίγω ᾽πιδεύης
   φαίνομ᾽ ἔμ᾽ αὔται·

ἀλλὰ πᾶν τόλματον, ἐπεί...

Es scheint mir jener gleich den Göttern
zu sein, der Mann, der sich dir gegenüber
niedersetzt und aus der Nähe hört, wenn du
süß redest

und wenn du begehrenswert lachst – das hat mir
wirklich das Herz in der Brust erschreckt.
Denn wenn ich auf dich kurz schaue,
kommt nichts mehr heraus, wenn ich spreche,

sondern die Zunge ist zerbrochen, ein feines
Feuer hat mir sofort die Haut unterlaufen,
mit den Augen sehe ich nichts, die
Ohren dröhnen,

der Schweiß rinnt mir herab, ein Zittern
erfasst mich ganz, bleicher als trockenes Gras
bin ich, mir selbst scheint, zum Totsein
fehlt wenig.

Aber alles ist zu ertragen, da ...

[Das Ende des Liedes ist nicht erhalten.]

■ **Tipp:** Du kannst die Ähnlichkeiten zwischen beiden Gedichten auch mithilfe einer Tabelle verdeutlichen. Bei Gedichten kann man Textteile gut mit der jeweiligen Verszahl zitieren.

■ **Lösung**

Catull lehnt sich in den ersten drei Strophen – trotz einiger Änderungen – sehr eng an Sapphos Gedicht an, wie schon der erste Vers zeigt. Er übernimmt die Situation – das geliebte Mädchen sitzt einem anderen Mann gegenüber – (Catull Verse 3–5: Sappho Verse 2–5) sowie den ersten Teil der Beschreibung der physischen Auswirkungen der Liebesleidenschaft (Catull Verse 7–12: Sappho 7–12). Danach verlässt Catull aber das Vorbild Sapphos und bringt einen eigenen Schluss an.

Abb. 35: Sinaida Serebrjakowa,
Selbstporträt am Frisiertisch (1909)

Catull

1 Ílle mí par ésse deó vidétur,
ílle, sí fas ést, superáre dívos,
quí sedéns advérsus idéntidém te
   spéctat et aúdit
dulce ridentem, misero quod omnis
5 eripit sensus mihi: nam simul te,
Lesbia, aspexi, nihil est super mi
   [vocis in ore,]
lingua sed torpet, tenuis sub artus
flamma demanat, sonitu suopte
tintinant aures, gemina et teguntur
10 lumina nocte.
Otium, Catulle, tibi molestum est:
otio exultas nimiumque gestis;
otium et reges prius et beatas
   perdidit urbes.

Sappho

Es scheint mir jener gleich den Göttern
zu sein, der Mann, der sich dir gegenüber
niedersetzt und aus der Nähe hört, wenn du
süß redest
und wenn du begehrenswert lachst – das hat mir
wirklich das Herz in der Brust erschreckt.
Denn wenn ich auf dich kurz schaue,
kommt nichts mehr heraus, wenn ich spreche,
sondern die Zunge ist zerbrochen, ein feines
Feuer hat mir sofort die Haut unterlaufen,
mit den Augen sehe ich nichts, die
Ohren dröhnen,
der Schweiß rinnt mir herab, ein Zittern
erfasst mich ganz, bleicher als trockenes Gras
bin ich, mir selbst scheint, zum Totsein
fehlt wenig.
Aber alles ist zu ertragen, da …

Übungstext

Catull – Louise Labé

Aufforderung an Lesbia

■ Arbeitsaufgabe

Lies dir das vorliegende Gedicht Catulls sowie den Ausschnitt aus einem Sonett der französischen Renaissancedichterin Louise Labé durch. Weise nach, dass Catulls Gedicht für Louise Labé als Vorbild diente (achte hier auch besonders auf die bewussten Änderungen gegenüber Catull!) und belege mit Zitaten aus den Texten.

Catull, Carmen 5

1 Vívamús, mea Lésbia, átque amémus,
rumoresque senum severiorum
omnes unius aestimemus assis[1].
soles occidere et redire possunt:
5 nobis, cum semel occidit brevis lux,
nox est perpetua una dormienda.
Da mi basia mille, deinde centum,
dein mille altera, dein secunda centum,
deinde usque[2] altera mille, deinde centum.
10 Dein, cum milia multa fecerimus[3],
conturbabimus illa, ne sciamus,
aut ne quis[4] malus invidere possit,
cum tantum sciat esse basiorum.
(65 lat. W., ➤ Übers. S. 141)

1 unius assis aestimare: einen einzigen Groschen auf etw. geben **2 usque**: h. in einem fort **3 fecerimus**: wir werden gemacht (gegeben, ausgetauscht) haben **4 quis** = aliquis

Louise Labé (ca. 1525–1566), Sonnet XVIII, 1–10

1 Baise m'encor, rebaise moy et baise:	Küss mich noch einmal, küss mich wieder, küss mich:
Donne m'en un de tes plus savoureus,	Gib mir einen deiner köstlichsten,
Donne m'en un de tes plus amoureus:	Gib mir einen deiner verliebtesten:
Je t'en rendray quatre plus chaus que braise.	Ich werde dir vier zurückgeben, heißer als Glut.
5 Las, te pleins tu? ça que ce mal j'apaise,	Ach, du beklagst dich? Da, um den Schmerz zu lindern,
En t'en donnant dix autres doucereus.	gebe ich dir zehn andre, süße.
Ainsi meslans nos baisers tant heureus	Und so mischen wir unsere so glücklichen Küsse,
Jouissons nous l'un de l'autre à notre aise.	erfreuen uns aneinander zum Vergnügen.
Lors double vie à chacun en suivra.	Dann wird jedem von uns doppeltes Leben zuteil.
10 Chacun en soy et son ami vivra.	Jeder wird in sich und im Geliebten leben.

3. Interpretationszeugnisse

Demonstrationstext   Janus Cornarius, Iusiurandum – Genfer Gelöbnis

Der Eid des Hippokrates

■ Arbeitsaufgaben

1. Vollende die beigegebene Tabelle im Sinne des Hippokratischen Eides.

   Hippokrates verspricht: Ich werde keiner Frau …

   Hippokrates verspricht: Ich werde niemandem …

   Hippokrates verspricht: Ich werde alles, was ich beim Heilen höre und sehe, …

   Hippokrates verspricht: Ich werde meine Kunst …

2. Belege mithilfe der Texte, dass die Genfer Gelöbnisformel auf dem Hippokratischen Eid beruht.

Abb. 36: *Asklepios*, 4. Jh. v. Chr.

Janus Cornarius, Iusiurandum
(lat. Übersetzung des ursprünglich auf Griechisch abgefassten Eides des Hippokrates)

1 […] Ceterum quod ad aegros attinet sanandos, diaetam[1] ipsis constituam[2] pro facultate et iudicio meo commodam omneque detrimentum 5 et iniuriam ab eis prohibebo. Neque vero ullius preces apud me adeo validae erunt, ut cuipiam venenum sim propinaturus[3], neque	[…] Meine Verordnungen werde ich treffen zu Nutz und Frommen der Kranken, nach bestem Vermögen und Urteil; ich werde sie bewahren vor Schaden und willkürlichem Unrecht. Ich werde niemandem, auch nicht auf seine Bitte hin, ein tödliches Gift verabreichen oder auch nur dazu raten. Auch werde ich nie einer Frau ein Abtreibungsmittel geben. Heilig und rein werde ich mein Leben und meine Kunst

etiam ad hanc rem consilium dabo. Similiter autem neque mulieri talum vulvae subditicium[4] ad corrumpendum conceptum[5] vel fetum[6] dabo. Porro[7] caste et sancte vitam et artem meam conservabo. Nec vero calculo[8] laborantes secabo[9], sed viris chirurgiae operariis[10] eius rei faciendae locum dabo. In quascumque autem domus ingrediar, ob utilitatem aegrotantium[11] intrabo ab omnique iniuria voluntaria[12] inferenda[13] et corruptione cum alia, tum praesertim operum veneriorum[14] abstinebo, sive muliebra sive virilia, liberorumve hominum aut servorum corpora mihi contigerint[15] curanda.

Quaecumque vero inter curandum videro aut audivero, immo etiam ad medicandum non adhibitus in communi hominum vita cognovero, ea siquidem efferre non contulerit, tacebo et tamquam arcana apud me continebo. […] (144 lat. W.)

bewahren. Auch werde ich den Blasenstein nicht operieren, sondern es denen überlassen, deren Gewerbe dies ist. Welche Häuser ich betreten werde, ich will zu Nutz und Frommen der Kranken eintreten, mich enthalten jedes willkürlichen Unrechtes und jeder anderen Schädigung, auch aller Werke der Wollust an den Leibern von Frauen und Männern, Freien und Sklaven. Was ich bei der Behandlung sehe oder höre oder auch außerhalb der Behandlung im Leben der Menschen, werde ich, soweit man es nicht ausplaudern darf, verschweigen und solches als ein Geheimnis betrachten. […]

1 diaeta, -ae: gesunde Lebensweise, Diät **2 constituo** 3, -stitui, -stitutus: h. verordnen **3 propino** 1: darreichen, eingeben **4 talus vulvae subditicius**: Zäpfchen zum Einführen in die Scheide **5 conceptus**, -us m.: Empfängnis **6 fetus**, -us m.: Leibesfrucht, Embryo **7 porro** (adv.): weiters, ferner **8 calculus**, -i: Nieren-, Blasen- oder Gallenstein **9 seco** 1: operieren **10 chirurgiae operarius** = „der mit der Hand arbeitet", für die Chirurgie zuständig/spezialisiert **11 aegroto** 1: krank sein **12 voluntarius** 3: vorsätzlich, absichtlich **13 iniuriam inferre**: Unrecht zufügen **14 opera veneria**: sexuelle Übergriffe **15 contingo** 3, -tigi, -tactus: anvertraut, zuteil werden

Genfer Gelöbnis
(vom Weltärztebund 1948 in Genf beschlossene Neufassung der ärztlichen Berufspflichten)

„Bei meiner Aufnahme in den ärztl. Berufsstand gelobe ich feierlich, mein Leben in den Dienst der Menschlichkeit zu stellen.

Ich werde meinen Beruf mit Gewissenhaftigkeit und Würde ausüben. Die Erhaltung und Wiederherstellung der Gesundheit meiner Patienten soll oberstes Gebot meines Handelns sein. Ich werde alle mir anvertrauten Geheimnisse auch über den Tod des Patienten hinaus wahren. Ich werde mit allen meinen Kräften die Ehre und die edle Überlieferung des ärztlichen Berufes aufrechterhalten und bei der Ausübung meiner ärztlichen Pflichten keinen Unterschied machen weder nach Religion, Nationalität, Rasse noch nach Parteizugehörigkeit oder sozialer Stellung. Ich werde jedem Menschenleben von der Empfängnis an Ehrfurcht entgegenbringen und selbst unter Bedrohung meine ärztliche Kunst nicht in Widerspruch zu den Geboten der Menschlichkeit anwenden. Ich werde meinen Lehrern und Kollegen die schuldige Achtung erweisen. Dies alles verspreche ich feierlich auf meine Ehre."

■ Lösungen

1. Vollende die beigegebene Tabelle im Sinne des Hippokratischen Eides.

Hippokrates verspricht: Ich werde keiner Frau …	ein Mittel zur Abtreibung geben.
Hippokrates verspricht: Ich werde niemandem …	ein tödliches Gift verabreichen.
Hippokrates verspricht: Ich werde alles, was ich beim Heilen höre und sehe, …	geheim halten.
Hippokrates verspricht: Ich werde meine Kunst …	rein und heilig bewahren.

2. Belege mithilfe der Texte, dass die Genfer Gelöbnisformel auf dem Hippokratischen Eid beruht.

Hippokratischer Eid	Genfer Formel
ab omnique iniuria voluntaria inferenda et corruptione cum alia, tum praesertim operum veneriorum abstinebo,	Gewissenhaftigkeit und Würde
diaetam ipsis constituam pro facultate et iudicio meo commodam et iniuriam ab eis prohibebo.	Oberstes Gebot Erhaltung und Wiederherstellung der Gesundheit
… tacebo et tamquam arcana apud me continebo	Geheimnisse wahren
Neque vero ullius preces … ad corrumpendum conceptum vel fetum dabo.	Gebote der Menschlichkeit bewahren
caste et sancte vitam et artem meam conservabo.	Ehre des Berufsstandes wahren
sive muliebra sive virilia, liberorumve hominum aut servorum corpora mihi contigerint curanda.	Keine Unterschiede in der Behandlung

Alle im Hippokratischen Eid genannten Phänomene, mit Ausnahme des Punktes über Euthanasie, Abtreibung und Schädigung der Zeugungskraft, sind expressis verbis wieder aufgenommen.

Übungstext

Gaius, Papinian – Hausmaninger / Trachta / Gamauf

patria potestas

■ Arbeitsaufgaben

1. Vollende die beigegebene Tabelle im Sinne des Römischen Rechts, wie bei Gaius und Papinian dargestellt.

Nur Kinder unterliegen der *patria potestas*, die …	
Die *patria potestas* betrifft nur …	
Kinder dürfen das Eigentum des Vaters nicht …	
Kinder, die sich nicht respektvoll ihrem Vater gegenüber benehmen, dürfen …	
Im Wiederholungsfall muss der …	
Wenn ein Vater sein Kind misshandelt, muss es …	

2. Belege mithilfe der Texte, dass das ABGB (Allgemeines Bürgerliches Gesetzbuch) und seine Regelungen auf dem Römischen Recht beruhen.

Gaius, Institutiones I, 55

Item in potestate nostra sunt liberi nostri, quos iustis nuptiis procreavimus. Quod ius proprium civium Romanorum est. Fere enim nulli alii sunt homines, qui talem in filios[1] suos habent potestatem, qualem nos habemus, idque divus Hadrianus edicto, quod proposuit de his, qui sibi liberisque suis ab eo civitatem[2] Romanam petebant, significavit. Nec me praeterit Galatorum[3] gentem credere in potestate parentum liberos esse.

1 in filios: über ihre Kinder **2 civitas**, -atis f.: Bürgerrecht **3 Galati**, -orum: Galater, keltischer Stamm

C 8, 46, 3

Si filius tuus in potestate tua est, res adquisitas tibi¹ alienare² non potuit. Quem, si pietatem patri debitam non agnoscit³, castigare iure patriae potestatis non prohiberis, artiore⁴ remedio usurus, si in pari contumacia perseveraverit, eumque praesidi provinciae oblaturus dicturo sententiam⁵, quam tu quoque dici volueris.

1 adquisitas tibi: für dich erworben **2 alieno** 1: veräußern **3 agnosco** 3: anerkennen **4 artus** 3: streng **5 dicturo sententiam**: damit du ein Urteil sprichst

Papinian D 37, 12, 5

Divus Trajanus filium, quem pater male contra pietatem adficiebat, coegit emancipare.

(115 lat. W., ▶ Übers. S. 141 f.)

Römisches Recht (Hausmaninger/Trachta/Gamauf, Wien 1992, S. 41)

Das ABGB von 1811 behandelte die Pflege und Erziehung der Kinder als gemeinschaftliche Rechte und Pflichten beider Elternteile. Konnten diese sich nicht einigen, so entschied der Vater, und in wichtigen Angelegenheiten das Gericht. Überdies hatten die Eltern das Recht, den Gehorsam der Kinder auch im Wege körperlicher Züchtigungen durchzusetzen (§ 145 ABGB alt). § 145 ABGB aF: „Die Aeltern sind berechtiget, vermißte Kinder aufzusuchen, entwichene zurück zu fordern, und flüchtige mit obrigkeitlichem Beystande zurück zu bringen; sie sind auch befugt, unsittliche, ungehorsame oder die häusliche Ordnung störende Kinder auf eine nicht übertriebene und ihrer Gesundheit unschädliche Art zu züchtigen." Im Zuge der Familienrechtsreform 1977 und 1989 fielen die Vorrechte des Vaters sowie das Züchtigungsrecht. § 146a ABGB: *Das minderjährige Kind hat die Anordnungen der Eltern zu befolgen. Die Eltern haben bei ihren Anordnungen und deren Durchsetzung auf Alter, Entwicklung und Persönlichkeit des Kindes Bedacht zu nehmen; die Anwendung von Gewalt und die Zufügung körperlichen oder seelischen Leides sind unzuläßig.*

Nach heutiger Auffassung handelt es sich bei elterlichen Rechten um Befugnisse, die zum Wohle und zur Förderung der Entwicklung des Kindes einzusetzen sind. In einigen Angelegenheiten (z. B. Ausbildung) kann das Kind, wenn es nicht mit den Entscheidungen der Eltern einverstanden ist, das Pflegschaftsgericht (jenes Bezirksgericht, in dessen Sprengel das Kind seinen Wohnsitz oder gewöhnlichen Aufenthalt hat) anrufen.

6 KOMMENTIEREN UND STELLUNGNEHMEN

- Ein **Kommentar** ist ein Meinungsbeitrag zu einem Thema. Ein guter Kommentar analysiert das Textmaterial und deutet es; die eigene Meinung des Schreibenden muss argumentativ belegt werden.

- Unbedingt notwendig ist es, dass die in den Leitfragen thematisierten Aspekte alle behandelt werden, die Form und Reihenfolge der Behandlung ist dem/der Kommentierenden überlassen.

- Allfällige Wortgrenzen dürfen nicht überschritten werden.

1. Einzelbegriffe
Begriffsdefinitionen

Dass Begriffe, über die diskutiert wird, genau definiert gehören, lernen wir von **Marcus Tullius Cicero**, wenn er Scipio in seinem Dialog „*De re publica*" (I, 38) sagen lässt: „[…] *ut eius rei, de qua quaereretur, si nomen, quod sit, conveniat, explicetur, quid declaretur eo nomine*" („[…] dass, wenn der Name der Sache, über welche die Untersuchung geht, ausgemacht ist, dargelegt wird, was mit diesem Namen bezeichnet wird").

Demonstrationstext
Cicero, De re publica I, 39; 41 (gek.)

Was macht einen Staat zu einem Staat, was ein Volk zu einem Volk?

■ Arbeitsaufgaben
1. Liste Ciceros Definitionen für *res publica* und *populus* auf.
2. Kommentiere seine Art, wie er die einzelnen Begriffe erklärt, und berücksichtige gegebenenfalls formale Auffälligkeiten.

Est igitur […] res publica res populi, populus autem non omnis hominum coetus quoquo modo congregatus, sed coetus multitudinis iuris consensu et utilitatis communione sociatus. Eius autem prima causa coeundi est non tam imbecillitas quam naturalis quaedam hominum quasi congregatio. […] Omnis ergo populus, qui est talis coetus multitudinis, qualem exposui, omnis civitas, quae est constitutio populi, omnis res publica, quae – ut dixi – populi res est, consilio[1] quodam regenda est, ut diuturna sit. Id autem consilium primum semper ad eam causam referendum est, quae causa genuit civitatem. (85 lat. W.)

> Es ist also der Staat Angelegenheit des Volkes, ein Volk aber nicht jede auf irgendeine Art vereinigte Ansammlung von Menschen, sondern eine Ansammlung einer Menge, die in der übereinstimmenden Rechtsauffassung und in gemeinschaftlichem Nutzen vereinigt ist. Ihr erster Beweggrund des Zusammenkommens ist aber nicht so sehr die Schwäche als gleichsam eine natürliche Geselligkeit der Menschen. […] Jedes Volk also, das eine Ansammlung einer solchen Menge ist, wie ich es darlegte, jede Bürgerschaft, die eine Einrichtung des Volkes darstellt, jeder Staat, der, wie ich sagte, Angelegenheit des Volkes ist, muss durch vernünftiges Planen gelenkt werden, damit er ewig sei. Dieses vernünftige Planen ist zuerst immer auf diese Ursache zu beziehen, die den Staat hervorgebracht hat.

1 consilium, -i: h. vernünftiges Planen

■ **Tipps**
1. Markiere die einzelnen Begriffe im Text.
2. Fasse Ciceros Definitionen von *res publica* und *populus* mit eigenen Worten zusammen und betrachte vor allem die Reihenfolge, in der er die einzelnen Begriffe anführt.

■ **Lösungen**
1. Eine *res publica* ist für Cicero Sache / Angelegenheit des Volkes, sie geht demnach alle etwas an. Das Volk ist quasi kein zusammengewürfelter, wilder Haufen, sondern eine Ansammlung einer Menge, die in einem geordneten Zustand (mit übereinstimmender Rechtsauffassung und gemeinsamem Nutzen) lebt. Menschen leben nicht so sehr deshalb zusammen, weil sie alleine zu schwach wären, sondern weil sie von Natur aus gesellig sind. Ein Staat, sagt Cicero, müsse durch vernünftiges Planen gelenkt werden, damit er ewig bestehen könne.
2. Was besonders auffällt, ist, dass Cicero bei seinen Begriffserklärungen Schritt für Schritt vorgeht: Er definiert zuerst *res publica* als *res populi*, kommt dann auf *populus* als *coetus* zu sprechen und erklärt uns schließlich, was er unter einem *coetus* versteht. In der unteren Hälfte des Textes (Z. 8 ff.) geht er in seiner Begriffsdefinition den umgekehrten Weg: Er beginnt mit dem *populus*, nennt dann die *civitas* und geht zuletzt auf die *res publica* näher ein.

Est igitur […] **res publica res populi, populus** autem non omnis hominum **coetus** quoquo modo congregatus, sed coetus multitudinis iuris consensu et utilitatis communione sociatus. Eius autem prima causa coeundi est non tam imbecillitas quam naturalis quaedam hominum quasi congregatio. […] Omnis ergo **populus**, qui est talis coetus multitudinis, qualem exposui, omnis **civitas**, quae est **constitutio populi**, omnis **res publica**, quae – ut dixi – populi res est, consilio[1] quodam regenda est, ut diuturna sit. Id autem consilium primum semper ad eam causam referendum est, quae causa genuit civitatem. (85 lat. W.)

Übungstext

Cicero, De re publica I, 42 (gek.)

Die Grundformen des Staates

■ Arbeitsaufgaben

1. Liste die drei Grundformen des Staates auf, die Cicero im folgenden Textabschnitt nennt.
2. Kommentiere seine Beschreibung anhand folgender Leitfragen:
   a. Wie beschreibt er sie jeweils?
   b. Welche Rolle spielt dabei das so genannte *consilium* („vernünftiges Planen")?
   c. Wie nennen wir heutzutage wohl eine *civitas popularis*?

Deinde aut uni tribuendum est (erg.: consilium) aut delectis quibusdam aut suscipiendum est multitudini atque omnibus. Quare cum penes¹ unum est omnium summa rerum², regem illum unum vocamus et regnum eius rei publicae statum.
5 Cum autem est penes delectos, tum illa civitas optimatium³ arbitrio regi dicitur. Illa autem est civitas popularis – sic enim appellant -, in qua in populo sunt omnia. Atque horum trium generum quodvis⁴, si teneat illud vinculum, quod primum homines inter se rei publicae societate devinxit⁵, non perfectum
10 illud quidem neque mea sententia optimum est, sed tolerabile tamen et ut aliud⁶ alio possit esse praestantius. (95 lat. W.,
▶ Übers. S. 142)

1 penes (+ acc.): in der Gewalt von, bei **2 omnium summa rerum**: die Entscheidung aller Angelegenheiten **3 optimates**, -ium: die Besten (Aristokraten) **4 quivis**, quaevis, quodvis: jeder Beliebige **5 devincio** 4, -vinxi, -vinctus: eng verbinden **6 et ut aliud**: … und zwar so, dass die eine (Staatsform) …

■ **Tipp:** Schau genau, wem das *consilium* jeweils übertragen und welcher Name davon für die entsprechende Staatsform abgeleitet wird!

2. Einzelne Passagen
Ironie, Wortstellung, Wortspiel

- Die **Ironie** („Verstellung, Vortäuschung") ist eine Äußerung, in der der Sprechende anders redet als er denkt, seine wahre Meinung aber für die Zuhörer durchschaubar macht. Das Verstehen von Ironie beruht in der Regel darauf, dass beide Seiten, Sprecher und Hörer, über die wahren Umstände Bescheid wissen, dass diese aber nicht erwähnt werden.

- **Wortstellung**: Kurze und prägnante Sätze, oft im historischen Präsens, zeigen, dass die Handlung Schlag auf Schlag vorangeht. Satzglieder, die dem Autor besonders wichtig sind, drängen sich oft in einer Art psychologischer Wortstellung an die erste Satzstelle vor.

- Ein **Wortspiel** ist eine rhetorische Figur, die hauptsächlich auf Mehrdeutigkeit, Verdrehung, Umdrehung (dem Sinne nach) oder sonstiger Wortveränderungen beruht und dem Verfasser humorvoll und/oder geistreich erscheint. Zu den häufigsten gehört die **Paronomasie**, die auf der klanglichen Ähnlichkeit von Wörtern beruht (z. B. *Eile mit Weile – Wer rastet, rostet*).

Demonstrationstext

Cicero, In Verrem II, 4, 51

Cicero, der den korrupten Propraetor Verres anklagt, schildert, wie dieser die sizilianische Stadt Haluntium plündern lässt, sich aber nicht selbst in die Stadt hinauf bemüht, sondern am Strand auf die Schätze wartet.

■ Arbeitsaufgaben

1. Kommentiere den Text und zeige, wo Cicero in der Beschreibung des Verres Ironie einsetzt.
2. Analysiere die Wortstellung in den Sätzen Z. 6/7 *(Escendit … haberent)* und zeige, mit welcher Absicht Cicero gerade diese gewählt haben könnte.
3. Finde ein Wortspiel in diesem Text.

Illa vero optima [est], quod, cum Haluntium[1] venisset praetor laboriosus et diligens, ipse in oppidum noluit accedere, quod erat difficili ascensu[2] atque arduo. Archagathum Haluntinum[1], hominem non solum domi, sed tota Sicilia in primis nobilem, vocari iussit. Ei negotium[3] dedit ut, quidquid Halunti esset argenti caelati[4] aut si quid etiam Corinthiorum, id omne statim ad mare ex oppido deportaretur. Escendit in oppidum Archagathus. […] Pronuntiat, quid sibi imperatum esset; iubet omnes proferre, quod haberent. Metus erat summus. Ipse enim tyrannus non discedebat longius. Archagathum et argentum in lectica[5] cubans[6] ad mare infra oppidum exspectabat. (94 lat. W.)

Das aber ist das Beste, dass der arbeitsame und gewissenhafte Prätor, als er nach Haluntium gekommen war, nicht selbst in die Stadt hinaufsteigen wollte, weil der Weg hinauf schwierig und steil war. Er ließ daher Archagath aus Haluntium rufen, einen Mann, der nicht nur zu Hause, sondern in ganz Sizilien hochangesehen war. Ihm gab er den Auftrag, alles was sich an Silbergegenständen mit Treibarbeit oder auch an korinthischen Gefäßen in Haluntium befinde, sofort aus der Stadt ans Meer zu schaffen. Archagath steigt in die Stadt hinauf. […] Er verkündet, was ihm aufgetragen worden war. Er befiehlt, dass alle bringen, was sie haben. Die Angst war sehr groß. Der Tyrann selbst jedoch ging nicht weiter weg. Er erwartete Archagath und das Silber in seiner Sänfte ruhend am Meer am Fuße der Stadt.

1 Haluntium: Stadt an der Nordküste Siziliens; Haluntinus, -i m.: Bürger von Haluntium   **2 ascensus**, -us m.: Aufstieg, Zugang   **3 negotium**, -i n.: Auftrag   **4 caelatus** 3: getrieben, mit Treibarbeit   **5 lectica**, -ae f.: Sänfte   **6 cubo** 1: ruhen, liegen

■ Kommentar
9 Corinthia, -orum: Tongeschirr aus Korinth, das als besonders wertvoll galt

■ Tipp: Markiere die Wörter in verschiedenen Farben.

■ Lösungen
1. Obwohl alle, die das Prozessverfahren in Rom verfolgen, wissen, dass Verres seine Aufgaben in sträflichster Weise vernachlässigt hat, und der Verlauf der Anekdote zeigt, dass Verres zu träge und zu faul ist, die am Berg gelegene Stadt persönlich aufzusuchen, nennt ihn Cicero *laboriosus* und *diligens*, arbeitsam und umsichtig. Im Übrigen ist Verres zwar nicht sorgfältig als Beamter, aber äußerst gewissenhaft beim Aufspüren und Rauben von Schätzen in Sizilien.
2. Die Sätze sind kurz und asyndetisch (▶ Stilmittel 32, S. 117), den Hauptsatz bildet jeweils nur das Hauptverb, das auch an der ersten Satzstelle steht. Damit will Cicero zeigen, dass Verres eine Schreckensherrschaft in Sizilien führt, gegen die Widerstand zwecklos ist.
3. Das Wortspiel ist *Archagathum et argentum*.

Übungstext

Cicero, In Verrem II, 5, 26

Cicero, der den korrupten Propraetor Verres anklagt, schildert, wie dieser Winter und Frühling auf Sizilien verbringt und wie er sein Amt ausübt.

■ Arbeitsaufgaben
1. Kommentiere den Text und zeige, wo Cicero in der Beschreibung des Verres Ironie einsetzt.
2. Analysiere den Tempusgebrauch im Text.
3. Finde ein Wortspiel in diesem Text.

Urbem Syracusas elegerat. […] Hic ita vivebat iste bonus imperator hibernis mensibus, ut eum non facile non modo[1] extra tectum, sed ne[1] extra lectum quidem[1] quisquam viderit. Ita diei brevitas conviviis, noctis longitudo stupris et flagitiis continebatur. Cum autem ver esse coeperat – cuius initium iste non a Favonio neque ab aliquo astro[2] notabat, sed cum rosam viderat, tum incipere ver arbitrabatur – dabat se labori atque itineribus. In quibus eo usque se praebebat patientem atque impigrum, ut eum nemo umquam in equo sedentem viderit. (85 lat. W., ➤ Übers. S. 143)

1 non modo … sed ne … quidem: nicht nur … sondern nicht einmal **2 astrum**, -i n.: Stern(bild)

■ Kommentar
Verres residiert in **Syrakus**, einer klimatisch besonders begünstigten Stadt in Südostsizilien.
5 Favonius: römischer Windgott; Südwind, der den Frühling ankündigte

■ Tipp: Das Imperfekt bezeichnet in der Regel länger andauernde und wiederholte Handlungen, das Perfekt einmalige und punktuelle Handlungen (➤ S. 90).

3. Motive

Das **Motiv** ist ein erzählerischer Baustein, eine kleinere stoffliche Einheit, die zwar noch nicht eine ganze Geschichte erzählt, wohl aber ein bekanntes inhaltliches Element darstellt, aus dem eine neue Geschichte entstehen kann. So findet sich beispielsweise das Motiv der feindlichen Brüder über Jahrtausende hinweg, von den biblischen Figuren Kain und Abel über Romulus und Remus bis zu Schillers „Die Räuber".

Demonstrationstext

Livius – Exodus – Hygin

Das ausgesetzte (Königs-)Kind

■ Arbeitsaufgaben
1. Vergleiche die drei Texte und liste in einer Tabelle Gemeinsamkeiten und Unterschiede auf.

2. Kommentiere die Texte anhand folgender Leitfragen:
   a. Was ist den drei Geschichten im Erzählstil gemeinsam?
   b. Was ist die etwas unwahrscheinliche inhaltliche Gemeinsamkeit?
   c. Wo ist der Erzähler am deutlichsten präsent?
   d. Welchem Zweck könnten solche Aussetzungsgeschichten dienen?

Livius, Ab urbe condita I, 4

Vi compressa[1] Vestalis cum geminum partum edidisset, seu ita rata seu quia deus auctor culpae honestior erat, Martem incertae stirpis patrem nuncupat. Sed nec di nec homines aut ipsam aut stirpem a crudelitate regia vindicant[2]: Sacerdos vincta in custodiam datur, pueros in profluentem aquam mitti iubet. […] Ita velut defuncti regis imperio […] pueros exponunt. Vastae tum in his locis solitudines erant. Tenet fama cum fluitantem alveum[3], quo expositi erant pueri, tenuis aqua[4] in sicco destituisset, lupam sitientem ex montibus, qui circa sunt, ad puerilem vagitum cursum flexisse[5] eam submissas infantibus adeo mitem praebuisse mammas[6], ut lingua lambentem pueros magister regii pecoris invenerit – Faustulo fuisse nomen ferunt – ab eo ad stabula Larentiae uxori educandos datos. (115 lat. W.)

Der Vestalin wurde Gewalt angetan, und als sie Zwillinge zur Welt gebracht hatte, gab sie Mars als Vater ihrer zweifelhaften Nachkommenschaft an, sei es, dass sie wirklich daran glaubte, sei es, weil ein Gott als Verursacher der Schuld ehrenvoller war. Aber weder Götter noch Menschen retteten sie selbst oder ihre Nachkommen vor der königlichen Grausamkeit. Die Priesterin wurde gefesselt in Haft genommen, und er befahl, dass die Knaben ins strömende Wasser geworfen werden. […] So setzten sie die Kinder aus, als ob sie den königlichen Auftrag erledigt hätten. Damals war in dieser Gegend eine gewaltige Einöde. Es hält sich die Sage, dass eine durstige Wölfin aus den umliegenden Bergen ihre Schritte hin zum Weinen der Knaben gelenkt hatte, als das seichte Wasser den schwankenden Korb, in dem die Kinder ausgesetzt worden waren, aufs Trockene gesetzt hatte. Sie habe sich niedergelassen und den Knaben ihre Zitzen gereicht und sich dabei als so sanft erwiesen, dass der Aufseher des königlichen Viehs sie fand, wie sie die Knaben mit ihrer Zunge leckte – man berichtet, er habe Faustulus geheißen. Von ihm seien sie bei den Stallungen seiner Frau Larentia zur Erziehung übergeben worden.

1 vi compressus: vergewaltigt **2 vindico** 1: retten **3 alveus**, -i m.: Korb **4 tenuis aqua**: das sanft fließende Wasser, das seichte Wasser **5 cursum flectere**: den Schritt lenken **6 submissas mammas praebere**: sich niederlassen und die Zitzen reichen

Exodus 1, 22–2, 10

Praecepit autem Pharao omni populo suo dicens: „Quicquid masculini sexus natum fuerit, in flumen proicite quicquid feminei reservate!" Egressus est post haec vir de domo Levi[1] accepta uxore stirpis[2] suae, quae concepit et peperit filium, et videns eum elegantem abscondit tribus mensibus cumque iam celare non posset, sumpsit fiscellam scirpeam[3] et linivit[4] eam bitumine ac pice posuitque intus infantulum et exposuit eum in careto[5] ripae fluminis stante procul sorore eius et considerante eventum rei.

Der Pharao schrieb seinem ganzen Volk vor und sagte: „Jedes männliche Kind sollt ihr in den Fluss werfen, jedes weibliche verschonen!" Danach ging ein Mann aus dem Hause Levi hinaus, nachdem er eine Frau aus seinem Stamm genommen hatte, die einen Sohn empfing und gebar. Als sie sah, dass er schön war, versteckte sie ihn drei Monate. Und als sie ihn nicht mehr verstecken konnte, nahm sie ein Binsenkörbchen und bestrich es mit Pech und Teer, legte das Baby hinein und setzte es am Nilufer im Schilf aus, während seine Schwester in der Nähe stehen blieb und den Ausgang der Sache beobachtete. Siehe, da stieg die Tochter des Pharao herab, um im Fluss zu baden, und ihre Mägde streiften durch das Flussufer. Als sie das Körbchen im Schilf gesehen hatte, schickte sie eine von ihren Dienerinnen, öffnete das Körbchen, das diese gebracht hatte, und sah darin das kleine Kind, das weinte, und hatte Mitleid. Sie sagte: „Es ist eines von den Hebräerkindern." […] Sie adoptierte ihn als ihren

15 Ecce autem descendebat filia Pharaonis, ut lavaretur in flumine, et puellae eius gradiebantur per crepidinem alvei⁶. Quae cum vidisset fiscellam³ in papyrione misit unam e famulis suis et adlatam aperiens cernensque in ea parvulum vagientem miserta eius
20 ait: „De infantibus Hebraeorum est." […] Quem illa adoptavit in locum filii vocavitque nomen eius Mosi dicens: „Quia de aqua tuli eum!" (134 lat. W.)

Sohn und nannte ihn Moses und sagte: „Weil ich ihn aus dem Wasser genommen habe!"
1 domus Levi: Haus Levi, einer der 12 Stämme Israels **2 stirps**, -pis f.: Stamm **3 fiscella scirpea**: Binsenkörbchen **4 lino** 4, -ivi, -itum: bestreichen **5 carectum**, -i: Schilf **6 crepido alvei**: Flussufer

Hygin, Fabulae, Alexander Paris

1 Priamus Laomedontis filius, cum complures liberos haberet ex concubitu Hecubae, uxor eius praegnans¹ in quiete vidit se facem² ardentem pare-
5 re, ex qua serpentes plurimos exisse. Id visum³ omnibus coniectoribus⁴ cum narratum esset, imperant, quicquid pareret, necaret, ne id patriae exitio foret⁵. Postquam Hecuba pepe-
10 rit Alexandrum, datur interficiendus⁶. Quem satellites misericordia exposuerunt, eum pastores pro suo filio repertum expositum educaverunt eumque Parim nominaverunt. (62 lat. W.)

Als Priamus, der Sohn des Laomedon, schon mehrere Kinder aus seiner Ehe mit Hecuba hatte, sah seine schwangere Frau im Traum, dass sie eine brennende Fackel zur Welt bringt, aus der sehr viele Schlangen hervorgingen. Nachdem dieses Traumbild allen Traumdeutern erzählt worden war, befehlen sie, sie solle töten, was auch immer sie zur Welt bringt, damit es nicht den Untergang für die Stadt mit sich bringt. Nachdem Hecuba Alexander geboren hatte, wurde er zur Tötung ausgeliefert. Die Diener setzten diesen aber aus Mitleid aus, Hirten erzogen das aufgefundene Kind als ihren eigenen Sohn und sie nannten ihn Paris.

1 praegnans: schwanger **2 fax**, -cis f.: Fackel **3 visum**, -i: Traumbild **4 coniecto**r, -oris m.: Traumdeuter **5 alicui exitio esse**: den Untergang bewirken für **6 datur interficiendus**: er wird zum Töten ausgeliefert

Abb. 37: Urteil des Paris, Grafik v. Koloman Moser,
Ex libris Fritz Wärndorfer (1903). Kennzeichnende Grafik für die Gebrauchskunst des Jugendstils

■ Lösungen

1.

Livius	Exodus	Hygin
Vergewaltigungsopfer	eheliches Kind	eheliches Kind
Aussetzung durch königliche Grausamkeit	Befehl des Pharao	Befehl der Traumdeuter
Aussetzung am Fluss	Aussetzung am Fluss	Aussetzung in den Bergen
Aussetzung im Korb	Aussetzung im Korb	ohne Angabe
Auffindung durch Wölfin und Bauern	Auffindung durch die Königstochter	Auffindung durch Hirten

1.

Livius	Exodus	Hygin
erzogen durch die Hirten	Adoption durch die Königstocher	Erziehung durch die Hirten
keine Angaben über den Namen	Name Moses	Name Paris

2. a. Die drei Geschichten haben sehr stark märchenhaften Charakter,
   b. gemeinsam ist ihnen, dass die Kinder, die nach allen Gesetzen der Wahrscheinlichkeit keine Überlebenschance hatten, gerettet werden und in der Folge zu Macht und Ansehen gelangen.
   c. Der Erzähler Livius greift am stärksten in das Geschehen ein, im Bemühen, die Geschichte weniger märchenhaft klingen zu lassen.
   d. Die Geschichten machen deutlich, dass die Kinder so stark unter so mächtigem göttlichem Schutz stehen und so vom Schicksal begünstigt sind, dass ihnen Großes bevorsteht.

Übungstext

Catull – Martial – Joachim Ringelnatz

Scheinbare Treue

Arbeitsaufgaben

1. Vergleiche die drei Texte und liste Gemeinsamkeiten und Unterschiede auf.
2. Kommentiere die Texte anhand folgender Leitfragen:
   a. Welche ironischen Aspekte sind den drei Gedichten gemeinsam?
   b. Was ist die allen gemeinsame Grundhaltung zur ehelichen Treue?
   c. Wo ist der Erzähler am deutlichsten präsent?

Catull, Carmen 83

Lesbia mi praesente viro mala plurima dicit.
Haec illi fatuo¹ maxima laetitia est.
Mule²! Nihil sentis? Si nostri oblita³ taceret,
sana esset. Nunc quod gannit⁴ et obloquitur,
non solum meminit, sed – quae multo acrior est res –
irata est. Hoc est – uritur⁵ et loquitur.
(46 lat. W., ➤ Übers. S. 143)

1 fatuus 3: dumm **2 mulus**, -i m.: Maulesel **3 obliviscor** 3, oblitus sum: vergessen **4 gannio** 4: keifen, schimpfen **5 uror** 3: vor Liebe brennen

Martial I, 62

Casta nec antiquis cedens¹ Laevina Sabinis
et quamvis² tetrico³ tristior⁴ ipsa viro,
dum modo Lucrino⁵, modo se permittit Averno⁶
et dum Baianis⁷ saepe fovetur⁸ aquis,
incidit in flammas iuvenemque secuta relicto
coniuge Penelope venit, abit Helene.
(36 lat. W., ➤ Übers. S. 143)

1 cedo 3: nachstehen **2 quamvis**: schon genügend **3 tetricus** 3: sittenstreng **4 tristis**, -e: ernst **5 Lucrino** sc. lacu: Lukrinersee: ein Kratersee bei Neapel **6 Averno** sc. lacui **7 Baianus**: Adj. zu Baiae, ein mondänes Thermalbad bei Neapel **8 foveo** 2: wärmen

Kommentar

1 Sabini: Die Sabiner waren für ihre Sittenstrenge bekannt.
6 Penelope (prädikativ): als P., die Frau des Odysseus, Urbild ehelicher Treue
Helene: Frau des Menelaos, fuhr mit Paris nach Troja, Urbild ehelicher Untreue

Joachim Ringelnatz, Ferngruß von Bett zu Bett

1 Wie ich bei dir gelegen
Habe im Bett, weißt du es noch?
Weißt du noch, wie verwegen
Die Lust uns stand? Und wie es roch?

2 Und all die seidenen Kissen
Gehörten deinem Mann.
Doch uns schlug kein Gewissen.
Gott weiß, wie redlich untreu.

3 Man sein kann.
Weißt du noch, wie wir's trieben,
Was nie geschildert werden darf?
Heiß, frei, besoffen, fromm und scharf.

4 Weißt du, dass wir uns liebten?
Und noch lieben?
Man liebt nicht oft in solcher Weise.

5 Wie fühlvoll hat dein spitzer Hund bewacht.
Ja unser Glück war ganz und rasch und leise.
Nun bist du fern.
Gute Nacht.

Joachim Ringelnatz, Das Herz sitzt über dem Popo. Liebesgedichte. Patmos 2007, Hörbuch

4. Denkansätze

- **Denkansatz:** grundlegender Gedanke, den man sich zu einer Sache macht; Herangehensweise, Methode

- **Unterschiedlicher Gebrauch von Imperfekt und Perfekt:**
Das lateinische **Imperfekt** drückt in der Vergangenheit begonnene, noch nicht abgeschlossene Vorgänge bzw. Handlungen und wiederholte Vorgänge bzw. Zustände der Vergangenheit aus. Das lateinische **Perfekt** gibt abgeschlossene Vorgänge der Vergangenheit wieder und betont oft die Einmaligkeit einer Handlung (im Ggs. zum Imperfekt).

Demonstrationstext

Cicero, Tusculanae disputationes V, 10 f. (gek.)

Sokrates stellt als Philosoph den Menschen in den Mittelpunkt des Interesses.

■ Arbeitsaufgaben

1. Liste die Fragestellungen auf, mit denen sich die sogenannten „Vorsokratiker" beschäftigten.
2. Kommentiere die philosophische Methode des Sokrates anhand folgender Leitfragen:
    a. Welche Fragestellungen sind für Sokrates wichtig?
    b. Welche Effekte zeitigte seine Methode?
    c. Wie beschreibt Cicero das Philosophieren des Sokrates? (Beachte auch den unterschiedlichen Gebrauch von Imperfekt und Perfekt im vorliegenden Text.)

Abb. 38: Sokrates, sogenannte Farnesische Herme, Marmor, Neapel, Archäologisches Nationalmuseum

Sed ab antiqua philosophia usque ad Socratem numeri motusque tractabantur, et unde omnia orerentur quove reciderent, studioseque ab iis siderum magnitudines, intervalla, cursus anquirebantur et cuncta caelestia.
Socrates autem primus philosophiam devocavit e caelo et in urbibus collocavit et in domos etiam introduxit et coegit de vita et moribus rebusque bonis et malis quaerere. Cuius multiplex ratio disputandi rerumque varietas et ingenii magnitudo Platonis memoria et litteris consecrata plura genera effecit dissentientium philosophorum.
(73 lat. W.)

> Aber von der alten Philosophie bis zu Sokrates wurden die Zahlenverhältnisse und Bewegungsgesetze behandelt und woher alles entstehe oder wohin es zurückfalle, und es wurden von diesen (= Philosophen vor Sokrates) die Größen, Abstände, Bahnen der Gestirne und (überhaupt) alle Himmelserscheinungen erforscht. Sokrates hat aber als Erster die Philosophie vom Himmel herabgeholt, sie in den Städten angesiedelt, sie sogar in die Häuser hineingeführt und sie gezwungen, nach dem Leben, den Sitten und nach dem Guten und Schlechten zu forschen. Seine vielseitige Art des Diskutierens, die Verschiedenheit der Problemstellungen und die Größe seiner Begabung wurden durch die Erinnerung und die Schriften Platons unsterblich gemacht und brachten ziemlich viele Arten von Philosophen mit unterschiedlichen Meinungen hervor.

■ Lösungen

1. Die sogenannten „Vorsokratiker" beschäftigten sich mit Zahlenverhältnissen und Bewegungsgesetzen *(numeri motusque)*, interessierten sich also für Naturwissenschaften, und gingen der Frage nach, woher alles komme bzw. wohin alles gehe (Frage nach dem Urstoff).
2. Cicero gebraucht in diesem Absatz das Imperfekt, um uns zu veranschaulichen, dass sich die Vorsokratiker lange Zeit und immer wieder damit beschäftigten (drückt schon fast Langeweile aus!).
    a. Sokrates holte jedoch als Erster die Philosophie vom Himmel auf die Erde, und zwar zu den Menschen (in die Städte, in die Häuser); für ihn steht der Mensch im Mittelpunkt, und dieser ist es auch, der kraft seines Verstandes nach dem Leben, den Sitten sowie nach Gutem und Schlechtem forschen solle.
    b. Seine Art zu denken generierte zahlreiche verschiedene Denkschulen. Von Platon, seinem Schüler, erfahren wir in seinen Schriften viel über Sokrates, und dieser bedeutende Philosoph hat ziemlich viele Philosophen, die durchaus nicht immer einer Meinung waren, nachhaltig beeinflusst.
    c. Um Sokrates und sein Wirken zu beschreiben, bedient sich Cicero des Perfekts, damit die Einmaligkeit der Handlung besonders hervorgehoben wird.

Übungstext

Cicero, Academica I, 15 (gek.)

Cicero beschreibt die Aufgabenbereiche der Sokratischen Philosophie.

■ Arbeitsaufgaben

1. Liste die Fragestellungen auf, die laut folgendem Textabschnitt für Sokrates besonders wichtig waren.
2. Kommentiere Ciceros Urteil über Sokrates anhand folgender Leitfragen:
    a. Was macht nach Cicero die Sonderstellung des Sokrates aus?
    b. An welchen lateinischen Ausdrücken erkennt man vor allem, wie wichtig der Mensch für Sokrates ist?

Socrates mihi videtur primus a rebus occultis et ab ipsa natura involutis[1], in quibus omnes ante eum philosophi occupati fuerunt, avocavisse philosophiam et ad vitam communem adduxisse, ut[2] de virtutibus et vitiis omnique de bonis rebus et malis quaereret, caelestia[3] autem vel procul esse a nostra cognitione[4] censeret vel, si maxime cognita essent, nihil tamen ad bene vivendum conferre[5]. (59 lat. W., ▸ Übers. S. 144)

1 involutus 3: verhüllt, schwer verständlich **2 ut**: explikativ = dass nämlich **3 caelestia**, -ium n. pl.: Himmelserscheinungen **4 cognitio**, -onis f.: Erkenntnis **5 ad bene vivendum conferre**: zu einem sittlich guten Leben beitragen

■ Tipp: Betrachte vor allem die Substantiva, die Sokrates' Fragestellungen bzw. sein Interesse am Menschen unterstreichen.

5. Richtigkeit und Bedeutung der Aussagen

Demonstrationstext

Cicero, De re publica III, 33

Ein staatsphilosophischer Versuch, das Naturrecht zu definieren

■ Arbeitsaufgaben
1. Kommentiere den Text anhand folgender Leitfragen:
   a. Was versteht Cicero unter *ratio*?
   b. Wie wird das Naturrecht in diesem Text definiert, für wen gilt es, wie wird es erkannt, wer setzt es ein?
   c. Gibt es deiner Meinung nach ein solches Naturrecht?
2. Richtig oder falsch? Wähle aus den unten aufgelisteten Aussagen die auf den Text zutreffenden aus.

	verum	falsum
Das Naturrecht ist ewig und unendlich.		
Das Naturrecht verpflichtet alle Menschen durch Befehle und Verbote.		
Das Naturrecht wird von schlechten Menschen nicht anerkannt.		
Das Naturrecht braucht sorgfältige Interpretation.		
Gott ist der Erfinder des Naturgesetzes.		
Das Naturrecht ist international.		

Vera lex quidem est recta ratio, naturae congruens, [...] constans, sempiterna, quae vocet ad officium iubendo, quae vetando a fraude deterreat, quae tamen neque probos frustra iubet aut vetat, nec improbos iubendo aut vetando movet. Huic legi nec obrogari[1] fas est, neque derogari[2] aliquid ex hac licet, neque tota abrogari[3] potest. Nec vero aut per

Das wahre Gesetz ist die rechte Vernunft, in Übereinstimmung mit der Natur, beständig, ewig, die durch Befehlen zur Pflicht aufruft und durch Verbieten von Täuschung abschreckt, welche dabei den Rechtschaffenen nicht vergeblich befiehlt und verbietet, Ruchlose aber nicht durch Befehle oder Verbote bewegt. Es ist nicht erlaubt, dieses Gesetz zu ändern, man darf es nicht teilweise abschaffen, noch kann man es ganz abschaffen. Wir können auch nicht durch Senat oder Volk von diesem Gesetz entbunden werden, es muss auch kein Interpret gesucht werden. Noch wird ein anderes Gesetz

senatum aut per populum solvi hac lege possumus, neque est quaerendus […] explanator legis. Nec erit alia lex Romae alia Athenis[4], alia nunc alia posthac, sed et omnes gentes et omni tempore una lex et sempiterna et inmutabilis continebit, unusque erit communis quasi magister omnium deus: Ille legis huius inventor […] est; cui qui non parebit, ipse se fugiet ac naturam hominis aspernatus hoc ipso luet maximas poenas, etiamsi cetera supplicia effugerit. (124 lat. W.)

in Rom gelten und ein anderes in Athen, ein anderes jetzt, ein anderes später, sondern ein sowohl ewiges als auch unumstößliches Gesetz wird alle Völker zu allen Zeiten binden, ein einziger Gott wird zugleich Meister und Herrscher aller sein. Jener ist der Erfinder dieses Gesetzes; wer ihm nicht gehorcht, wird vor sich selbst fliehen und indem er das Wesen des Menschen verleugnet gerade dadurch die größten Strafen abbüßen, auch wenn er den übrigen schweren Strafen entgeht.

1 obrogo 1 (+ dat.): einen Gegenantrag stellen **2 derogo** 1 (+ dat.): außer Kraft setzen **3 abrogo** 1: abschaffen, absetzen **4 Athenis**: in Athen

■ Lösungen

1. a. Cicero meint mit *ratio* wohl einen vernünftigen Zugang zum menschlichen Zusammenleben, der jedem anständigen Menschen deutlich macht, was er zu tun und zu lassen hat.
   b. Das Naturrecht gilt für alle Menschen, wer es nicht anerkennt, stellt sich außerhalb des Spektrums des „menschlichen" Verhaltens. Gott setzt es ein, wobei wohl an keinen konkreten mythischen Gott gedacht ist, sondern viel mehr an eine Kraft, die den menschlichen Horizont überragt. Viele Dinge im zwischenmenschlichen Alltag sind sicher durch eine Art Naturrecht gesteuert (z. B. dass man nicht töten oder stehlen soll), anderes ist wieder von lokalen Traditionen abhängig (z. B. was man mit Verstorbenen tun muss …).
   c. Individuelle Antwort
2. Richtig oder falsch? Wähle aus den unten aufgelisteten Aussagen die auf den Text zutreffenden aus.

	verum	falsum
Das Naturrecht ist ewig und unendlich.	X	
Das Naturrecht verpflichtet alle Menschen durch Befehle und Verbote.	X	
Das Naturrecht wird von schlechten Menschen nicht anerkannt.		X
Das Naturrecht braucht sorgfältige Interpretation.		X
Gott ist der Erfinder des Naturgesetzes.	X	
Das Naturrecht ist international.	X	

Übungstext

Cicero, De officiis I, 50 f.

Welche Eigenschaften ermöglichen es dem Menschen, Staatsgemeinschaften zu bilden?

■ Arbeitsaufgaben

1. Kommentiere den Text anhand folgender Leitfragen:
   a. Welche Fähigkeiten, die Gemeinschaften zusammenhalten, werden in dieser Stelle als Charakteristika des Menschengeschlechts bezeichnet?
   b. Lässt Cicero innerhalb dieser Abstufung seine persönlichen Prioritäten erkennen?
   c. Wozu dient die staatliche Gemeinschaft?
   d. Fallen dir noch weitere wichtige Faktoren ein?

2. Richtig oder falsch? Wähle aus den unten aufgelisteten Aussagen die auf den Text zutreffenden aus.

	verum	falsum
Die menschliche Gemeinschaft wird durch Vernunft und Sprechfähigkeit gefestigt.		
Die menschliche Gemeinschaft kann ohne Diskutieren, Streiten, Urteilen und Lehren gut existieren.		
Die menschliche Gemeinschaft ist stark und tapfer und unterscheidet sich dadurch von den Tieren.		
Auch Tiere können über Gerechtigkeit und Güte verfügen.		
Tiere haben keine Vernunft.		
Die menschliche Gemeinschaft darf Naturgesetze nicht abändern.		

Optime autem societas hominum coniunctioque servabitur, si, ut quisque erit coniunctissimus¹, ita in eum benignitatis plurimum conferetur. Sed quae principia sint societatis humanae, repetendum esse videtur altius. Est enim primum (principium), quod cernitur in universi generis humani societate. Eius autem vinculum est ratio et oratio, quae docendo, discendo, disceptando, iudicando conciliat inter se homines coniungitque naturali quadam societate. Neque ulla re longius absumus a natura ferarum, in quibus inesse fortitudinem saepe dicimus […], iustitiam vero, aequitatem, bonitatem non (inesse) dicimus. Sunt enim (animalia) rationis et orationis expertes. Ac haec est societas latissime quidem patens inter hominibus ipsos. In qua omnium rerum, quas natura ad communem hominum usum genuit, communitas ita est servanda, ut haec, quae discripta sunt legibus et iure civili, teneantur […]. (121 lat. W., ➤ Übers. S. 145)

1 ut quisque coniunctissimus: je nachdem, wie eng jemand verbunden ist.

KREATIVES AUSEINANDERSETZEN UND GESTALTEN

7

1. Formulieren von Überschriften
Gliedern durch Sinnabschnitte und Überschriften (> S. 39 f.)

2. Umformen in Sondersprachen (L6)
Dialekt – Jugendsprache – Ärztesprache

- **Sondersprachen** sind an bestimmte Sprechergruppen einer Sprachgemeinschaft gebunden und für Außenstehende teilweise oder ganz unverständlich, Beispiele wären die Umgangssprache, Dialekte bzw. Jugendsprache, Jägersprache, Gaunersprache etc.

  Beim Übertragen in eine Sondersprache sollte man darauf achten, dass das Produkt trotz Umgestaltung noch gut lesbar bleibt. Bei der Umgestaltung kann man sich einige Freiheit nehmen, muss also nicht wortwörtlich genau bleiben.

Demonstrationstext
Horaz, Carmen 1, 11

■ Arbeitsaufgabe
Übersetze das Gedicht und gestalte die Übersetzung als Mundartversion.

Tu ne quaesieris[1] (scire nefas) quem mihi, quem tibi finem di dederint, Leuconoe, nec Babylonios temptaris[2] numeros[3]. Ut melius quicquid erit pati! Seu[4] pluris hiemes[5] seu[4] tribuit Iuppiter ultimam, quae nunc oppositis debilitat[6] pumicibus[7] mare Tyrrhenum, sapias[8], vina liques[9] et spatio brevi spem longam reseces[10]. Dum loquimur, fugerit invida aetas: Carpe[11] diem, quam minimum credula[12] postero. (56 lat. W.)

1 ne quaesieris: frag nicht **2 temptaris** = temptaveris, *tempto* 1: erproben **3 Babylonici numeri**: babylonische Horoskope **4 seu … seu**: sei es, dass … , sei es, dass … **5 hiems**, -is f.: Winter **6 debilito** 1: schwächen; h. die Wogen des Tyrrhenischen Meeres brechen **7 oppositis pumicibus** (= abl. abs.): wobei Bimssteinklippen dagegen stehen **8 sapio** 3M: klug, einsichtig sein **9 liquo** 1: klären, filtern **10 reseco** 1: zurückschneiden, stutzen **11 carpo** 3: (zer-) pflücken; h. genießen **12 credulus** 3: leichtgläubig; h. Vokativ f.: Verlass dich möglichst wenig auf den nächsten Tag!

■ Kommentar

2 Leuconoe: sprechender Name: Mädchen mit klarem Verstand

5 f. mare Tyrrhenum: Dem Gedicht liegt folgende Szenerie zugrunde: Horaz ist an einem Wintertag bei der Adressatin zu Gast, von deren Villa aus die Küste des Tyrrhenischen Meeres zu sehen ist.

■ Lösungs-Beispiel: Trude Marzik, Nutze die Zeit

Du sollst net immer fragen, wia lang's no dauern kann!
I will des gar net wissen! Was fang i damit an?
I gib nix auf die Zukunft, wia s' im Kaffeesud steht,
und in die Stern. I frag net, wia schnell die Liab vergeht.
Mir schliaffn unter d' Tuchent vielleicht an Winter no,
vielleicht no zwanzig Winter. Was marterst di denn a?
Denkst immer nur an murgen, dann uraßt mit der Zeit.
Denn merk dir ans: mir leben net murgen, sondern heut.
Die Leut wolln alls für ewig, und des is a Malheur.
Nutz jede guate Stund aus, wia wann's die letzte war.

Trude Marzik, Parallelgedichte. Paul Zsolnay 1973, S. 31

Übungstext 1

Catull, Carmen 83

■ Arbeitsaufgabe

Übersetze das Gedicht und gestalte die Übersetzung in Jugendsprache.

1 Lesbia mi praesente viro mala plurima dicit.
Haec illi fatuo¹ maxima laetitia est.
Mule²! Nihil sentis? Si nostri oblita³ taceret,
sana esset. Nunc quod gannit⁴ et obloquitur,
5 non solum meminit, sed – quae multo acrior est res –
irata est. Hoc est – uritur⁵ et loquitur. (46 lat. W.)

1 fatuus 3: dumm **2 mulus**, -i: Maulesel **3 obliviscor** 3, oblitus sum: vergessen **4 gannio** 4: keifen, schimpfen **5 uror** 3: vor Liebe brennen

Übungstext 2

Sappho, frg. 31 (Voigt)

■ Arbeitsaufgabe

Gestalte die Übersetzung in der Ärztesprache.

1 Φαίνεταί μοι κῆνος ἴσος θέοισιν
ἔμμεν' ὤνηρ, ὄττις ἐνάντιός τοι
ἰσδάνει καὶ πλάσιον ἆδυ φωνεί-
σας ὐπακούει

5 καὶ γελαίσας ἰμέροεν. τό μ' ἦ μάν
καρδίαν ἐν στήθεσιν ἐπτόαισεν.
ὠς γὰρ ἔς σ' ἴδω βρόχε', ὤς με φώνη-
σ' οὐδὲν ἔτ' εἴκει,

Es scheint mir jener gleich den Göttern
zu sein, der Mann, der sich dir gegenüber
niedersetzt und aus der Nähe hört, wenn du
süß redest

und wenn du begehrenswert lachst – das hat mir
wirklich das Herz in der Brust erschreckt.
Denn wenn ich auf dich kurz schaue,
kommt nichts mehr heraus, wenn ich spreche,

10 ἀλλὰ κὰμ μὲν γλῶσσα ἔαγε, λέπτον
    δ' αὔτικα χρῶι πῦρ ὐπαδεδρόμακεν,
    ὀππάτεσσι δ' οὐδὲν ὄρημμ', ἐπιρρόμ-
      βεισι δ' ἄκουαι,
    κὰδ δέ μ' ἴδρως κακχέεται, τρόμος δὲ
15 παῖσαν ἄγρει, χλωροτέρα δὲ ποίας
    ἔμμι, τεθνάκην δ' ὀλίγω 'πιδεύης
      φαίνομ' ἔμ' αὔται·
    ἀλλὰ πᾶν τόλματον, ἐπεὶ …
	sondern die Zunge ist zerbrochen, ein feines Feuer hat mir sofort die Haut unterlaufen, mit den Augen sehe ich nichts, die Ohren dröhnen, der Schweiß rinnt mir herab, ein Zittern erfasst mich ganz, bleicher als trockenes Gras bin ich, mir selbst scheint, zum Totsein fehlt wenig. Aber alles ist zu ertragen, da …
	[Das Ende des Liedes ist nicht erhalten.]

3. Verfassen von Antwortschreiben
Umformen in einen Brief

Grundprinzip: den Inhalt eines Textes verstehen und in eine andere Literaturgattung umformen

Demonstrationstext   Lapidarium in Carnuntum, Inv. Nr. 14
                                                                          (2. Hälfte des 1. Jhs. n. Chr.)

Stein des Festio

■ **Arbeitsaufgabe**

Gib den Inhalt der Inschrift in Form eines modernen Briefes wieder. Schreiber/in und Empfänger/in des Briefes sind frei wählbar. Folgende Fakten sollen dabei erwähnt werden:
a. Name des Verstorbenen
b. Wie hieß der Vater des Verstorbenen?
c. Was war er von Beruf?
d. Welcher Legion gehörte er an?
e. In welchem Alter starb das Kind?
f. Unter welchen Umständen wurde das Kind großgezogen?
g. Worauf weist "FATVS" hin?
h. Wie reagiert der trauernde Vater?
i. Wer setzte den Grabstein?

Abb. 39: Stein des Festio, Carnuntum

1	FESTIO	MIL. = militis, LEG. = legionis;
	LONGIN-	APOL. = Apollinaris, F. = filius,
	I IVLLI MIL. LEG.	H.S.E. = hic situs est;
	XV APOL. F. H.S.E	AN. = annorum;
5	AN. V NVTRITVS	P.F.C. = pater faciendum curarvit
	SINE MATRE	
	SALIVIS SVIS[1]	
	SPES ET CORONA	
	FVIT PATRIS SVI	
10	FATVS[2] ET FORTVNA	
	INIQVITER[3] IVDICAVIT	
	P. F. C.	

Hier liegt Festio, Sohn des Longinius Iullus, eines Soldaten der 15. Legion Apollinaris, begraben. Verstorben mit 5 Jahren, war er ohne Mutter mit dem Fläschchen aufgezogen worden und war Hoffnung und Krönung seines Vaters. Das Schicksal und Fortuna haben ungerecht entschieden. Der Vater ließ (diesen Stein) setzen.

1 SALIVIS SVIS: mit dem Fläschchen (eigtl.: mit dem eigenen Speichel)
2 FATVS = *fatum* **3 INIQVITER**: klass. *inique*

■ **Kommentar**
7 salius suis: Auch in der Antike gab es Saugfläschchen aus Glas zum Füttern von Säuglingen.

■ **Tipps**
1. Für Abkürzungen in Inschriften gibt es eigene Verzeichnisse. Außerdem werden auch in den Lehrbüchern mit lateinischen Inschriften meist die wichtigsten Abkürzungen angeführt.
2. Wähle als Schreiber/in des Briefes eine Person, die auch realistischerweise über alle in der Inschrift erwähnten Fakten informiert sein kann.
3. Achte darauf, dass in dem Brief jede der Leitfragen beantwortet wird.

■ **Lösungsvorschlag**
Liebe Julia,
ich bin noch immer ganz aufgelöst. Soeben komme ich vom Begräbnis des Sohnes unseres Nachbarn Longinius Iullus (b), eines Soldaten (c) der 15. Legion Apollinaris (d). Ein Begräbnis ist immer etwas Trauriges, aber wenn es sich um ein fünfjähriges (e) Kind handelt, ist es wirklich schlimm. Der Kleine hieß Festio (a) und war seinem Vater besonders ans Herz gewachsen. Seine Mutter war nämlich bald nach der Geburt gestorben. Der arme Mann musste den Säugling mit Ziegenmilch aufziehen. Er war rührend um das Kind besorgt und brachte es trotz der widrigen Umstände über die schweren ersten Jahre (f). Er ist ja auch nur ein einfacher Mann ohne besondere Bildung. Er ist verzweifelt und lässt sich ganz offen zu Gotteslästerungen hinreißen, indem er Fortuna ungerecht nennt (h). Er wird das nach seinen eigenen Worten sogar auf den Grabstein schreiben lassen (i), den er seinem Kind setzen will. Natürlich kann er sich nur einen der billigen Steine des kleinen Steinmetzbetriebes leisten, der ganz in der Nähe von einem fleißigen, aber ungebildeten Mann geführt wird, dessen Sklaven nicht einmal anständig schreiben können. Hoffentlich machen sie nicht wieder so viele Fehler (g). Es ist wirklich traurig.
Liebe Grüße,
Deine Barbara

Übungstext

Museum Carnuntinum, CIL III 11229
(1. Hälfte des 1. Jhs. n. Chr.)

Stein des Pedusius

■ Arbeitsaufgabe

Gib den Inhalt der Inschrift in Form eines modernen Briefes wieder. Schreiber/in und Empfänger/in des Briefes sind frei wählbar. Folgende Fakten sollen dabei erwähnt werden:
a. Wie hieß der Begrabene mit Vor- und Gentilnamen?
b. Wie hieß der Vater des Verstorbenen?
c. In welcher Tribus (Wahlbezirk) war er eingetragen?
d. Aus welcher Stadt stammte er?
e. Was war er von Beruf?
f. Welcher Legion gehörte er an?
g. In welchem Alter starb er?
h. Wie viele Dienstjahre hatte er abgeleistet?
i. Wer setzte den Grabstein?
j. Wer war Amanda?

Abb. 40: Stein des Pedusius, Carnuntum

1 C(aius) PEDVSIVS
   M(arci) F(ilius) ANI(ensi) CREM(ona)
   VETER(anus) LEG(ionis) XV APo(llinaris)
   ANN(orum) LX STIP(endiorum) XXIIII
5 H(ic) S(itus) E(st).
   AMANDA L(iberta) PoS(u)IT.
   INVIDA MORS RAPVIT[1] FATO
   CRVDELIS INIQVO NEC LICVIT PRETIVM
   [su]MERE MILITIAE NON TANTVM[2]
10 [carae[3] curam a]EQVAM VT REDDERE POS-
   [sem liberta]E ET DIGNAE PLVRVMA[4]
   [quam foveat]. HVIC PRECOR IN
   [longum extendan]T SVA FILA SO-
   [rores ac nostros ad]EAT
15 [saepe memor cineres].
   (➤ Übers. S. 146 f.)

C. = Caius
M. = Marci, F. = filius, ANI. = Aniensi,
CREM. = Cremona
VET. = veteranus, LEG. = legionis, APO. = Apollinaris
ANN. = annorum, STIP. = stipendiorum
H.S.E. = hic situs est
L. = liberta,

1 RAPVIT: Erg. als Objekt *me* **2 NON TANTVM … VT**: nicht einmal so weit, dass … **3 carae**: Verbinde mit *libertae!* **4 PLVRVMA**: klass. *plurima*: sehr (zu DIGNAE)

■ Kommentar

Der Stein ist beschädigt. Die Ergänzungen sind durch eckige Klammern […] gekennzeichnet (nach E. Vorbeck). Die Inschrift zerfällt in zwei Teile. Die Zeilen 1–6 beinhalten die üblichen Personalien des Verstorbenen, in den Zeilen 7–15 finden wir jedoch einen sehr persönlich gehaltenen Zusatz, der die Verzweiflung und Enttäuschung der Hinterbliebenen in Versform (drei elegische Distichen) formuliert. In den Garnisonsstädten hatten Legionäre oft die Möglichkeit, eine Sklavin zu kaufen und außerhalb der Kaserne einen eigenen Haushalt einzurichten. Nach ihrer Entlassung aus dem Militärdienst blieben sie meist am selben Ort und heirateten die inzwischen freigelassene Sklavin.

4. Entwerfen eines Porträts (L6)

Der Begriff **„Porträt"** ist dir vielleicht aus der bildenden Kunst bekannt. In der Literatur bedeutet es die genaue Beschreibung einer Person. Dies kann in Essayform, aber auch als Steckbrief, Facebook-Profil o. Ä. geschehen.

Demonstrationstext

Sallust, De Catilinae coniuratione 25

Eine Femme fatale hilft Catilina bei seinem Versuch, die Herrschaft in Rom an sich zu reißen:

■ **Arbeitsaufgabe**

Gestalte ein Facebook-Profil für Sempronia. Mögliche Inhalte sind: Name, Geschlecht, Heimatort, Sprachen, interessiert an Frauen / Männern, Beziehungsstatus, auf der Suche nach Freundschaft / Verabredungen / festen Beziehungen / Kontakte knüpfen, politische Einstellungen, religiöse Ansichten, Biografie, Lieblingszitate, Aktivitäten, Interessen, Lieblingsbücher, Gruppen und Fanseiten … Du musst nicht alle diese Felder ausfüllen, aber wenigstens acht, um ein aussagekräftiges Profil zu gewinnen.

[…] in iis erat Sempronia, quae multa saepe virilis audaciae facinora conmiserat. Haec mulier genere atque forma, praeterea viro, liberis satis fortunata fuit; litteris Graecis [et] Latinis docta[1], psallere [et] saltare elegantius quam necesse est probae[2], multa alia, quae instrumenta luxuriae sunt. Sed ei cariora semper omnia quam decus atque pudicitia fuit; pecuniae an famae minus parceret, haud facile discerneres[3]; lubido[4] sic adcensa, ut saepius peteret viros quam peteretur. Sed ea saepe antehac fidem prodiderat, creditum abiuraverat, caedis conscia fuerat: luxuria atque inopia praeceps abierat. Verum ingenium eius haud absurdum: posse versus facere, iocum movere, sermone uti vel modesto vel molli vel procaci; prorsus multae facetiae multusque lepos inerat.
(108 lat. W.)

[…] unter ihnen war Sempronia, die häufig viele Delikte von männlicher Kühnheit begangen hatte. Diese Frau war mit ihrer Abstammung und Schönheit, außerdem mit ihrem Mann und ihren Kindern hinlänglich gesegnet; sie war gebildet in griechischer und lateinischer Literatur, im Singen und Tanzen besser als für eine ehrbare Frau notwendig ist, und in vielem anderem, was Mittel zur Ausschweifung ist. Aber ihr war immer alles wichtiger als Würde und Anstand; ob sie ihr Geld oder ihren Ruf weniger schonte, das hättest du nicht leicht erkennen können: Ihre Sinnlichkeit war so entbrannt, dass sie öfter Männer aufsuchte, als sie selbst aufgesucht wurde. Aber sie hatte oft zuvor das Wort gebrochen, ein empfangenes Darlehen abgeleugnet und war Mitwisserin von Mord: Durch Ausschweifung und Verschwendung war sie völlig heruntergekommen. Doch war ihre Begabung nicht unbrauchbar: Sie konnte Verse schmieden, Scherz treiben, ein Gespräch zurückhaltend, gefühlvoll oder anzüglich führen; in einem Wort, in ihr steckten viel Charme und Anmut.

1 docta: erg. *est;* von *docta* ist auch *psallere et saltare* sowie *multa alia* abhängig **2 proba**, -ae: ehrbare Frau **3 discerneres** Potentialis der Vergangenheit **4 lubido** = libido

■ **Tipp: Das Facebook-Profil kann natürlich auch Dinge enthalten, die aus dem Text nicht hervorgehen (z. B. Lieblingszitat). Die Angaben dürfen aber dem Text nicht widersprechen.**

■ **Lösungsvorschlag**

Name: Sempronia
Geschlecht: weiblich
Sprachen: Latein, Altgriechisch
Interessiert an: Männern
Beziehungsstatus: verheiratet
Auf der Suche nach: Verabredungen / Kontakte knüpfen
Politische Einstellungen: Catilinarisch
Lieblingszitat: Ist der Ruf erst mal ruiniert, lebt es sich ganz ungeniert!
Lieblingsbuch: Thukydides, „Der Peloponnesische Krieg"
Aktivitäten und Interessen: Singen, Tanzen, mit Freunden plaudern

Übungstext

Historia Augusta, Triginta tyranni 30,13; 15 f.; 18; 21 f.

In Palmyra, im östlichsten Teil des Imperium Romanum, reißt Zenobia die Herrschaft an sich. Der anonyme Autor der „Historia Augusta" beschreibt ihre Eigenschaften und Lebensweise.

■ **Arbeitsaufgabe**

Dem römischen Kaiser Aurelianus gefiel die Usurpation Zenobias verständlicherweise nicht, und er rückte mit Truppen gegen Palmyra vor. Zenobia floh aus der Stadt. Verfasse einen Steckbrief (Aussehen, besondere Merkmale, Verhalten …), mit dessen Hilfe die Flüchtige gefunden werden könnte.

Abb. 41: Palmyra, Heimat der Zenobia, Baaltempel

Vixit regali pompa[1]. [...] Fuit vultu subaquilo[2], fusci coloris, oculis supra modum[3] vigentibus nigris, spiritus divini, venustatis[4] incredibilis. Tantus candor in dentibus, ut margaritas[5] eam plerique putarent habere, non dentes. Vox clara et virilis. Severitas, ubi necessitas postulabat, tyrannorum; bonorum principum clementia, ubi pietas requirebat. [...] Venata est Hispanorum cupiditate. Bibit saepe cum ducibus, cum esset alias[6] sobria; bibit et cum Persis atque Armeniis, ut eos vinceret. [...] Ipsa Latini sermonibus non usquequaque[7] gnara[8], sed ut loqueretur pudore cohibita[9]. Loquebatur et Aegyptiace ad[10] perfectum modum. Historiae Alexandrinae atque orientalis ita perita, ut eam epitomasse[11] dicatur. Latinam[12] autem Graece legerat. (100 lat. W., ➤ Übers. S. 147)

1 pompa, -ae: Pracht **2 subaquilus** 3: ziemlich dunkel **3 supra modum**: über das Maß hinausgehend, außergewöhnlich **4 venustas**, -tatis f.: Charme **5 margarita**, -ae: Perle **6 alias**: sonst **7 usquequaque**: in jeder Hinsicht **8 Latini … gnara**: des Lateinischen kundig **9 cohibeo** 2, -bui, -bitus: h. hemmen **10 ad**: h. annähernd auf **11 epitomasse** = epitomavisse; epitomo 1: exzerpieren, ein Exzerpt anfertigen **12 Latinam**: erg. *historiam*

5. Dialogisieren (L6)

Demonstrationstext Phaedrus I, 2, 10–30

Die Frösche wollen einen König haben.

■ Arbeitsaufgabe
Verfasse ausgehend von der folgenden Fabel in eigenen Worten einen Dialog zwischen Merkur und einem Frosch, in dem der Frosch ihm die Botschaft an Jupiter gibt (60–70 dt. Wörter).

Abb. 42: Im Fabelbuch des Sebastian Brant (1457/58–1521) ist die Wasserschlange durch einen Ibis ersetzt. Iuppiter wird hier wie ein weltlicher König abgebildet. Holzschnitt

1 Ranae vagantes liberis paludibus
clamore magno regem petiere ab Iove,
qui dissolutos mores vi compesceret.
Pater deorum risit atque illis dedit
5 parvum tigillum, missum quod subito vadi
motu sonoque terruit pavidum genus.
Hoc mersum limo cum iaceret diutius,
forte una tacite profert e stagno caput
et explorato rege cunctas evocat.
10 Illae timore posito certatim annatant
lignumque supera turba petulans insilit.
Quod cum inquinassent omni contumelia,
alium rogantes regem misere ad Iovem
inutilis quoniam esset qui fuerat datus.
15 Tum misit illis hydrum, qui dente aspero
corripere coepit singulas. Frustra necem
fugitant inertes, vocem praecludit metus.
Furtim igitur dant Mercurio mandata ad Iovem
afflictis ut succurrat. Tunc contra deus:
20 „Quia noluistis vestrum ferre" inquit „bonum,
malum perferte!" (115 lat. W.)

Die Frösche, die in freien Sümpfen umherstreiften, erbaten von Jupiter mit großem Geschrei einen König, damit dieser die zügellosen Sitten mit Gewalt bezähme.
Der Göttervater lachte und gab jenen ein kleines Holzscheit, das, plötzlich hingeworfen, mit Wasserbewegung und Geräusch das furchtsame Volk erschreckte.
Als dieses länger im Schlamm eingetaucht lag, streckt zufällig einer [der Frösche] leise seinen Kopf aus dem Tümpel und ruft die übrigen herbei, nachdem er den „König" untersucht hat.
Nachdem jene ihre Furcht abgelegt hatten, schwimmen sie um die Wette heran und die übermütige Schar springt auf das Holz hinauf.
Als sie dieses mit aller Schande befleckt hatten, schickten sie zu Jupiter und erbaten einen anderen König, weil derjenige, der ihnen gegeben worden war, unnütz sei.
Da schickte er ihnen eine Wasserschlange, die sie mit scharfem Zahn einzeln zu packen begann. Vergeblich fliehen die Wehrlosen dem Tod, die Angst raubt ihnen die Stimme. Also geben sie heimlich dem Merkur einen Auftrag an Jupiter, dass er ihnen, den Bedrängten, zu Hilfe eile. Daraufhin erwiderte der Gott: „Weil ihr, was ihr Gutes hattet, nicht ertragen wolltet, ertragt das Schlechte!"

■ **Tipp:** Bei der Umformung eines Erzähltextes in einen Dialog ist es besonders wichtig, dass man jene Dinge, die im Originaltext vom Erzähler erzählt werden, Teil des Gespräches werden lässt:

Beispiele

Originaltext	Dialog (Lösungsvorschlag)
vocem praecludit metus (Angst raubt ihnen die Stimme)	Was ist denn los, du zitterst ja am ganzen Leib!
furtim (heimlich)	Pst, Merkur! [...] Nicht so laut!

■ Lösungsvorschlag

Frosch: Pst, Merkur!
Merkur: Was hast du denn, kleiner Frosch?
Frosch: Nicht so laut! Bist du unterwegs zu Jupiter?
Merkur: Ja. Aber was ist denn los, du zitterst ja am ganzen Leib!
Frosch: Unser König, diese Wasserschlange, frisst uns alle nacheinander auf! Sag Jupiter, er muss uns in unserer Not helfen! Bitte!
Merkur: Ja, ja, ich werde es ihm sagen. Bis bald!
Frosch: Ciao!
(64 dt. Wörter)

Übungstext

Phaedrus III, 13, 1–15

Der Streit zwischen Bienen und Drohnen

■ Arbeitsaufgabe

Verfasse ausgehend von der folgenden Fabel einen Dialog zwischen Wespe und Drohnen in deutscher Sprache (ca. 100 Wörter). Welche Argumente könnten die Drohnen vorbringen? Mit welchen Worten könnten sie sich weigern, den Honig zu produzieren?

1 Apes in alta fecerant quercu favos[1]:
Hos fuci[2] inertes esse dicebant suos.
Lis ad forum deducta est[3], vespa iudice.
Quae genus utrumque nosset[4] cum pulcherrime[5],
5 legem duabus hanc proposuit partibus[6]:
„Non inconveniens[7] corpus et par est color,
in dubium plane res ut merito[8] venerit.
Sed ne religio peccet imprudens mea,
alvos accipite et ceris[9] opus infundite,
10 ut ex sapore mellis et forma favi,
de quis[10] nunc agitur, auctor horum appareat."
Fuci recusant: apibus condicio placet.
Tunc illa talem protulit sententiam:
„Apertum est, quis non possit et quis fecerit.
15 Quapropter apibus fructum restituo suum." (93 lat. W.,
➤ Übers. S. 147)

1 favus, -i: Wabe **2 fucus**, -i: Drohne
3 ad forum deducta est: kam vor Gericht
4 nosset = novisset **5 pulcherrime**: h. am besten **6 partes**, -ium: h. Parteien
7 inconveniens, -ntis: unähnlich **8 plane merito**: völlig zu Recht **9 cera**, -ae: Wachs
10 quīs = quibus: konstruiere *auctor horum, de quis nunc agitur, appareat*

■ **Kommentar**

1–3 apes, fucus, vespa: Die beiden Streitparteien und die Richterin gehören nahe verwandten und ähnlich aussehenden Arten an, weswegen Phaedrus über die Wespe auch sagen kann: *quae cum genus utrumque nosset pulcherrime*. *Fucus* ist die Drohne, die männliche Honigbiene, die keinen Stachel hat und weder Wachs noch Honig produzieren kann; mit *apes* muss infolgedessen die Arbeiterin gemeint sein.

6. Fortsetzen des Textes
Fortsetzen bzw. Dialogisieren

Um die Kreativität der Schülerinnen und Schüler nicht zu beeinflussen, wird hier auf ein Demonstrationsbeispiel mit vorgegebener Lösung verzichtet.

Übungstext Seneca – Luciano de Crescenzo

Der Philosoph Seneca spricht in einem an seinen fiktiven Freund Lucilius gerichteten Brief über die Behandlung von Sklaven.

■ **Arbeitsaufgaben**
1. Lies die Textstelle aus Senecas 47. Brief und den von Luciano de Crescenzo (geb. 1928, ital. Schriftsteller und Ingenieur) fingierten Antwortbrief genau durch. Verfasse anschließend einen (fiktiven) Dialog zwischen den beiden Gesprächspartnern, in dem du das Gespräch um das Thema „Gleichbehandlung aller Menschen" kreisen lässt. (Umfang: etwa 70 bis 80 Wörter)
2. Setze Senecas Brief und den fingierten Antwortbrief des Lucilius fort und versuche dabei, dich dem jeweiligen Schreibstil anzupassen. (Umfang: insgesamt 150 Wörter)

Seneca, Epistulae morales ad Lucilium V, 47, 5 (gek.); 10 f. (gek.)

1 […] Deinde eiusdem arrogantiae proverbium iactatur: totidem hostes esse quot servos. – Non habemus illos hostes, sed facimus! […]
 Vis tu cogitare istum, quem servum tuum vocas, ex iisdem seminibus ortum, eodem frui caelo, aeque aspirare, aeque vivere, aeque mori! Tam tu illum videre ingenuum
5 potes quam ille te servum. […]
Nolo in ingentem me locum immittere et de usu servorum disputare, in quos superbissimi, crudelissimi, contumeliosissimi sumus. Haec tamen praecepti mei summa est: Sic cum inferiore vivas, quemadmodum tecum superiorem velis vivere.
(79 lat. W., ➤ Übers. S. 148)

Crescenzo lässt Lucilius folgendermaßen antworten:

Luciano de Crescenzo, Die Zeit und das Glück. München: Knaur 2000, S. 111 f. (gek.)
[…] Wahr ist, dass viele, wie du schreibst, ihre Sklaven wie Dinge behandeln. Und sie nennen sie auch so: res – eine Sache. Beispielhaft ist hier die schändliche Tat des Vedius Pollio, der einen Sklaven den Muränen allein deshalb zum Fraß vorwarf, weil dieser mit einer Antwort gezögert hatte. Häufig

danke ich den Göttern dafür, dass sie mich auf der richtigen Seite zur Welt kommen ließen. Dabei ist in unserem Imperium die Wahrscheinlichkeit außerordentlich hoch, auf der falschen Seite geboren zu werden. Nach der letzten Volkszählung scheint das Verhältnis zwischen Bürgern und Sklaven eins zu drei zu sein, Frauen und Kinder natürlich nicht eingerechnet. […] Dennoch bin ich überzeugt, dass die Sklaverei früher oder später aus unserer Welt verschwinden wird. Die Menschheit wird mechanische Wesen erfinden, die wie die Statuen des Daidalos, von denen Aristoteles erzählt, in allen Bereichen die Arbeit der Sklaven übernehmen werden. […]

■ **Tipp: Orientiere dich beim Verfassen der Texte an den Arbeitsaufgaben (Themenbezug!) sowie am vorgegebenen Wortumfang!**

7. Umschreiben des Endes

Um die Kreativität der Schülerinnen und Schüler nicht zu beeinflussen, wird hier auf ein Demonstrationsbeispiel mit vorgegebener Lösung verzichtet.

Übungstext　　　　　　　　　　　　　　　　　Livius, Ab urbe condita I, 58, 2–11 (gek.)

Der Selbstmord der Lukretia

■ **Arbeitsaufgabe**
Gestalte das Ende des Textes um und berücksichtige dabei folgende Vorgaben: Baue möglichst viele Informationen aus dem Text ein. Stell dir Lukretia als eine emanzipierte, selbstbewusste Römerin vor, die sich selbst zu schützen weiß. Verwende für das Ende der Geschichte nicht mehr als 150 dt. Wörter.

1 Sex. Tarquinius stricto gladio ad dormientem Lucretiam venit. Sinistraque manu mulieris pectore oppresso¹, „Tace, Lucretia," inquit, „Sex. Tarquinius sum; ferrum in manu est; moriere², si emiseris vocem." […] Ubi obstinatam videbat, et ne mortis quidem metu in-
5 clinari, addit ad metum dedecus: Cum mortua iugulatum servum nudum positurum ait, ut in sordido adulterio necata (esse) dicatur. Quo terrore cum vicisset obstinatam³ pudicitiam, profectus inde Tarquinius ferox […]. Lucretia maesta […] nuntium Romam ad patrem Ardeamque⁴ ad virum mittit, ut cum singulis fidelibus amicis
10 veniant. […] Lucretiam sedentem maestam in cubiculo inveniunt. […] Inquit, „Ego etsi me peccato absolvo, supplicio non libero. Nec ulla deinde impudica, Lucretiae exemplo vivet." Cultrum⁵, quem sub veste abditum habebat, in corde defigit, moribunda cecidit. Conclamat vir paterque. (113 lat. W., ➤ Übers. S. 148)

1 opprimo 3, -pressi, -pressus: niederdrücken
2 moriere = morieris: du wirst sterben
3 obstinatus 3: hartnäckig, entschlossen
4 Ardea, -ae: Ardea, Stadt an der Küste in der Nähe Roms
5 culter, -i m.: Dolch

■ **Tipp: Es ist wichtig, dass die abgeänderte Geschichte gut zu den Vorgaben passt – die Vorgeschichte soll so, wie sie im Originaltext steht, integriert werden.**

8. Aktualisieren des Inhalts
Zeitungsbericht

Um die Kreativität der Schülerinnen und Schüler nicht zu beeinflussen, wird hier auf ein Demonstrationsbeispiel mit vorgegebener Lösung verzichtet.

Übungstext Plinius, Epistulae VI, 24

Plinius berichtet von einer spektakulären Tat einer Frau.

■ **Arbeitsaufgabe**
Verfasse über das unten geschilderte Ereignis einen Bericht für ein aktuelles Massenblatt im Umfang von maximal 200 dt. Wörtern. Bemühe dich, möglichst viele Details aus dem Text aufzunehmen.

Navigabam per Larium nostrum, cum senior amicus ostendit mihi villam, atque etiam cubiculum quod in lacum prominet[1]: "Ex hoc" inquit "aliquando municeps[2] nostra cum marito se praecipitavit." Causam requisivi. Maritus ex[3] diutino morbo circa velanda corporis[4] ulceribus putrescebat[5] uxor, ut inspiceret, exegit neque enim quemquam fidelius indicaturum, possetne sanari. Vidit, desperavit, hortata est, ut moreretur, comesque ipsa mortis, dux immo et exemplum et necessitas fuit. Nam se cum marito ligavit abiecitque in lacum. (73 lat. W., ➤ Übers. S. 149)

1 promineo 2: hinausragen **2 municeps, -ipis f.:** Mitbürgerin **3 ex:** h. aufgrund von **4 velanda corporis:** Genitalien **5 ulceribus putrescere:** an Geschwüren leiden **6 nisi proxime auditum est:** es wurde erst kürzlich in Erfahrung gebracht.

■ **Kommentar**
1 Larius noster: Comer See (mit noster signalisiert Plinius, dass dieser See in seiner Heimatregion gelegen ist)

■ **Tipp:** Der Zeitungsartikel muss alle Informationen enthalten, die der Text gibt!

FREIER ÜBUNGSTEIL

Interpretationstext 1   Curtius Rufus, Historia Alexandri Magni Macedonis III,1,11 f.

Der folgende Interpretationstext ist Grundlage für die Lösung der Arbeitsaufgaben. Lies zuerst sorgfältig die Aufgabenstellungen und löse diese dann auf der Basis des Interpretationstextes.

Alexander der Große löst den Gordischen Knoten auf seine Art (334 v. Chr.).

Phrygia, per quam ducebatur Alexandri exercitus, habebat nobilem quondam Midae regiam[1]. Gordium nomen erat urbi. Alexander urbe in dicionem suam redacta[2] Iovis templum intrat. Vehiculum, quo Gordium, Midae patrem, vectum esse constabat, adspexit. Notabile erat iugum adstrictum[3] compluribus nodis in semet ipsos implicatis et celantibus nexus[4]. Incolis deinde affirmantibus editam esse oraculo sortem Asiae imperio potiturum (esse), qui inexplicabile vinculum[5] solvisset, cupido incessit animo sortis eius explendae.
Alexander müht sich nicht lange ab:
„Nihil", inquit, „interest[6], quomodo (nodi) solvantur", gladioque ruptis[7] omnibus loris[8] oraculi sortem vel elusit vel implevit. (82 lat. W., ➤ Übers. S. 149)

1 Midae regia: Herrschaftssitz des Midas (Sohn des sagenhaften Königs Gordios) **2 in dicionem suam redigere**: in seine Gewalt bringen **3 iugum adstrictum**: verknotete Deichsel **4 in semet ipsos implicatis et celantibus nexus**: miteinander verschlungen und Verwicklungen verdeckend (auf *compluribus nodis* bezogen) **5 inexplicabile vinculum**: unlösbarer Knoten **6 nihil interest**: es kommt nicht darauf an **7 rumpo** 3, rupi, ruptus: einen Riemen zerreißen **8 lorum**, -i: Zügel

■ Arbeitsaufgaben

1. Für das Verb *edere* finden sich im Wörterbuch folgende Bedeutungen, wähle die am besten passende aus den gegebenen Möglichkeiten: (a) von sich geben; (b) zeugen, gebären; (c) verbreiten, ergehen lassen; (d) äußern, verkünden; (e) hervorbringen, vollbringen.
2. Suche zu den angegebenen Fremd- bzw. Lehnwörtern das jeweilige Textzitat und trage es in die Tabelle ein.

Fremd- bzw. Lehnwort	lat. Ausgangswort
exerzieren	
Gladiole	
Vektor	
edieren / Edition	
engl. to solve	
engl. empire	

3. Sammle im Text zwei Begriffe, die zum Sachfeld „Macht" gehören, und trage sie in die Tabelle ein.

	Zitat
1	
2	

4. Finde im Interpretationstext folgende Stilmittel und trage je ein Textzitat in die Tabelle ein.

Stilfigur	Zitat
Alliteration	
Assonanz	
Hyperbaton	

5. Gliedere den Satz Z. 6–9 *(Incolis deinde affirmantibus editam esse oraculo sortem Asiae imperio potiturum (esse), qui inexplicabile vinculum solvisset, cupido incessit animo sortis eius explendae.* Gib jedenfalls Prädikate von Haupt- und Gliedsätzen, unterordnende Konjunktionen sowie satzwertige Konstruktionen an.

HS / GS / Satzwertige Konstr.	Zitat

6. Gliedere den Text in vier Sinnabschnitte und ordne ihnen folgende Überschriften zu.

Sinnabschnitt Nr. / von Zeile … bis Zeile …	Überschrift
	Das Orakel
	Die Lösung
	König Midas und seine Familie
	Besuch bei Jupiter

7. Fasse den Inhalt dieser Textstelle anhand folgender Leitfragen zusammen:
   a. In welcher Stadt und in welchem Teil Asiens befindet sich Alexander gerade?
   b. Nach wem wurde diese Stadt benannt?
   c. Was besagt das Orakel?
   d. Wie löst Alexander schließlich den Gordischen Knoten?
   Versuche dabei, so sachlich wie möglich zu bleiben. (Umfang: 50 bis 60 Wörter)
8. Zeige, dass der Autor den Satzbau dieser Passage mit dem Inhalt, dem Gordischen Knoten und seiner Lösung, in Einklang gebracht hat.
9. Analysiere den Tempusgebrauch und zeige, mit welcher Absicht der Autor zwischen Imperfekt und Perfekt wechselt.
10. Lass einen Soldaten aus Alexanders Heer über das Lösen des Gordischen Knotens in anschaulicher Art und Weise erzählen. Er könnte seinen „Chef" beobachtet haben, wie sich dieser dem Wagen mit der verknoteten Deichsel nähert und bei sich überlegt, wie der Knoten wohl zu lösen wäre. (Umfang: 80 Wörter)

Interpretationstext 2

Vergil, Aeneis I, 1–7

Der folgende Interpretationstext ist Grundlage für die Lösung der Arbeitsaufgaben. Lies zuerst sorgfältig die Aufgabenstellungen und löse diese dann auf der Basis des Interpretationstextes.

Der Dichter Vergil führt in die „Aeneis" ein.

1 Arma[1] virumque cano, Troiae qui primus ab oris
Italiam fato profugus Laviniaque venit
litora[2]; multum ille et terris iactatus[3] et alto[4]
vi superum[5] saevae memorem Iunonis ob iram[6]
5 multa quoque et bello passus, dum conderet urbem
inferretque deos Latio, genus unde Latinum
Albanique patres atque altae moenia Romae.
(48 lat. W., ➤ Übers. S. 150 f.)

1 arma, -orum: h. Waffentaten **2 litora**: erg. *ad* und verbinde mit *Lavinia* („zu den Gestaden Lavinias") **3 iacto** 1: umherschleudern, treiben **4 alto**: erg. *mari* **5 superum** = superorum **6 saevae memorem Iunonis ob iram**: „Wegen des nachtragenden Zorns der wütenden Juno"

■ **Kommentar**

Das Proömium eines antiken Werkes ist immer mit besonderer Sorgfalt abgefasst. So wird in diesen sieben Versen nicht nur ein Überblick über Inhalt und Aufbau des Gesamtwerkes geboten, sondern auch über den Konflikt zwischen den individuellen Interessen des Helden Aeneas und dem göttlichen Auftrag, die trojanischen Flüchtlinge in ihre neue Heimat zu führen.

2 f. Lavinia litora: die Gestade Lavinias, des Küstenstreifens von Latium (nach der Stadt Lavinium benannt)

4 saevae Iunonis: Juno verfolgte die Trojaner mit ihrem Zorn, weil der trojanische Prinz Paris beim Schönheitswettbewerb der Göttinnen Venus ihr vorgezogen hatte.

6 Latium: Landschaft in Mittelitalien, wo Aeneas landete

7 Albani patres: die Vorfahren der Römer in Alba Longa, der von Aeneas in den Albanerbergen gegründeten Stadt

■ **Arbeitsaufgaben**

1. Finde je ein Beispiel für ein Hyperbaton und eine Assonanz und trage die Zitate in die Tabelle ein.

Stilfigur	Zitat
Hyperbaton	
Assonanz	

2. Sammle drei Begriffe, die zum Sachfeld „Flucht / fliehen / Leiden" passen.
3. Skandiere folgenden Vers: *vi superum saevae memorem Iunonis ob iram*.
4. Wähle aus den gegebenen Möglichkeiten diejenigen drei Themenbereiche aus, die in den Versen 1–7 tatsächlich behandelt werden.

Themenbereich	verum	falsum
Irrfahrt		
Götterzorn		
Liebe und Leidenschaft		
Krieg und Stadtgründung		
Eroberung		
Roms Feinde		

5. Kommentiere den Text anhand folgender Leitfragen:
   a. In welchem Zahlenverhältnis stehen die diesen drei Themen (➤ Arbeitsaufgabe 4) gewidmeten Verse?
   b. In welcher Form weist Vergil auf Ursprung und Ziel der Flucht des Aeneas hin?
   c. Wie setzt er Enjambement (das Hinüberziehen eines Satzes in den nächsten Vers) und Wortstellung für seine Zwecke ein?
6. Versetze dich in die Rolle des eben in Latium gelandeten Aeneas und verfasse eine Tagebuchnotiz, in der er über seine Probleme, die Gründe für sein hartes Schicksal und seine Zukunftsaussichten schreibt. (max. 100 Wörter)

Interpretationstext 3

Plinius, Epistulae VII, 24

Der folgende Interpretationstext ist Grundlage für die Lösung der Arbeitsaufgaben. Lies zuerst sorgfältig die Aufgabenstellungen und löse diese dann auf der Basis des Interpretationstextes.

G. Plinius berichtet von Quadratus, dem jugendlichen Enkel und Erben einer reichen Dame namens Quadratilla, und ihrem exzeptionellen Lebensstil.

1 (Quadratus) vixit in contubernio aviae delicatae[1] severissime, et tamen obsequentissime[2]. Habebat illa pantomimos[3] fovebatque, effusius quam principi feminae convenit[4]. Hos Quadratus non in theatro, non domi spectabat, nec illa exige-
5 bat. Audivi ipsam, cum mihi commendaret nepotis sui studia, solere se, ut feminam in illo otio sexus[5], laxare animum lusu calculorum, solere spectare pantomimos[3] suos, sed cum factura esset alterutrum, semper se nepoti suo praecepisse, (ut) abiret studeretque; quod mihi non amore eius magis facere
10 quam reverentia[6] videbatur. (76 lat. W., ➤ Übers. S. 152)

1 delicatus 3: mondän **2 obsequens**, -ntis: fügsam, gehorsam **3 pantomimus**, -i m.: Schauspieler, Balletttänzer **4 convenit** (+ dat.): es ist passend für, es schickt sich für **5 otium sexus**: Mußestunden, die für Frauen (eigtl. für ihr Geschlecht) üblich sind **6 reverentia**, -ae f.: Scheu, Respekt

■ Arbeitsaufgaben

1. Im Wörterbuch finden sich für die Konjunktion *ut* die folgenden Bedeutungen; wähle die hier am besten passende aus: (a) wie (b) sobald; (c) dass; (d) damit; (e) sodass; (f) wenn; sei es, dass.
2. Finde die passenden Textzitate zu folgenden alphabetisch aufgelisteten Fremdwörtern:
   Abitur / animieren / kalkulieren / Prospekt / relax / Solipsismus
3. Finde im Text je ein Beispiel für eine Anapher, eine Alliteration und einen Parallelismus.
4. Wähle aus den gegebenen Möglichkeiten die passende Übersetzung für folgende Passage aus:
   sed cum factura esset alterum –
   a. aber obwohl sie eines von beiden machte;
   b. aber obwohl sie eines von beiden machen wollte;
   c. aber wenn sie beides machte;
   d. aber wenn sie beides machen wollte;
   e. aber wenn beides gemacht war;
   f. aber nachdem beides gesagt war.

5. Vollende folgende Sätze im Sinne des Textinhalts:
   a. Quadratilla hat zwei Hobbys, nämlich ....
   b. Sie meint, ihr Enkel sollte seine Zeit nutzen, um zu ....
   c. Plinius beschreibt Quadratus als .... und ....
   d. Plinius findet, dass Quadratillas Freizeitverhalten für eine Frau aus bester Gesellschaft
      ....
6. Gliedere den Text in drei Abschnitte und ordne ihnen jeweils eine der folgenden Überschriften zu:
   a. *Quod licet Iovi* – oder „Unterschiedliches Freizeitverhalten";
   b. Die ausgeflippte Oma;
   c. Ein Musterknabe.
7. Paraphrasiere den Text mithilfe folgender Leitfragen:
   a. Welche „Hobbys" hat Ummidia Quadratilla?
   b. Wie beurteilt Plinius ihre Art der Freizeitgestaltung, wie ihren Charakter?
8. Vergleiche den Text mit folgendem Liedtext von Stefanie Werger und nenne drei Gemeinsamkeiten:

Stefanie Werger, Therese

1 Was hat dich so verändert, Therese?
Früher warst du so monogam
Für di' hat's nur den An' 'geb'n
Heut lachst dir alle Männer an
Verlierst dein ganzes Ansehen!
Früher warst du abstinent
Hast nur am Glas genippt
Und gestern bist du justament
Vom Hocker gekippt

2 Therese, gib acht,
Mit deine Stöckelschua, vor dir in da Wies'n
Liegt a junger, fescher Bua

3 Seit wann rauchst du Zigarren, Therese?
Du lachst zu laut, du sprichst vulgär,
Du bist so unanständig!
Dein edles, damenhaftes Flair
Verkümmert ganz elendig.
Man hat dich schon getroffen
In den fragwürdigsten Bars
Du pokerst mit Ganoven
Und es macht dir auch noch Spaß

4 Therese, gib acht,
Zivile Polizisten ham dich längst
Auf ihrer schwarzen Listen.

5 Wohin soll das noch führen, Therese?
Wo bleibt deine Contenance
Wo bleibt nur deine Würde?
Du woast a Frau von Eleganz
Warst eine wahre Zierde!
Neulich in der Diskothek
Dein roter Minirock!
Wenn wer was sagt, dann lachst ihn aus
Und mimst a Frau am Stock

6 Therese, gib acht,
Dein Rock rutscht in die Höh'
dafür is' vü' zu tiaf dein Dekolleté

7 Und deine Argumente, Therese?
Du sagst, du hast die 'Roll'n im Leben
Brav und artig g'spüt
Jetzt lebst du, wie du's immer woitest:
Exzessiv und wüd!
Du sagst: Die Leut' die san dir schnuppe,
Wurscht was gestern woa
Ma' hat ja sovü' Zeit vertan
Mit fünfundsechzig Joa!

Stefanie Werger, Lampenfieber. 1999

Interpretationstext 4

Petron, Satyrica 92

Der folgende Interpretationstext ist Grundlage für die Lösung der Arbeitsaufgaben. Lies zuerst sorgfältig die Aufgabenstellungen und löse diese dann auf der Basis des Interpretationstextes.

Petron lässt in den „Satyrica" den Dichter und Philosophen Eumolpus von seinen Erlebnissen in der Therme erzählen.

Er findet beim Verlassen der Therme seine Kleider nicht mehr. Einem anderen Thermenbesucher ergeht es noch schlimmer: Da sein Sklave Giton, der auf das Gewand hätte aufpassen sollen, die Gelegenheit zur Flucht genutzt hat, wurden seine Kleider sogar gestohlen. Der Bestohlene löst das Problem aber auf ungewöhnliche Weise:

Ex altera parte iuvenis nudus, qui vestimenta perdiderat, non minore clamoris indignatione[1] Gitona[2] flagitabat[3]. Et me quidem pueri tanquam insanum imitatione petulantissima[4] deriserunt, illum autem frequentia[5] ingens circumvenit cum plausu et admiratione timidissima. Habebat enim inguinum[6] pondus tam grande, ut ipsum hominem laciniam[7] fascini[8] crederes. O iuvenem laboriosum[9]: Puto illum pridie incipere, postero die finire. Itaque statim invenit auxilium: nescio quis enim, eques Romanus, ut aiebant, infamis, sua veste errantem circumdedit ac domum abduxit, credo, ut tam magna fortuna solus uteretur. At ego ne mea quidem vestimenta ab officioso[10] recepissem, nisi notorem[11] dedissem. Tanto magis expedit inguina quam ingenia fricare[12]. (100 lat. W., ➤ Übers. S. 152 f.)

1 indignatio, -onis f.: Entrüstung, Unwille **2 Gitona**: griech. acc. von Giton **3 flagito** 1: h. nach jmd. rufen **4 petulans**, -ntis: frech **5 frequentia**, -ae: Menge, Haufen **6 inguina**, -um n. pl.: Leisten, männliches Glied **7 lacinia**, -ae: Anhängsel **8 fascinum**, -i: männliches Glied **9 laboriosus** 3: ausdauernd, unermüdlich **10 officiosus** 3: pflichtbewusst, erg. „Garderobier" **11 notor**, -oris: Bürge **12 frico** 1: reiben, stimulieren, trainieren

■ Arbeitsaufgaben

1. Sammle sieben Wörter im Text, die eine sexuelle (Neben-)Bedeutung haben oder eine sexuelle Anspielung beinhalten, und liste sie in der Wörterbuchform auf.
2. Finde zu folgenden Fremd- bzw. Lehnwörtern das lateinische Textzitat und trage es in die Tabelle ein.

Frequenz	
indigniert	
infam	
notorisch	
Ponderabilität	

3. Ordne die Stilfiguren und sprachlichen Auffälligkeiten zu:

1 *pridie incipere, postero die finire*	a Hyperbaton
2 *inguina quam ingenia fricare*	b Parallelismus
3 *eques Romanus, ut aiebant, infamis*	c Wortspiel

4. *Verum aut falsum?* Wähle die richtige aus den gegebenen Möglichkeiten.

	verum	falsum
Eumolpus erzählt von einer älteren Matrone, der in den Thermen die Kleider gestohlen wurden.		
Eumolpus erzählt von einem jungen Mann, dem in den Thermen die Kleider gestohlen wurden.		
Eumolpus selbst, der sein Gewand auch nicht mehr finden kann, wird von anderen Thermenbesuchern verspottet.		
Ein Senator erbarmt sich des jungen Mannes, bekleidet ihn und nimmt ihn mit nach Hause.		
Die Matrone wird schließlich von ihrem Ehemann gefunden und aus der peinlichen Situation gerettet.		
Eumolpus benötigt einen Gewährsmann, um sein Gewand zurückzubekommen.		

5. Gib eine Zusammenfassung des Textes in deinen eigenen Worten. Die Länge der Zusammenfassung soll 30 Wörter nicht übersteigen.
6. Schreibe das Ende des Textes um. Wie könnte die Geschichte für den *iuvenis* noch ausgegangen sein? (70–80 dt. Wörter)

Interpretationstext 5

Augustinus, De Genesi contra Manichaeos

Der folgende Interpretationstext ist Grundlage für die Lösung der Arbeitsaufgaben. Lies zuerst sorgfältig die Aufgabenstellungen und löse diese dann auf der Basis des Interpretationstextes.

Zu Beginn einer Schrift gegen die manichäische Glaubensgemeinschaft erläutert Augustinus seine Wahl einer klaren, einfachen und allgemeinverständlichen Sprache.

1 Placuit enim mihi quorundam vere Christianorum sententia, qui, cum sint eruditi liberalibus litteris¹, tamen alios libros nostros quos adversus Manichaeos edidimus cum² legissent, viderunt eos ab imperitioribus aut non aut dif-
5 ficile intelligi et me benevolentissime monuerunt, ut communem loquendi consuetudinem³ non desererem, si errores illos tam perniciosos ab animis etiam imperitorum expellere cogitarem. (53 lat. W., ➤ Übers. S. 153)

1 litterae liberales: die freien Künste (Artes Liberales), Bildungskanon
2 cum: stelle um – *cum alios libros nostros quos adversus Manichaeos edidimus legissent*
3 communis loquendi consuetudo: die allgemeinverständliche Art zu sprechen

■ **Kommentar**
3 adversus Manichaeos: Die Manichäer waren eine religiöse Gemeinschaft, die sich nach ihrem Gründer Mani benannten und ursprünglich aus Persien kamen. Ihr Glaube war eine Art Mischung aus christlichen, jüdischen, buddhistischen und zoroastrischen (einheimisch-persischen) Vorstellungen. Die Manichäer waren in der Spätantike Konkurrenten des Christentums. Augustinus selbst war zunächst Anhänger des Manichäismus, bevor er sich dem Christentum zuwandte und dann polemische Schriften gegen die Manichäer verfasste.

■ Arbeitsaufgaben

1. Gliedere den Satz in Haupt- und Gliedsätze (Prädikate und unterordnende Konjunktionen) und stelle den Aufbau des Satzes grafisch dar. Mach dabei unterschiedliche Gliedsatzebenen durch Einrücken o. ä. kenntlich und unterstreiche Infinitivkonstruktionen (AcI).
2. Mit welchem Wortbildungselement ist das Nomen *consuetudo* gebildet? Vergleiche mit folgenden Beispielen aus romanischen Sprachen und zeige, wie sich dieses Suffix in den wichtigsten romanischen Sprachen weiterentwickelt hat: *amplitude; longitud; latitudine*.
3. Im Wörterbuch sind für die Konjunktion *cum* mit Konjunktiv folgende Bedeutungen angegeben:
   a. als, während, nachdem;
   b. da, weil;
   c. obgleich, obwohl;
   d. während hingegen.

   Wähle die beiden Bedeutungen aus, die die Konjunktion *cum* im obigen Text annimmt.
4. *Verum aut falsum?* Wähle die zutreffenden aus den gegebenen Möglichkeiten.

	verum	falsum
Augustinus wurde von Manichäern darauf aufmerksam gemacht, dass sie die Texte, die er gegen sie schrieb, nicht verstehen können.		
Augustinus wurde von gebildeten Christen darauf aufmerksam gemacht, dass ungebildete Christen die Texte, die er gegen die manichäische Glaubensgemeinschaft schrieb, nicht oder nur schwer verstehen können.		
Augustinus soll in Zukunft endlich besseres Latein schreiben und sich nicht so umgangssprachlich ausdrücken.		
Augustinus soll leicht verständliches Latein verwenden.		
Es ist wichtig, dass Augustinus' Warnungen vor dem Manichäismus auch von weniger gebildeten Christen verstanden werden, damit sie nicht in die Fänge dieser Glaubensgemeinschaft geraten.		

5. Nimm Stellung zu den Aussagen des Augustinus. Erfüllt er in dem vorliegenden Text seine dort geäußerten Vorsätze? Inwiefern? Inwiefern nicht? (ca. 50 dt. Wörter)
6. Du bist Christ/Christin und besorgt über die Ausbreitung des Manichäismus. Schreibe ausgehend vom vorliegenden Text einen kurzen Brief an Augustinus, in dem du ihn bittest, eine breitenwirksamere Schrift gegen die Manichäer zu verfassen. Selbstverständlich hast du bereits alle erschienenen Bücher des Augustinus gelesen. (ca. 50 dt. Wörter)

Stilmittel: Metonymien, Metaphern und Figuren

Sie kommen auch im alltäglichen Sprachgebrauch vor, werden aber besonders in der Literatur für folgende Ziele bzw. Wirkungen eingesetzt:

a) Sie meiden das Gewohnte und durchbrechen so die Erwartungen, um die Aufmerksamkeit des Lesers/der Leserin zu wecken sowie seinen/ihren Intellekt zu fordern.
b) Sie rufen bildhafte Assoziationen hervor, verstärken die Eindringlichkeit des Gesagten und wecken so die Emotionen des Lesers/der Leserin.
c) Sie passen die Sprachform dem dargestellten Inhalt an, die Wörter wirken nicht nur als Sinnträger, sondern auch durch ihren Klang und ihre Stellung.

Im Folgenden werden diese Stilmittel nach sprachlich-formalen und logischen Kriterien bzw. alphabetisch geordnet.

A. Metonymien

(von griech. *met-onymía* „Umbenennung") sind Abweichungen der Wörter von ihrer eigentlichen Bedeutung. Ursprünglich geschah dies, weil man für neue Begriffe nicht immer neue Wörter prägte, sondern den Bedeutungsumfang der vorhandenen erweiterte.

1 **Abstractum pro concreto**: *amor* Geliebte, vgl. dt. Liebe, *iuventus* junge Leute, vgl. *Jugend*.
2 **Concretum pro abstracto**: *sol* Sonne > Tag, *lux* Licht > Leben, dt. *Krone* = Herrschaft.
3 **Ant-onomasie** (Wortersatz) und Peri-phrase (Umschreibung): Ein Begriff oder ein Name wird durch eine Eigenschaft bzw. eine Herkunftsbezeichnung ersetzt: *mortales* Sterbliche = Menschen, *laniger* Wollträger = Schaf, *natus* Geborener = Sohn; *Rhodopeïus vates* der Sänger vom Rhodopegebirge = Orpheus, *Paelignus poeta* der Dichter aus dem Pälignerland = Ovid.
4 **Eu-phemismus**: „Schönreden": *exitus* Ausgang = Tod, *effero* hinaustragen = zu Grabe tragen, vgl. *Er ist von uns gegangen*.
5 **Kausalmetonymie**: Die Ursache steht für die Wirkung: *lux* Tag(esbeginn), *caelum* Wetter.
6 **Litótes**: „Schlichtheit": Statt des Wortes wird sein verneintes Gegenteil gesagt: Die scheinbare Abschwächung wirkt verstärkend: *… nec puella nolebat:* auch sie wollte.
7 **Lokalmetonymie**: Der Ort steht für die Menschen: *domus* Familie, vgl. *Haus* Habsburg, *curia* (< co-viria) Männerversammlung > Senatsgebäude, vgl. *Kirche*.
8 **Materialmetonymie**: Das Material für das Produkt: *ferrum* Schwert.
9 **mythologische Metonymie**: Der Gott für seinen Bereich: *Venus* Liebe, *Bacchus* Wein, *Ceres* Brot, *Mars* Krieg.
10 **Pars pro toto**: Der Teil für das Ganze: *tectum* Dach = Haus, *puppis* Heck = Schiff.

B. Metaphern

(von griech. *meta-phorá* „Hinübertragen": in einen anderen Bereich). Während bei der Metonymie ein sachlicher, objektiver Zusammenhang zwischen eigentlicher und metonymischer Bedeutung besteht, entspringt die Metapher der subjektiven Fantasie des Autors oder Sprechers/der Autorin oder Sprecherin, einem unausgesprochenen Vergleich, und es besteht kein *realer* Zusammenhang zwischen Gesagtem und Gemeintem.

Viele Metaphern wurden mit der Zeit immer geläufiger und gehören mittlerweile der Alltagssprache an, weshalb sie nicht mehr als solche empfunden werden: eine *glänzende* Rede; die Frage *erhebt sich*. Gelegentlich ist nur die metaphorische Bedeutung erhalten geblieben: *decoctor* eigtl. „der zu Ende gekocht hat" > Bankrotteur. *Punkt*: eigtl. Stich > Satzzeichen. – Spontanmetaphern sind Erfindungen eines Autors / einer Autorin, die jedoch zu geläufigen Metaphern werden können.

Nach den Wortarten kann man unterscheiden:

11 substantivische M.: *sal* Salz = Witz; Anmut.
12 adjektivische M.: *clarus* klar, hell > berühmt, *dulcis* (uxor) reizend.
13 verbale M.: *expugnare* erobern > für sich gewinnen, wie im Dt., (amore) *ardere* in Liebe entbrennen, wie im Dt. – Ein Sonderfall der verbalen M. ist die
14 Personifikation: Leblosem wird die Tätigkeit oder der Zustand von Belebtem zugeschrieben: *laedit fabula* das Gerücht verletzt. – Die Sonne *lacht*.
15 In der Allegorie beschränkt sich die Metapher nicht auf ein Wort, sondern ein ganzer Satz „sagt anderes" (griech. *állo agorâsthai*) als eigentlich ausgedrückt ist:
Tende plagas! Spanne die Netze = Versuche eine Frau zu gewinnen!
Ad metam properate simul! Eilt gleichzeitig zum Ziel! (beim Sex)
Oft sind Sprichwörter allegorisch: *Der Apfel fällt nicht weit … Der Fisch beginnt am Kopf … Eine Krähe hackt der anderen …*
Im Gegensatz zum Vergleich stehen das Comparatum (das Verglichene) und das Comparandum (was verglichen werden soll) nicht in Form eines wie …, so … hintereinander, sondern es wird nur das Comparatum gesagt.

C. Figuren

entstehen durch besondere Anordnung von Wörtern und Satzgliedern.

a) Phonetische Figuren

16 **Alliteration** (Stabreim): Gleichheit der Anfangslaute: *Veni, vidi, vici*. Ich kam, ich sah, ich siegte. *Taedia tolle tui!* Vermeide den Überdruss an deiner Person!
17 **Assonanz** (Anklang): Häufung gleicher Vokale: *vos oro, obtestor*. Ich bitte euch, ich flehe euch an.
18 **Homoio-téleuton**: griech. „gleich Endendes", Reim: In der römischen Dichtung meist nur als Binnenreim im Pentameter: *sed pater ut gnatos diligit et generos;* sondern wie ein Vater seine Söhne und Schwiegersöhne liebt. – Regelmäßig erst in der mittelalterlichen Lyrik: *sola domi sedeo, / egredi non audeo*. Ich sitze alleine zu Hause / Ich wage nicht auszugehen.
19 **Onomato-póie**: Lautmalerei: *Quamvis sint sub aqua, sub aqua maledicere temptant*. Obwohl sie (die Frösche) unter dem Wasser sind, schimpfen sie (noch) unter dem Wasser.
20 **Par-onomasie**: Nebeneinander von (ähnlich klingenden) Wörtern, Wortspiel: *Amantes amentes*. Liebende (sind) Verrückte. *Eile mit Weile! Urbi et orbi*. Für die Stadt und für den Erdkreis

b) Figuren der Wiederholung und Ausdrucksfülle

21 **Aná-pher**: „Wiederbringen", Wortwiederholung am Beginn aufeinanderfolgender Satzglieder oder Sätze: *Amor omnia suffert, omnia credit, omnia sperat*. Die Liebe erträgt alles, glaubt alles, erhofft alles: In der Übersetzung wurde aus der Anapher eine ❯ Epipher.

22 **Epí-pher**: „Nachtrag", Endwiederholung. Eine Kombination aus beiden ist der ➤ Kyklos.
23 **Kyklos**: „Kreis": *Cras amet, qui numquam amavit, quique amavit, cras amet.* Morgen soll lieben, wer nie geliebt hat … *Herein, o du Guter, du Alter, herein!* (Goethe). Das Gegenstück zum Kyklos ist die ➤ Epanalepse.
24 **Ep-ana-lepse**: „Wiederaufnahme": *Spectatum veniunt, veniunt, spectentur ut ipsae.* Sie kommen, um zu beachten, sie kommen, um selbst beachtet zu werden.
25 **Geminatio**: Verdoppelung: *Hic, hic sunt in numero nostro* … Hier, hier in unseren Reihen gibt es Männer … – Sieh da, sieh da, Timotheus … (Schiller).
26 **Polý-ptoton**: „viele Fälle", Wiederholung eines Nomens in unterschiedlichen Kasus: *Homo homini lupus.* Der Mensch (ist) dem Menschen ein Wolf. – *Und lass ihn noch die goldne Last zu andern Lasten tragen* (Goethe).
27 **Pleonasmus**: „Überfluss": Bedeutungsgleiche oder -ähnliche Wörter verstärken die Aussage: *Delicias libidinesque.* Vergnügen und Lust. *Vilior et levior.* Wertloser und weniger wichtig. – Auf immer und ewig. Aus und vorbei. Sonderformen des Pleonasmus sind: ➤ 28–30.
28 **Tautologie**: „Dasselbe sagen": *Sunt pueri pueri.* Kinder sind (eben) Kinder.
29 **Figura etymologica**: Prädikat und Objekt mit Wörtern des gleichen Stammes: *basia basiare.* „Küsse küssen". *Gar schöne Spiele spiel ich mit dir* (Goethe).
30 **Epítheton ornans**: schmückendes Beiwort: Einem Substantiv ist ein Adjektiv beigegeben, das für die Situation nicht von Belang ist, aber eine bildhafte Assoziation weckt: *Caesio veniam obvius leoni.* Einem grauäugigen Löwen will ich begegnen.

c) Syntaktische Figuren

31 **Ana-strophé**: „Umkehrung" einer gewohnten Stellung zwecks Voranstellung des Wichtigen: *misero quod omnis eripit sensus mihi* … was mir Armen alle Sinne raubt.
32 **A-sýn-deton**: „Unverbundenes": *Laudat, amat, cantat nostros mea Roma libellos.* Mein Rom lobt, liebt, singt unsere Büchlein. (Martial) – *Alles rennet, rettet, flüchtet.* (Schiller)
33 **Poly-sýn-deton**: „vielfach Verbundenes": *et cupit et instat et precatur et donat:* und er begehrt und drängt und bittet und schenkt. – *Und wiegen und tanzen und singen dich ein* (Goethe).
34 **Chiasmus**: die vertauschte Anordnung entsprechender Satzglieder: *Quod refugit, multae cupiunt, odere, quod instat.* Was sich rar macht, begehren viele, sie mögen nicht, was sich aufdrängt.
35 **Parallelismus**: die gleiche Anordnung entsprechender Satzglieder: *ista turpiculo puella naso:* dieses Mädchen mit der hässlichen Nase.
36 **Hypér-baton**: „Überschreitendes" (auch Sperrstellung genannt). Die Trennung von Zusammengehörigem gibt dem Satz Spannung und Rahmung, wichtige Wörter kommen an die einprägsamen Stellen (Anfang und Schluss): *Peras imposuit Iuppiter nobis duas.* … hat uns zwei Säcke angehängt. ➤ 30
37 **Trikolon (Dreigliedrigkeit)**: erscheint oft gemeinsam mit anderen Figuren: der Alliteration, der Anapher, dem Asyndeton, dem Polysyndeton und der Klimax: *Tum denique interficiere, cum iam nemo tam improbus, tam perditus, tam tui similis inveniri poterit, qui id non iure factum esse fateatur.* Dann endlich wirst du getötet werden, wenn niemand mehr so schändlich, so verkommen, so dir ähnlich gefunden werden kann, dass er nicht bekennen würde, dass das zu Recht geschehen ist. (Cic. Cat. I,5)

d) Sinnfiguren

Der Autor formuliert pointiert und überraschend oder verlässt überhaupt die gewohnte Sprachlogik (in alphabetischer Folge):

38 Anti-these: „Entgegenstellung", wobei die gegensätzlichen Teile parallel oder chiastisch angeordnet sein können: *tanto pessimus omnium poeta, quanto tu optimus omnium patronus;* sosehr der schlechteste Dichter von allen, wie du der beste Anwalt von allen.
Animum debes mutare, non caelum! Die Einstellung musst du ändern, nicht deinen Aufenthaltsort!

39 Ellipse: „Auslassung", das Fehlende ist aus dem Zusammenhang klar: *De mortuis nil nisi bene (sc. dicatur)!* Über Tote (soll man) nur Gutes (sagen). *dextra (manus)* die Rechte (die rechte Hand). – Faschiertes. Gespritzter.

40 En-allagé: Vertauschung: Beziehung eines Adjektivs auf ein Substantiv, zu dem es streng logisch nicht gehört: *Vulpes avidis rapuit dentibus:* Der Wolf riss es mit gierigen Zähnen an sich, statt *vulpes avida* …

41 Hen-dia-dyoín: „eins durch zwei": Ein Gedanke (Begriff) wird durch zwei Wörter ausgedrückt: *vis numenque* göttliche Macht, *Wer reitet so spät durch Nacht und Wind?* (Goethe).

42 Hyperbel: Übertreibung: *Da mi basia mille!* Gib mir tausend Küsse – Tausendmal besser.

43 Ironie: Verstellung: Man macht sich zum Schein die Einstellung des anderen zu eigen oder sagt das Gegenteil des Gemeinten; ➤ 38: *tanto pessimus* … um so viel der Schlechteste …

44 Klimax: „Leiter", Steigerung: steigernde, oft dreigliedrige Reihung oder Häufung (vom Schwächeren zum Stärkeren, vom weniger Bedeutenden zum Wichtigen), z. B. *veni, vidi, vici*. Ich kam, sah, siegte.

45 Oxý-moron: „geistvoll Törichtes": Widersprüchliches wird vereinigt, was auf den ersten Blick dumm, dann aber geistvoll erscheint: *Festina lente!* Eile langsam! – *Beredtes Schweigen.*

46 Pará-doxon: „wider Erwarten". Es werden Begriffe verbunden, die eigentlich einander ausschließen. Zum Unterschied vom Oxymoron liegt der Widerspruch aber nicht an der Oberfläche der Formulierung, sondern in der Sache selbst und löst sich daher bei näherem Hinsehen nicht auf: *sol niger:* ein schwarzer Tag. *Cum tacent, clamant.* Indem sie schweigen, schreien sie (aus Empörung). *Summum ius summa iniuria.* – Weniger wäre mehr gewesen.

47 Prägnanz: Sinnträchtigkeit (prae-gnans = schwanger): In einem Wort ist ein weiterer Begriff mitenthalten: *forma* schöne Gestalt, Schönheit. – *vocem* eine schöne Stimme – Sei ein Mann!

48 Pro-lépse: Vorwegnahme: Es wird ein Attribut beigegeben, das erst nach dem im Satz Gesagten zutrifft: *Ignis mollibus ardet in medullis.* Das Feuer brennt im weichen Inneren – das erst durch das (Liebes)feuer weich wird. – *Ihm schloss auf ewig Hékate* (die Todesgöttin) *den stummen Mund* (Schiller). *Rote Eier färben. Tot umfallen.*

49 Rhetorische (= in Reden häufige) **Frage**, die keine Antwort erwartet: *Tecum Lesbia nostra comparatur?* Mit dir vergleicht man meine Lesbia?

Verzeichnis der Autoren und Autorinnen

Aurelius **Augustinus** (354–430 n. Chr.): bedeutender christlicher Kirchenlehrer und Philosoph; ➤ S. 113

Augustus, C. Octavianus (63 v.–14 n. Chr.): röm. Kaiser; ➤ S. 1 f., 56 f.

C. Iulius **Caesar** (100–44 v. Chr.): röm. Staatsmann und Feldherr; ➤ S. 39 f.

Ernesto **Cardenal** (geb. 1925): nicaraguanischer Befreiungstheologe, Lyriker; ➤ S. 70 f.

C. Valerius **Catullus** (ca. 84–54 v. Chr.): röm. Liebesdichter; ➤ S. 28, 61, 70 f., 75, 77, 89, 96

M. Tullius **Cicero** (106–43 v. Chr.): röm. Politiker, Redner und Philosoph; ➤ S. 11, 12, 22, 23 f., 33, 34 f., 36, 59 f., 82–86, 90–94

Christophorus **Columbus** (ital. Cristoforo Colombo, 1451–1506): Seefahrer aus Genua in spanischen Diensten; ➤ S. 52, 57 f.

Janus **Cornarius** (1500–1558): dt. Humanist, Arzt und Philologe; ➤ S. 78 f.

Luciano de **Crescenzo** (geb. 1928): ital. Schriftsteller und Ingenieur; ➤ S. 104 f.

Einhard (ca. 770–840): fränkischer Gelehrter und Biograf Karls d. Großen; ➤ S. 5 f.

Eugipp (ca. 465–533): frühchristl. Kirchenschriftsteller; ➤ S. 65 f.

Gaius (2. Jh. n. Chr.): römischer Jurist, der vollständige Name ist nicht bekannt ➤ S. 80 f.

Q. **Horatius** Flaccus (65–8 v. Chr.): röm. Dichter; ➤ S. 95

Hrabanus Maurus (ca. 780–856): Absolvent der Hofschule Karls d. Großen, Abt und Erzbischof; ➤ S. 4

Hygin (2. Jh. n. Chr.): Die Identität dieses Autors von mythologischen Geschichten ist bislang noch unbekannt. ➤ S. 86, 88

Johannes **Kepler** (1571–1630): dt. Astronom; ➤ S. 41 f.

Louise **Labé** (1524–1566): frz. Lyrikerin; ➤ S. 77 f.

Bartolomé de **Las Casas** (1474–1566): spanischer Missionar; ➤ S. 62 f.

Titus **Livius** (59 v.–17 n. Chr.): röm. Historiograf; ➤ S. 48 f., 67, 86 f., 105

Peter **Maiwald** (1946–2008): dt. Schriftsteller; ➤ S. 69 f.

M. Valerius **Martialis** (ca. 40–104 n. Chr.): röm. Dichter; ➤ S. 20, 21, 25–27, 61 f., 89

M. **Minucius** Felix (2./3. Jh. n. Chr.): lateinsprachiger Apologet; ➤ S. 74, 75

Cornelius **Nepos** (ca. 100–25 v. Chr.): röm. Historiograf; ➤ S. 45

P. Ovidius **Naso** (43 v.–17/18 n. Chr.): röm. Dichter; ➤ S. 29, 30, 37, 38 f., 54 f., 68, 69 f.

Aemilius **Papinianus** (142–212 n. Chr.): röm. Jurist; ➤ S. 80 f.

Caius **Petronius** Arbiter (um 14–66 n. Chr.): röm. Politiker und Satiriker; ➤ S. 112

Phaedrus (ca. 20 v.–51 n. Chr.): röm. Fabeldichter; ➤ S. 102, 103

Giovanni **Pico della Mirandola** (1463–1494): Gelehrter aus Italien; ➤ S. 54 f.

C. **Plinius** Caecilius Secundus (ca. 61–113 n. Chr.): röm. Politiker und Schriftsteller; ➤ S. 49 f., 106, 110

Plutarchos v. Chaironeia (ca. 45–120 n. Chr.): griech. Schriftsteller; ➤ S. 59 f.

Joachim **Ringelnatz** (1883–1934): dt. Schriftsteller, Kabarettist und Maler; ➤ S. 89 f.

Jean-Jacques **Rousseau** (1712–1778): Philosoph der Aufklärung, Wegbereiter der frz. Revolution; ➤ S. 52 f.

C. **Sallustius** Crispus (86–ca. 34 v. Chr.): röm. Historiograf; ➤ S. 16–19, 40 f., 100

Sappho (7./6. Jh. v. Chr.): griech. Dichterin auf der Insel Lesbos; ➤ S. 75–77, 96 f.

L. Annaeus **Seneca** (4–65 n. Chr.): röm. Politiker und Philosoph; ➤ S. 35, 104

Juan Ginés de **Sepúlveda** (1490–1573): spanischer Humanist und Historiograf; ➤ S. 62 f.

Severus **Sulpicius** (363–420/425): Verfasser der 1. Biografie des Hl. Martin von Tours; ➤ S. 72 f.

P. Cornelius **Tacitus** (ca. 56–120 n. Chr.): röm. Historiograf; ➤ S. 13–15, 72 f.

P. **Vergilius** Maro (70–19 v. Chr.): röm. Dichter; ➤ S. 3, 31, 32, 42 f., 56 f., 64 f., 109

Americus **Vespucius** (ital. Amerigo Vespucci, 1451–1512): Seefahrer aus Florenz in spanischen und portugiesischen Diensten; ➤ S. 53 f., 57 f.

Robert **Walser** (1878–1956): Schweizer Romanautor; ➤ S. 68 f.

Stefanie **Werger** (geb. 1951): österr. Musikerin, Autorin und Schauspielerin; ➤ S. 111

Index

ab urbe condita ➤ S. 48 f., 67, 87 f., 105
ABGB ➤ S. 80, 81, 142
Aeneas ➤ S. 3, 31, 32, 56, 57, 64, 65, 109, 110, 122, 129, 138
Aeneis ➤ S. 3, 29, 31, 32, 42, 57, 64, 109, 136
Alexander Paris ➤ S. 88
Alkuin ➤ S. 6
Alliteration ➤ S. 3, **18**, 19, 26, 39, 108, 110, 116, 117, 122, 125, 126, 131, 150, 152
Anapher ➤ S. 3, 12, **18**, 19, **20**–24, 27, 28, 33, 34, 37, 38, 110, 116, 117, 126, 152
Anchises ➤ S. 3, 56, 57, 122
Annales ➤ S. 72, 73
Antithese ➤ S. **18**, **21**, 25, 126, 127
Archagathus ➤ S. 85
Argumentationslinien ➤ S. **43**, 132
Amanda ➤ S. 99, 146, 147
Ärztesprache ➤ S. **95**, 96, 146
Assonanz ➤ S. 108, 109, 116, 150
Asyndeton ➤ S. **1**, 3, **18**, **24**, 85, 117, 126, 127
Augustinus ➤ S. 4, 64, 65, 113, 114, 138, 154
Augustus ➤ S. 1–3, 50, 51, 56, 57, 134–136
Austria ➤ S. 44, 45
Babel ➤ S. 6, 7
Baiae ➤ S. 89, 143, 144
Bartolomé de Las Casas ➤ S. 62, 63, 64
Bawarla ➤ S. 44, 45
Begriffsdefinitionen ➤ S. **82**, 83, 142
Bellum Iugurthinum ➤ S. 19
Bildliche Darstellung ➤ S. **65**–67, 138
Brief ➤ S. 53, 54, **97**–99, 100, 101, 104, 114, 146

Caesar (C. Iulius Caesar) ➤ S. 18, 20, 39, 40, 57, 59, 60, 136, 137
Caius Cassius Celer ➤ S. 50, 51, 135
Caius Fannius ➤ S. 49, 134
Calgacus ➤ S. 13, 14
Cardenal Ernesto ➤ S. 70, 71, 140
Carnuntum ➤ S. 97, 99
Catilina ➤ S. 15–19, 34 f., 40, 100, 101, 130
Catull ➤ S. 28, 61, 70, 71, 75–77, 89, 96
Cerberus ➤ S. 32
Chiasmus ➤ S. 3, **18**, 23, **27**, 28, **33**, 117, 122, 126, 128, 129
Cicero (M. Tullius Cicero) ➤ S. 11, 12, 22–24, 33, 34, 36, 59 f., 67, 82–86, 90–93, 136 f., 142–145
Claudia ➤ S. 71, 140
Columbus ➤ S. 52, 53, 57–59
Comer See ➤ S. 106, 149
Crescenzo ➤ S. 104 f.
Daktylus ➤ S. **36**–39
Danaer ➤ S. 64, 65
de bello Gallico ➤ S. 39
de Catilinae coniuratione ➤ S. 15–19, 40
de civitate dei ➤ S. 65
de re publica ➤ S. 11, 12, 36, 82–84, 92
della Mirandola, Pico ➤ S. 54, 55
Dialekt ➤ S. 68, **95**, 146
Diaulus ➤ S. 62, 137
Einhard ➤ S. 5
Ellipse ➤ S. **15**, **21**, 24, 118, 127
Epipher ➤ S. **20**, 21, 116, 126
Epistulae morales ad Lucilium ➤ S. 35, 104
Erzählsituation ➤ S. **67**–69, 139
Eugipp ➤ S. 65 f.
Eurybiades ➤ S. 45, 132, 133
Eurydice ➤ S. 29, 69, 70, 139

Evangelium nach Matthäus ➤ S. 8
Exodus ➤ S. 86–89
Festio ➤ S. 97, 98
Fluchtäfelchen ➤ S. 10
Fremdwort ➤ S. 1–3, **4**, 5, 107, 110, 112, 122, 149
Gaius ➤ S. 80, 141
Genesis ➤ S. 6, 56
Genfer Gelöbnis ➤ S. 78–80
Hadrume(n)tum ➤ S. 10
Haluntium ➤ S. 85
Hecuba ➤ S. 88
Heinrich II, Babenberger, Herzog ➤ S. 43, 44
Helene ➤ S. 89, 143 f.
Hendiadyoin ➤ S. 59, 125
Henna ➤ S. 33, 34
Hexameter ➤ S. **36**, 69, 130, 139
Hippokrates ➤ S. 78, 79
Hippokratischer Eid ➤ S. 78, 79, 80
Historia Augusta ➤ S. 101
historischer Infinitiv ➤ S. 15, **18**, 19, 126
Horaz ➤ S. 95, 96
Hrabanus Maurus ➤ S. 4
Humboldt, Alexander v. ➤ S. 53, 54, 135
Hygin ➤ S. 86, 88 f.
Hyperbaton ➤ S. 3, **18**, **21**, **22**, 23, **37**, 38, 108, 109, 112, 122, 126, 127, 150, 153
Ilium ➤ S. 64 f.
In Verrem ➤ S. 33, 85, 86
Inkonzinnität ➤ S. **15**–17, 125
Inschrift ➤ S. 2, **50**, 51, 97–99, 134, 136
Institutiones ➤ S. 80
Ironie ➤ S. **21**–23, 60, **84**–86, 118, 127, 143
Iuppiter ➤ S. 38, 65, 71, 95, 102, 103, 108, 117, 139, 149, 150
Janus Cornarius ➤ S. 78
Jugendsprache ➤ S. **95**, 96, 146

Kaiser Nero ➤ S. 49, 50, 72, 73, 74, 134
Karl der Große ➤ S. 4, 5, 6
Kepler, Johannes ➤ S. 41, 42
Klangfarbe der Vokale ➤ S. **29**, **37**, 38
Klimax ➤ S. **3**, **17**, **18**, **24**, 26, **33**, 34, **72**, 74, 117, 118, 126, 127, 140
Konnektoren ➤ S. 3, **11**, 12, 40, 124
Labé, Louise ➤ S. 77, 78, 141
Lautmalerei ➤ S. **18**, **29**, 30, 37, 116, 126, 128, 129
Lehnwort ➤ S. **4**, 5, 107, 112, 122, 149
Leopold I, Babenberger, Markgraf ➤ S. 44
Lesbia ➤ S. 37, 75, 77, 89, 96, 118, 141, 143, 146
Litotes ➤ S. **18**, **30**–32, 126, 129
Livius (Titus Livius) ➤ S. 48, 67, 86–89, 105
Longinius Iullus ➤ S. 98
Lucretia ➤ S. 105, 148
lykische Bauern ➤ S. 128, 130
Magna Charta Libertatum ➤ S. 46, 47
Maiwald, Peter ➤ S. 69, 70, 139
Martial ➤ S. 20, 21, 25–28, 61 f., 89, 117, 143, 144
Marzik, Trude ➤ S. 96
Mercurius ➤ S. 38, 102, 103
Merian, Matthäus d. Ä. ➤ S. 67
Metamorphosen ➤ S. 29, 30, 37, 38, 55, 56, 68, 69 f., 139
Metapher ➤ S. **18**, 24, **30**–32, 115, 116, 126, 129
Metonymie ➤ S. **18**, **30**–32, 115, 126, 129
Metrik ➤ S. **36**, 130
Milo, T. Annius ➤ S. 22, 23
Minos ➤ S. 32, 43, 129, 132
Minucius Felix ➤ S. 74, 75
Moses ➤ S. 88, 89
Motiv ➤ S. **36**, 143
Murena ➤ S. 23, 24, 127
Narziss ➤ S. 68, 69

Nepos (Cornelius Nepos) ➤ S. 45, 71, 140
Octavius ➤ S. 74, 75
Odoaker ➤ S. 66, 67
Orpheus ➤ S. 29, 37, 38, 69, 70, 115, 139
Ovid (P. Ovidius Naso) ➤ S. 29, 30, 37, 38, 54–56, 68–70, 115, 139
Palinurus ➤ S. 31
Panthus ➤ S. 64, 65, 138
Papinian ➤ S. 80, 81, 142
Parallelismus ➤ S. 3, 12, **18**, **20**, 21, 24, 25, **27**, 28, **33**, 34, 110, 112, 117, 122, 126–129, 152, 153
Paraphrase ➤ S. **13**, 14, **46**, **48**, 49, 55, 111, 125, 133
pars pro toto ➤ S. **18**, **30**–32, 115, 122, 126, 129
patria potestas ➤ S. 80 f., 142
Pedusius C. ➤ S. 99, 146, 147
Penelope ➤ S. 89, 143, 144
Petron (Caius Petronius Arbiter) ➤ S. 112
Petrus von Pisa ➤ S. 5, 6, 122
Phaedrus ➤ S. 102–104
Philemon und Baucis ➤ S. 38 f., 130
Philippica ➤ S. 60
Pleonasmus ➤ S. **18**, **29**, 30, 39, 117, 126, 128, 129, 131
Plinius (C. Plinius Secundus) ➤ S. 49, 106, 110, 111, 152
Plutarch ➤ S. 59, 60, 137
Polysyndeton ➤ S. **1**, **18**, **24**–26, 117, 126, 127
Priamus ➤ S. 88
Privilegium minus ➤ S. 43
rhetorische Frage ➤ S. **18**, **24**, 26–28, 42, 118, 126, 127, 140
Ringelnatz, Joachim ➤ S. 89 f., 144
Rousseau, Jean Jacques ➤ S. 52, 53
Sabinerinnen ➤ S. 48, 143
Sachfeld ➤ S. **13**, 108, 109, 124

Sallust (C. Sallustius Crispus) ➤ S. 15–19, 40, 100, 125
Sappho ➤ S. 75–77, 96
Satzanalyse ➤ S. **35**, 130
Saxonia ➤ S. 44, 45
Sempronia ➤ S. 100, 101
Seneca (L. Annaeus Seneca) ➤ S. 35, 36, 104
Sepúlveda, Juan Ginés de ➤ S. 62–64
Servilius C. ➤ S. 51, 134, 135
Severinus ➤ S. 65–67
Sibylle ➤ S. 32
Sokrates ➤ S. 90–92, 144
Spodnja Hajdina ➤ S. 50, 51
Spondeus ➤ S. **36**–39, 131
Sprachniveau ➤ S. 68
Suffix ➤ S. 1, 2, 114
Sulpicius Severus ➤ S. 72, 74
Synonym ➤ S. **9**, 10, 124
Syracusae ➤ S. 86, 143
Tacitus (P. Cornelius Tacitus) ➤ S. 13, 14, 72–74
Textsorte ➤ S. **67**–69, 139
Texttyp ➤ S. **67**, 68, 139
Themistokles ➤ S. 45, 132, 133
Theodora ➤ S. 44
Trikolon ➤ S. **17**, **18**, 19, 22, 23, 117, 125, 126
Tropus ➤ S. **30**–32, 129
Überschrift ➤ S. **39**, 40, 42, **95**, 108, 111 131, 146, 150
Vergil (P. Vergilius Maro) ➤ S. 3, 29, 31, 32, 42 f., 56, 57, 64, 65, 109, 110, 122, 136, 138
Verres, C. ➤ S. 33, 34, 85, 86
Vespucci, Amerigo ➤ S. 53 f., 57–59, 135
Walser, Robert ➤ S. 68, 69
Werger, Stefanie ➤ S. 111
Wortfamilie ➤ S. **1**, 2, 9, 10, 124
Wortfeld ➤ S. **13**, 14, 125
Wortspiel ➤ S. **24**, 25, **84**–86, 112, 116, 127, 143, 144, 153
Wortstellung ➤ S. 3, 28, **37**, 62, **84**, 85, 110, 143
Zenobia ➤ S. 101

Lösungsteil

1. Sammeln und Auflisten

1.1. Wortbildungselemente

■ Übungstext ➔ S. 3

Andere werden lebensechte Bronzestatuen weicher formen, ich jedenfalls glaube es, sie werden lebendige Porträts aus Marmor gestalten, sie werden Prozessreden besser halten, die Himmelsbahnen mit dem Stab beschreiben und die aufgehenden Gestirne benennen: Du, Römer, denk daran, Völker mittels deiner Macht zu regieren (dies werden deine Fähigkeiten sein), dem Frieden sittliche Ordnung aufzuerlegen, Unterworfene zu schonen und Starrköpfige niederzukämpfen!

Lösungen

1. An dieser Stelle kann man *imperium* wohl mit allen Möglichkeiten übersetzen: „… die Völker mittels (rechtmäßiger) Befehl(sgewalt)/durch die Herrschaft/mittels Macht(ausübung)/im Reich regieren". Bei der Übersetzung „im Reich" würde zwar die Präposition fehlen, aber bei Dichtern ist dies vielfach (aus metrischen Gründen) so.
   Imperialismus, imperial, empire (engl.), empire (fr.)
2. Englisch *(people)*, Italienisch *(popolo)*, Spanisch *(pueblo)*, Französisch *(peuple)*!
3. Da Vergil Anchises, Aeneas' Vater, vorausblicken lässt, verwendet er hier das Futur, um die anderen Völker zu beschreiben: *excudent, ducent, orabunt, describent, dicent*. Damit er zeigen kann, worin sie besser sind (als die Römer, welche jedoch noch nicht expressis verbis genannt werden, um die Dramatik zu steigern!), wird dies mit Komparativformen zum Ausdruck gebracht: *mollius, melius*. Der Römer wird (als *pars pro toto!*) im Vokativ angesprochen, sein Sendungsauftrag wird, sprachlich gesehen, vom Imperativ memento ausgelöst. Ein Römer soll *regere, imponere, parcere, debellare*.
4. Stilfiguren: Alliterationen *(vivos … voltus, melius … meatus, surgentia sidera)*; zunächst Parallelismus *(excudent … melius)*, dann Chiasmus *(caelique … dicent)*; Hyperbaton *(vivos … voltus)*.

1.2. Lateinische Wortbestandteile und Wurzeln in Fremd- und Lehnwörtern

■ Übungstext ➔ S. 5 f.

Er [Karl] war reich begabt mit Redekunst und hatte sie im Überfluss, und er konnte, was immer er wollte, sehr klar ausdrücken. Er war nicht ausschließlich mit seiner Muttersprache zufrieden und verwendete auch Mühe auf das Lernen von Fremdsprachen. Von diesen lernte er Latein so, dass er gleichermaßen in jener wie in der Muttersprache zu sprechen gewohnt war, Griechisch aber konnte er besser verstehen als sprechen. […]

Die Artes liberales pflegte er sehr eifrig, verehrte ihre Lehrer am meisten und behandelte sie mit großen Ehren. Beim Lernen der Grammatik hörte er den alten Diakon Petrus Pisanus, in den übrigen Fächern hatte er Albinus mit dem Beinamen Alcoinus, ebenfalls ein Diakon, aus Britannien und von sächsischer Abstammung, einen in jeder Hinsicht hochgelehrten Mann, als Lehrer, bei dem er dem Lernen sowohl von Rhetorik als auch von Dialektik, vor allem aber von Astronomie am meisten Zeit und Mühe zukommen ließ. Er lernte die Kunst des Rechnens und erforschte mit scharfsinniger Aufmerksamkeit neugierig den Lauf der Sterne.

Lösungsmöglichkeiten z. B.

eloquentia: Eloquenz (Redefertigkeit)
exprimere: expressiv (ausdrucksstark)
sermone: Sermon (Predigt)
linguis: Linguistik (Sprachforschung)
aeque: äquivalent (gleichwertig)
orare: Oratorium (Gebetsraum im Kloster)
intellegere: Intelligenz (Geistesfähigkeit)
liberales: liberal (freiheitlich)
doctores: Doktor (akademischer Grad)
honoribus: honorieren (wertschätzen, belohnen)
grammatica: Grammatik (Lehre von der Sprachstruktur)
diaconem: Diakon (niedrigster Weihegrad von Geistlichen in der katholischen, anglikanischen und orthodoxen Kirche)
senem: senil (altersschwach)

audivit: Auditorium (Hörsaal)
ceteris: et cetera (und so weiter)
disciplinis: Disziplin (Teilbereich einer Sportart oder Wissenschaft)
generis: Genus (grammatikalisches Geschlecht)
rethorice (mittellat. für rhetoricae): Rhetorik (Redekunst)
dialecticae: Dialektik (Kunst der Gesprächsführung)
astronomiae: Astronomie (Sternkunde)
temporis: temporal (zeitlich)
conputandi: Computer (Rechner)
intentione: Intention (Absicht)
cursum: Kurs (Lehrgang)
curiosissime: kurios (seltsam)
etc.

1.3. Etymologische Wurzeln

■ Übungstext ➤ S. 8

Als Jesus in Bethlehem in Judäa geboren worden war, in den Tagen des Königs Herodes, siehe da kamen Gelehrte aus dem Orient nach Jerusalem und sagten: „Wo ist der neugeborene König der Juden? Wir haben seinen Stern im Osten gesehen und kommen, um ihn anzubeten." Als aber Herodes das hörte, war er verwirrt und ganz Jerusalem mit ihm und er versammelte alle führenden Priester und die Schreiber des Volkes und erkundigte sich bei ihnen, wo Christus geboren werden sollte. Aber jene sagten ihm: „In Bethlehem in Judäa."

Lösung

Latein	Französisch	Italienisch	Spanisch
regis	roi	re	rey
diebus	—	dí	dias
est	est	é	está
stellam	étoile	stella	estrella
adorare	l'adorer	adorare(lo)	adorar(lo)
scribas	scribes	scribi	escribas
sacerdotes	(sacrificateurs)	sacerdoti	sacerdotes
turbatus est	fut troublé	fu turbato	se turbó

1.4. Synonyme
Synonyme und Wortfamilien

■ Übungstext ➤ S. 10

Macht, dass Vettia, die Optata geboren hat, mich nicht verachten kann, sondern tut, was immer ich begehre, und dass sie, weil ihr mir helft, aus Liebe zu mir nicht schläft und kein Essen und keine Speise zu sich nehmen kann. Es möge Vettia, die Optata geboren hat, die Sinneswahrnehmung, den Verstand, die Geisteskraft und den Willen verlieren, sodass sie mich, Felix, den Fructa geboren hat, liebt, von diesem Tag an, von dieser Stunde an, sodass sie ihren Vater, ihre Mutter, ihre Verwandten, alle ihre Freunde und andere Männer vergisst. […]

Lösungen
1. *cibum, esca* – Speise; *sapientia, intellectus* – Verstand
2. *amor, amo*

1.5. Konnektoren
Konnektoren und Definitionen

■ Übungstext ➤ S. 12 f.

Alle, die Macht über Leben und Tod über das Volk haben, sind Tyrannen, sie ziehen es jedoch vor, Könige genannt zu werden. Wenn aber bestimmte Personen wegen ihres Reichtums oder ihrer Abstammung oder irgendwelcher Machtfaktoren den Staat in der Hand haben, ist das eine Clique, sie werden jedoch Aristokraten genannt. Wenn aber das Volk am meisten Macht hat und alles nach seinem Gutdünken geschieht, heißt das Freiheit, es ist jedoch Willkür. Aber wenn einer den anderen fürchtet, sowohl ein Mensch den anderen als auch ein Stand den anderen, dann entsteht gleichsam ein Bündnis zwischen dem Volk und den Mächtigen, weil niemand sich selbst vertraut. Daraus entwickelt sich das, was Scipio lobt, nämlich eine Mischverfassung. Denn die Mutter der Gerechtigkeit ist nicht die Natur oder der freie Wille, sondern die Schwäche.

Lösungen
1. *sed; autem, aut … aut; sed; vero; vero; sed; et … et; cum … tum; etenim*
2. Gruppierung, Clique

3.

Definition	Begriff
omnes, qui in populum vitae necisque potestatem habent	tyranni / reges
cum certi propter divitias aut genus aut aliquas opes rem publicam tenent	factio / optimates
Si vero populus plurimum potest	licentia / libertas

1.6. Wort- und Sachfelder

■ Übungstext ➤ S. 14 f.

Dass jedem die eigenen Kinder und Verwandten das Liebste seien, hat die Natur gewollt: Gerade sie werden durch Aushebung zum Sklavendienst außer Landes verschleppt. Unsere Ehefrauen und Schwestern werden, wenn sie der Gier des Feindes entronnen sind, unter dem Namen der Freundschaft und des Gastrechts geschändet. Güter und Vermögen werden zum Tribut, der jährliche Ertrag der Landwirtschaft wird als Getreideabgabe, die Leiber selbst und Hände unter Schlägen und Demütigungen dabei geschunden, Wälder und Sümpfe gangbar zu machen. Zur Sklaverei geborene Leibeigene stehen nur einmal zum Verkauf und werden dann von ihren Herren ernährt – Britannien erkauft sich seine Sklaverei täglich, füttert sie täglich. Und wie beim Gesinde jeweils der neueste Sklave für die Mitsklaven Objekt des Spottes ist, so werden in diesem alten Sklavenstall der Welt wir als die neuen und wertlosen bis zur Vernichtung heimgesucht.

Lösungen
1. **Wortfelder**: *servituri, servituti, mancipia, servitutem, servorum, conservis, famulatus bzw. a dominis*
2. **Paraphrase**: Auch wenn die Römer im Krieg die Frauen und Kinder geschont haben, werden sie diese als Herren Britanniens schänden, die Erträge und den Reichtum des Landes als Tribute fortschleppen. Die Arbeitskraft der Britannier wird gewalttätig ausgebeutet werden. Britannien wird aber immer wenig gelten unter den Ländern, die Rom versklavt hat, weil es so spät dazugekommen ist.

1.7. Sprachliche Auffälligkeiten

a. Inkonzinnität

■ Übungstext ➤ S. 16 f.

Für alle Menschen, die sich bemühen, über den übrigen Lebewesen zu stehen, ist es Pflicht, mit aller Macht darum zu ringen, nicht unbemerkt durch das Leben zu wandeln wie das Vieh, das die Natur so geschaffen hat, dass es nur vornüber blickt und auf den Bauch hört. Unser Wesen aber besteht aus Geist und Leib. Richtiger bedienen wir uns der Herrschaft des Geistes und der Dienste des Köpers: Jenen haben wir von den Göttern, diesen mit den Tieren gemeinsam. Deshalb halte ich es für besser, durch geistige Mittel Ruhm zu erstreben als durch sinnliche, das heißt, weil das uns verliehene Leben selbst kurz ist, der Erinnerung an uns eine möglichst lange Dauer zu verschaffen. Denn der Ruhm von Reichtum und Schönheit ist schillernd und vergänglich, Tüchtigkeit gilt als dauerhaft und glänzend.

Lösungen
1. *homines – pecora; in animo et corpore; animi imperio, corporis servitio; alterum cum dis, alterum cum beluis; ingeni quam virium opibus*
2. *vita brevis est, memoriam longam efficere; divitiarum et formae gloria fluxa atque fragilis est, virtus clara aeternaque habetur*
3. *gloria* ist das Ergebnis aus Reichtum und Schönheit, also der „Qualitäten", *virtus* ist die Qualität selbst, Sallust variiert in den Konjunktionen *(atque, -que)* und in den Verben *(est, habetur)*, *fluxa* und *fragilis* ist zusätzlich noch ein Hendiadyoin (ein Begriff der durch zwei fast bedeutungsidente Wörter verdeutlicht wird) und eine Alliteration *(forma, fluxa, fragilis)*.

Nam	divitiarum et formae	gloria	fluxa atque fragilis	est,
		virtus	clara aeternaque	habetur.

b. Trikolon

■ Übungstext ➤ S. 18

Außerdem, Soldaten, droht ihnen nicht dieselbe Notlage wie uns: Wir kämpfen für das Vaterland, für die Freiheit, für das Leben, jenen ist es lästig, für die Macht einiger weniger zu kämpfen.

Lösungen

1. *pro patria, pro libertate, pro vita;*
2. Alliteration: *pugnare pro potentia paucorum;*
3. *patria, libertas, vita* bilden auch eine Klimax.

1.8. Stilmittel (Alliteration, Anapher, Antithese, Asyndeton, Hyperbaton, Klimax, Metapher, *pars pro toto*, rhetorische Frage; für L6 zusätzlich: Chiasmus, Lautmalerei, Litotes, Metonymie, Parallelismus, Pleonasmus, Polysyndeton)

a. Alliteration, historischer Infinitiv, Trikolon

■ Übungstext ➤ S. 19 f.

Sobald die Angst vor den Feinden aus den Gemütern geschwunden war, drangen Zügellosigkeit und Hochmut ein. Daher war die Friedensruhe, die sie im Unglück ersehnt hatten, ziemlich hart und bitter, nachdem sie sie erlangt hatten. Denn der Adel begann seine Würde und das Volk seine Freiheit in Willkür verkommen zu lassen, jeder beanspruchte für sich, plünderte und raubte. So ist alles in zwei Parteien gespalten worden und der Staat wurde zerstückelt. Im Übrigen hatte die Nobilität durch ihr Lobbying mehr Einfluss, die Kraft des Volkes war auf die Masse verteilt und zersplittert und konnte weniger bewirken. Nach der Meinung einer Minderheit wurde in Krieg und Frieden entschieden, das Volk wurde durch Kriegsdienst und Armut bedrängt. Kriegsbeute schleppten die Feldherren mit wenigen Leuten weg. Inzwischen wurden die Eltern und kleinen Kinder der Soldaten von ihren Höfen vertrieben. So drang mit der Macht auch die Habgier ohne Maß und Beherrschung ein und beschmutzte und verwüstete alles.

Lösung

ducere, trahere, rapere – invadere, polluere et vastare
Praedas bellicas imperatores cum paucis diripiebant. Interea parentes aut parvi liberi militum […] sedibus pellebantur.

b. Anapher, Epipher, Parallelismus

■ Übungstext ➤ S. 21

Die will ich, die leicht und mit einem Mäntelchen bekleidet daherkommt, die will ich, die sich schon vorher meinem Sklaven hingegeben hat, die will ich, die zwei Denare kostet, die will ich, die es gleichzeitig dreien besorgt. Ein Mädchen, das (viel) Geld verlangt und große Worte tönt, soll das Ding des fetten Mannes aus Bordeaux besitzen!

Lösung

Hanc volo, quae facilis, quae palliolata vagatur,
hanc volo, quae puero iam dedit ante meo,
hanc volo, quam redimit totam denarius alter,
hanc volo, quae pariter sufficit una tribus.
Poscentem nummos et grandia verba sonantem
possideat crassae mentula Burdigalae.

c. Antithese und Ellipse, Hyperbaton und Ironie

■ Übungstext ➤ S. 23 f.

Du stehst vor Tagesanbruch auf, um deine Klienten um dich zu scharen, er, dass er rechtzeitig mit seinem Heer dorthin kommt, wohin er unterwegs ist. Dich weckt der Hahnenschrei, ihn der Ruf der Trompeten. Du bereitest einen Prozess vor, er bereitet die Schlachtreihen zum Kampf. Du passt auf, dass deine Klienten nicht festgenommen werden, er, dass Städte oder Lager nicht erobert werden. Er trachtet danach und weiß, wie feindliche Truppen abgewehrt werden, du, wie man sich vor Regenwasser schützt. Er war damit beschäftigt, Grenzen auszuweiten, du, sie zu ziehen.

Lösungen

1.

Vigilas tu de nocte, ut tuis consultoribus respondeas	ille (vigilat) ut eo, quo intendit, mature cum exercitu perveniat
te gallorum (cantus exsuscitat)	illum bucinarum cantus exsuscitat
tu actionem instituis	ille aciem instruit
tu caves, ne tui consultores (capiantur)	ille (cavet), ne urbes aut castra capiantur
ille tenet et scit, ut hostium copiae (arceantur)	tu (tenes et scis), ut aquae pluviae arceantur
ille exercitatus est in propagandis finibus	tuque in regendis (finibus exercitatus es)

2.

	verum	falsum
Servius und Murena sind beide in der Nacht aktiv.	x	
Servius und Murena stehen beide früh auf.	x	
Servius und Murena kümmern sich beide um das römische Reich.	x	
Servius widmet sich seinen Mitbürgern und wesentlichen Angelegenheiten.		x
Murena kämpft mit aller Kraft für Rom.	x	
Servius ist verweichlicht und verwöhnt.	x	

d. Asyndeton, Polysyndeton, rhetorische Frage, Klimax, Wortspiele

■ Übungstext 1 ➤ S. 26

Du deklamierst recht schön, Atticus, bearbeitest schön Rechtsfälle, schreibst schöne Geschichten, machst schöne Gedichte, Lustspiele verfasst du schön, auch schön Epigramme, bist als Grammatiker schön, als Astrologe auch schön, und du singst auch schön, und tanzt auch schön, bist schön in der Kunst des Lyraspiels, ebenso schön spielst du mit dem Ball. Obwohl du nichts gut machst, machst du alles schön. Soll ich dir nun sagen, was du bist? Du bist groß, aber als Pfuscher!

Lösung

Atticus fühlt sich gut in allen Gattungen der Literatur und auch im Sport und in der Wissenschaft. Sein Lieblingswort, das er dauernd zu strapazieren scheint, ist *bellus*, wofür er hier Spott erntet. Stilmittel sind Wortwiederholung, Parallelismus (z. B. *bellus es arte lyrae*, *bellus es arte pilae* und Chiasmus (et belle cantas et saltas, Attice, belle) sowie die Paronomasie bene ... belle, die gleichzeitig den Witz transportiert und deutlich macht, dass Atticus in Wirklichkeit ein Dilettant und Angeber ist.

- **Übungstext 2** ➤ S. 26

Ich mag dich nicht, weil du ein Schönling *(bellus)* bist, Sabellus. Etwas Widerliches ist das, ein Schönling *(bellus)* und Sabellus, und Krieg *(bellum)* will ich am Ende lieber als Sabellus, mögest du verrecken, du schöner Sabell*(e belle)*.

Lösung
Wieder sind es die Wortwiederholung und die Paronomasie *(Sabellus – bellus – bellum)*, die den Witz ausmachen.

e. Chiasmus und Parallelismus

- **Übungstext** ➤ S. 28

Weil Egnatius schneeweiße Zähne hat, grinst er stets und ständig. Wenn ein Rechtsfall verhandelt wird, wenn der Redner Tränen erregt, grinst er. Wenn am Scheiterhaufen eines braven Sohnes getrauert wird, wenn eine ihres Kindes beraubte Mutter den einzigen Sohn betrauert, grinst er. Was auch immer passiert, wo auch immer er ist, was auch immer er tut, er grinst. Er hat diese Schwäche, die, wie ich meine, weder elegant noch weltmännisch ist. Daher muss ich dich warnen, mein guter Egnatius, denn nichts ist dümmer als blödes Grinsen. […]

Lösungen

1.

		renidet usque quaque
Si ad rei ventum est subsellium	cum orator excitat fletum	*renidet* ille.
Si ad pii rogum filii lugetur	orba cum flet unicum mater	*renidet* ille.
	ubicumque est, quodcumque agit,	*renidet:*

Parallel sind die beiden *si*-Sätze als 1. Glied in den Satzgefügen, ebenso die *cum*-Sätze jeweils als 2. Glied, aber vor allem das immer an den Satzschluss gerückte Prädikat *renidet*.

2. Der Dichter macht sich über einen Menschen lustig, der jede Gelegenheit, auch traurige und völlig unpassende Anlässe, nützt, um zu grinsen und seine schönen Zähne zu zeigen.

f. Lautmalerei und Pleonasmus

- **Übungstext** ➤ S. 30

Und dem ist nicht genug: Und auch mit Füßen und der Hand wühlen sie selbst den See auf und bewegen durch bösartiges Hin- und Herspringen den weichen Schlamm aus der tiefsten Tiefe. Der Zorn hat den Durst verdrängt. Und schon bittet die Tochter des Coeus nämlich nicht mehr die Unwürdigen, noch hält sie es aus, weiter Worte zu sprechen, die zu gering für eine Göttin sind; und die Hände zu den Gestirnen erhebend sprach sie: „Ihr sollt auf ewig in diesem Teich leben." Die Wünsche der Göttin gehen in Erfüllung. Es erfreut, unter Wasser zu sein, bald den ganzen Körper in dem tiefen Sumpf zu versenken, dann wieder das Haupt hervorzustrecken, bald an der Wasseroberfläche zu schwimmen, oft oberhalb des Ufers des Teiches haltzumachen, oft in den eisigen See zurückzuspringen. Aber auch nun üben sie die schändlichen Zungen mit Zänkereien und, nachdem sie ihre Zurückhaltung aufgegeben haben, versuchen sie, obgleich sie unter Wasser sind, unter Wasser zu lästern.

Lösungen

1. Pleonasmus 1: Die Bauern wühlen den See mit Händen und Füßen und mit Sprüngen auf: *Nec satis est, ipsos etiam pedibusque manuque turbavere lacus imoque e gurgite mollem/huc illuc limum saltu movere maligno*. Dabei wird das Springen nochmals durch *huc illuc* veranschaulicht. Auch **trüb machen** und den **Schlamm aufwühlen** ist eigentlich eine Tautologie.
   Pleonasmus 2: *neque enim iam filia Coei/supplicat indignis nec dicere sustinet ultra/verba minora dea*
2. Lautmalerei: *quamvis sint sub aqua, sub aqua maledicere temptant*, das Quaken der Frösche wird imitiert.

g. Tropen (Metapher, Metonymie, *pars pro toto*, Litotes)

■ Übungstext ➤ S. 32

Nachdem der Wächter eingeschläfert worden war, besetzte Aeneas den Eingang und entfloh schnell dem Ufer des Wassers, das keine Rückkehr zulässt. Gleich darauf wurden Stimmen vernommen, und ein gewaltiges Wimmern und die weinenden Seelen von Kindern, die, an der ersten Schwelle ausgeschlossen vom süßen Leben und der Mutterbrust geraubt, der schlimme Tag fortriss und in bitterem Tod versenkte. Neben diesen [waren] die mit falscher Anklage zum Tode Verurteilten. Aber diese Plätze wurden ihnen nicht ohne Auslosen [der Geschworenen] und ohne Richter gegeben: Der Richter Minos bewegt die Urne; er beruft den [Geschworenen-]Rat der Schatten ein und untersucht Lebenswandel und Anschuldigungen.

Lösung

Metapher	*custode sepulto*	statt	*custode sopito*
pars pro toto	*ab ubere*	statt	*a matre*
Litotes	*nec sine sorte*	statt	*cum sorte*
Metonymie	*undae*	statt	*fluminis*
Metapher	*in limine primo*	statt	*in nascendo*
Metapher	*atra dies*	statt	*mors*
Metonymie	*funere*	statt	*morte*

2. Gliedern und Strukturieren

2.1. Strukturierung ausgewählter Passagen

Strukturieren mithilfe von Stilfiguren (Chiasmus und Parallelismus)

■ Übungstext ➤ S. 34 f.

Das verspreche ich euch, hohes Haus, so groß wird der Einsatz von uns Konsuln sein, so groß eure Autorität, so groß der Mut der römischen Ritter, so groß die Einigkeit aller Patrioten, dass ihr nach Catilinas Abreise seht, dass alles aufgedeckt, ans Licht gebracht, unschädlich gemacht und bestraft wird.

Lösung

Polliceor hoc vobis, patres conscripti,
tantam in nobis consulibus fore diligentiam,
tantam in vobis auctoritatem,
tantam in equitibus Romanis virtutem,
tantam in omnibus bonis consensionem,
ut Catilinae profectione omnia patefacta, illustrata, oppressa, vindicata esse videatis.

2.2. Formale Gliederung
Satzanalyse

■ **Übungstext ➤ S. 36**

Aber die Heimat hat uns nicht unter dieser Bedingung in die Welt gesetzt und aufgezogen, dass sie gleichsam keinen Unterhalt von uns erwartet, nur selber unserem Vorteil dient und uns eine sichere Zuflucht für unsere Untätigkeit zur Verfügung stellt und einen ruhigen Ort zur Entspannung, sondern dass sie die meisten und größten Teile unseres Geistes, unserer Begabung und unseres Denkens und Planens für sich zu ihrem eigenen Nutzen beansprucht und uns zu unserer privaten Verwendung nur das übrig lässt, was sie selbst entbehren kann.

Lösung

Neque enim hac nos patria lege genuit aut educavit,
    ut nulla quasi alimenta exspectaret a nobis,
    ac tantummodo nostris ipsa commodis serviens
    (ut) tutum perfugium otio nostro suppeditaret
    et tranquillum ad quietem locum,
    sed ut plurimas et maximas nostri animi, ingenii, consilii
    partes ipsa sibi ad utilitatem suam pigneraretur,
    (ut) tantum(que) nobis in nostrum privatum usum,   remitteret.
        quantum ipsi superesse posset,

Der Autor zeigt in den ersten beiden *ut*-Sätzen, wie es eben nicht sein kann, nämlich dass der Staat uns alle nur umsorgt, und in den beiden letzten (ab *sed ut*), wie es in Wirklichkeit ist, dass nämlich fast alles, was wir tun und leisten, irgendwie dem Staat zunutze kommt.

2.3. Metrik (Hexameter, Pentameter – L6)
Interpretieren mithilfe der Metrik

■ **Übungstext ➤ S. 38 f.**

Inzwischen sehen sie, dass sich der Krug, sooft man aus ihm schöpft, von selbst wieder füllt und dass der Wein sich vermehrt. Vom ungewöhnlichen Ereignis erschreckt, erbleichen Philemon und Baucis vor Angst und stammeln mit zum Himmel erhobenen Händen Gebete und erbitten Nachsicht für die Speisen und für den geringen Aufwand. Es gab eine einzige Gans, die Wächterin der winzigen Hütte, die die Wirte den göttlichen Gästen nun schlachten wollten. Schnell durch ihre Flügel foppt sie das Paar, das durch das Alter langsam ist, und macht sie müde. Endlich schien sie Zuflucht zu nehmen bei den Göttern selbst. Die Götter verboten, dass sie getötet wird.

Lösungen

1.
$$-\cup\cup\;|\;-\;\cup\cup\;|\;-\;\;\cup\cup\;|\;-\;\;-\;|\;-\cup\cup\;|\;-\;\times$$
₆ *Unicus* anser erat, minimae custodia villae

$$-\;\;-\;|\;-\;\;\cup\cup\;|\;-\;\;\cup\cup\;|\;-\;-\;|\;\cup\;\cup\;|\;-\;\times$$
₇ quem dis hospitibus domini mactare parabant;

$$-\cup\cup\;|\;-\;\;-\;|\;-\;\;-\;|\;-\;\;-\;|\;-\cup\cup\;|\;-\;\times$$
₈ ille celer penna *tardos* aetate fatigat

$$-\;-\;|\;-\;\;\cup\cup\;|\;-\;-\;|\;-\;\;\;\;-\;|\;-\;\cup\;\cup\;|\;-\;\times$$
₉ eluditque diu tandemqu(e) est visus ad ipsos

Die alten Leute wollen die Gans schlachten, sind bemüht, ihren Gästen das Beste zu bieten, die Gans ist aber zu schnell und entwischt dem durch das Alter schon langsamen Ehepaar. Die Langsamkeit wird durch Spondeen verdeutlicht.

2. Pleonasmus: *sponte sua per seque vident succrescere vina;* Alliteration: *sponte sua per seque vident succrescere vina*

2.4. Einteilung in Sinnabschnitte

a. Gliedern durch Sinnabschnitte und Überschriften

■ Übungstext ➤ S. 40 f.

Nachdem diese (die Trojaner und die Aborigines) in denselben Stadtmauern zusammengekommen waren, ist es unglaublich, wie leicht sie trotz ungleicher Herkunft und unähnlicher Sprache zu einer Einheit wurden, obwohl sie jeweils eine verschiedene Lebensweise hatten: So war binnen Kurzem aus einer inhomogenen und unsteten Menge durch ihr Zusammengehörigkeitsgefühl ein Gemeinwesen entstanden. Als aber ihr Staat an Bevölkerungszahl, Regeln für das zwischenmenschliche Miteinander und Ackerland zugenommen hatte und schon recht blühend und recht stark schien, entstand infolge des Wohlstands Neid. Daher griffen Könige und freie Völker aus den Nachbargebieten sie mit Krieg an. Nur wenige Freunde boten Beistand, denn die übrigen hielten sich aus Furcht den Gefahren fern. Die Römer jedoch, einsatzbereit im Frieden und im Krieg, handelten rasch, bereiteten sich vor, ermutigten einander, rückten den Feinden entgegen und schützten Freiheit, Vaterland und Eltern mit ihren Waffen. Sobald sie dann in ihrer Tapferkeit die Gefahren abgewehrt hatten, brachten sie ihren Verbündeten und Freunden Hilfe und erwarben sich Freundschaften mehr durch das Geben als durch das Annehmen von Wohltaten. Sie hatten eine rechtmäßige Regierung, die Regierungsform nannte sich Monarchie. Gewählte Männer sorgten sich um das Gemeinwesen; wegen ihres Alters oder wegen der Gleichartigkeit der Fürsorge nannte man sie Väter. Als später dann die Königsherrschaft in Arroganz und Tyrannei umschlug, da änderten sie ihre Verfassung und schufen sich eine jährlich wechselnde Regierung mit zwei Regenten. Auf diese Weise, meinten sie, könne das Wesen des Menschen am wenigsten in Willkür ausarten.

Lösung

1. und 2.	3.
hi postquam *in moenia convenere, coaluerunt, … concordia*	1. Zusammenschluss und Gemeinschaftsbildung

1. und 2.	3.
sed postquam aucta, prospera, pollens, … invidia ex opulentia, bello temptare, … hostibus obviam ire, libertatem tegere	**2. Wachstum und Macht führt zu Neid und Krieg und damit zur Selbstverteidigung**
post ubi amicitias parabant, imperium legitumum … delecti rei publicae consultabant	**3. Dauerhafte Konsolidierung innen und außen**
post ubi in superbiam dominationemque se convortit	**4. Verfall, Veränderung, Umgestaltung der Herrschaft**

b. Gliedern durch Sinnabschnitte

■ Übungstext ➤ S. 42 f.

Gleich darauf wurden Stimmen vernommen, und ein gewaltiges Wimmern, und die weinenden Seelen von Kindern, die, an der ersten Schwelle ausgeschlossen vom süßen Leben und der Mutterbrust geraubt, der schlimme Tag fortriss und in bitterem Tod versenkte. Neben diesen [waren] die mit falscher Anklage zum Tode Verurteilten. Aber diese Plätze wurden ihnen nicht ohne Auslosen [der Geschworenen] und ohne Richter gegeben: Der Richter Minos bewegt die Urne; er beruft den [Geschworenen-]Rat der Schatten ein und untersucht Lebenswandel und Anschuldigungen. Die nächsten Orte schließlich bewohnen die Traurigen, die sich schuldlos mit eigener Hand den Tod gaben und ihre Seelen wegwarfen, weil sie das Licht hassten. Wie gern wollten sie nun unter dem hohen Himmel sowohl Armut als auch harte Arbeiten ertragen!

Lösungen
1. Sinnabschnitt: Verse 1–4: früh verstorbene Kinder *(continuo)*
2. Sinnabschnitt: Verse 5–8: unschuldig zum Tode Verurteilte *(iuxta hos)*
3. Sinnabschnitt: Verse 9–12: Selbstmörder *(deinde, proxima loca)*

2.5. Nachzeichnen von Argumentationslinien
„Der rote Faden"

■ Übungstext ➤ S. 45

Themistokles leistete aber als Einziger Widerstand und sagte, gemeinsam könnten sie ebenbürtig sein, beteuerte aber, dass sie einzeln umkommen würden, und bekräftigte auch gegenüber Eurybiades, dem König der Spartaner, der damals den Oberbefehl innehatte, dass das eintreten werde. Als er jenen nicht nach seinen Vorstellungen bewegen konnte, schickte er in der Nacht den treuesten seiner Sklaven zum König, damit er ihm in seinem Namen melde, dass seine Gegner auf der Flucht seien. Wenn sie auseinander gegangen wären, würde er mit größerer Mühe und in längerer Zeit den Krieg beenden, weil er sie einzeln verfolgen müsste; wenn er sie sofort angriffe, würde er sie in Kürze alle gemeinsam besiegen. […] Als der Barbar dies gehört hatte, glaubte er, dass keine List darin enthalten sei, und am nächsten Tag kämpfte er an diesem für ihn sehr ungünstigen, dagegen für seine Feinde sehr vorteilhaften Ort an einer so engen Meeresstelle, dass sich die große Zahl seiner Schiffe nicht entfalten konnte.

Lösung

Themistocles unus restitit et universos pares esse posse aiebat, dispersos testabatur perituros idque Eurybiadi, regi Lacedaemoniorum, qui tum summae imperii praeerat, fore affirmabat. Quem cum minus, quam vellet, moveret, noctu de servis suis, quem habuit fidelissimum, ad regem Persarum misit, ut nuntiaret suis verbis adversarios eius in fuga esse. Qui si discessissent, maiore cum labore et longinquiore tempore bellum confecturum, cum singulos consectari cogeretur; quos si statim aggrederetur, brevi universos oppressurum.

[…] Hac re audita barbarus nihil doli subesse credens postridie alienissimo sibi loco, contra opportunissimo hostibus adeo angusto mari conflixit, ut eius multitudo navium explicari non potuerit.

Grund	Folge
Quem cum minus … moveret	noctu de servis suis, quem habuit fidelissimum, ad regem Persarum misit, ut nuntiaret suis verbis adversarios eius in fuga esse.
Qui si discessissent, maiore cum labore et longinquiore tempore bellum confecturum, cum singulos consectari cogeretur; quos si statim aggrederetur, brevi universos oppressurum.	Hac re audita barbarus nihil doli subesse credens
barbarus postridie alienissimo sibi loco, contra opportunissimo hostibus adeo angusto mari conflixit,	ut eius multitudo navium explicari non potuerit.

3. Zusammenfassen und Paraphrasieren

3.1. Begriffe

Begriffe sammeln

■ **Übungstext ➤ S. 47**

In Zukunft soll es jedem freistehen, aus unserem Königreich unversehrt und sicher auszureisen und wieder zurückzukehren, zu Land und zu Wasser, vorausgesetzt, er ist uns gegenüber loyal, außer zur Zeit eines Krieges für eine kurze Zeit zum gemeinsamen Vorteil des Königreiches. Ausgenommen sind Häftlinge, Vogelfreie entsprechend dem Gesetz des Königreiches, Menschen aus Ländern, gegen die wir gerade Krieg führen, und Händler, gegen die wie vorher erwähnt vorgegangen werden soll.

Lösung

Liceat unicuique decetero exire de regno nostro, et redire, salvo et secure, per terram et per aquam, salva fide nostra, nisi tempore gwerre per aliquod breve tempus, propter communem utilitatem regni, exceptis imprisonatis et utlagatis secundum legem regni, et gente de terra contra nos gwerrina, et mercatoribus, de quibus fiat sicut predictum est.

1	Bei nicht erwiesener Loyalität	Salve fide nostra
2	Zur Zeit eines Krieges	tempore gwerre
3	Für eine kurze Zeit	per aliquod breve tempus
4	Zum gemeinsamen Vorteil des Königreiches	propter communem utilitatem regni
5	Häftlinge	imprisonatis
6	Vogelfreie entsprechend dem Gesetz des Königreiches	utlagatis secundum legem regni
7	Menschen aus Ländern, gegen die wir gerade Krieg führen	gente de terra contra nos gwerrina
8	Händler	mercatoribus

3.2. Einzelne Passagen

■ Übungstext ➤ S. 49 f.

[…] Er hinterließ ein wundervolles Werk unvollendet. Obwohl er durch das Verhandeln von Rechtsfällen abgelenkt wurde, schrieb er dennoch über das Sterben der von Nero Getöteten oder Verbannten und hatte bereits drei feinsinnige, gut recherchierte Bücher in gutem Latein in der Mitte zwischen Geschichtsstil und Umgangssprache abgeschlossen und wollte die anderen umso eher vollenden, je öfter die einen gelesen wurden. Mir scheint der Tod derer immer bitter und verfrüht, die etwas Unsterbliches vorbereiten. […] Caius Fannius hat jedenfalls das, was geschah, lange vorher geahnt. Es kam ihm vor, dass er selbst während der Nachtruhe in seinem Bett lag, hingebettet in der Art eines Studierenden und er schien vor sich eine Bücherkiste zu haben (so war das bei ihm üblich). Bald hatte er den Eindruck, Nero sei gekommen, hätte sich auf das Bett gesetzt, hätte das erste Buch genommen, das er über dessen Verbrechen geschrieben hatte, und dieses bis zum Ende durchgeblättert. Dasselbe habe er mit dem zweiten und dritten gemacht. Dann sei er gegangen. Er erschrak und deutete es so als ob er dasselbe Lebensende haben würde, das dieser beim Lesen hatte. Und es war so.

Lösungen
1. venisse, in toro resedisse, prompsisse primum librum, eumque revolvisse, idem in secundo ac tertio fecisse, tum abisse.
2. a. Fannius wähnt sich zu Hause, im eigenen Bett mit einem Bücherkasten, wie üblich.
   b. Fannius träumt von Nero, weil er sich mit dessen Untaten beschäftigt hat.
   c. Nero kommt, setzt sich auf das Bett, blättert die Bücher 1–3 durch und geht wieder.
   d. Fannius deutet es so, dass er sterben wird, bevor er das Werk vollendet – genau genommen nach dem 3. Buch.

3.3. Gesamttext
Inschrift

■ Übungstext ➤ S. 51

Hier liegt Caius Servilius, Sohn des Caius, aus der Tribus Aniensis, von Cremona, Soldat der 8. Legion Augusta, Reiter, gestorben im Alter von 43 Jahren mit 21 Dienstjahren, begraben. Die Erben haben (diesen Stein) gesetzt.

Lösung

a. Caius Servilius
b. Caius
c. Aniensis
d. Cremona
e. Soldat
f. der 8. Legion Augusta
g. Reiter
h. mit 43 Jahren
i. 21 Dienstjahre
j. seine Erben
k. Bei C. Servilius fehlt das Cognomen (Beiname), den Stein haben „die Erben" gesetzt. Bei C. Cassius Celer fehlt die Waffengattung und die Anzahl der Dienstjahre, dafür erfahren wir den Namen der trauernden Freigelassenen, die zum Grabstein dazu gezählt hat.

4. Gegenüberstellen und Vergleichen

4.1. Zusätzliche Texte / Textteile

■ Übungstext 1 ➤ S. 53 f.

Alle, beiderlei Geschlechts, laufen nackt umher und bedecken keinen Teil des Körpers. Und wie sie aus dem Leib der Mutter kommen, so gehen sie bis zu ihrem Tod. Sie haben große, quadratische, wohlgeformte, gut proportionierte und durch die Hitze zur Röte neigende Körper. Dies geschieht ihnen, wie ich meine, darum weil sie, während sie nackt umherlaufen, von der Sonne gerötet werden. Sie haben auch langes und schwarzes Haar. Sie sind beim Laufen und bei Spielen flink und haben ein edles und hübsches Gesicht. Dieses verunstalten sie sich jedoch selbst. Sie durchbohren sich nämlich Wangen, Lippen, Nasen und Ohren. Und du sollst nicht glauben, dass diese Löcher klein wären oder dass sie nur eines hätten. Ich sah nämlich einige, die allein im Gesicht sieben Löcher hatten, von denen jedes groß genug für eine Pflaume war.

Lösungen

1. Laut Vespucci laufen Männer und Frauen völlig nackt umher, quasi im „Adamskostüm". Er beschreibt ihre Körper als groß, athletisch, wohl proportioniert und von der Sonne gerötet. Ihr Haar ist lang und schwarz. Beim Laufen und Spielen, also beim Sport, sind sie flink, ihre Gesichtszüge sind schön, allerdings durchbohren sie sich Wangen, Lippen, Nasen und Ohren (Piercings!). Manche hätten sogar sieben Löcher im Gesicht, die pflaumengroß sein sollen.
2. und 3. Humboldt legt hingegen als Naturforscher seine Schwerpunkte eher auf die Beschreibung Südamerikas, was das Klima betrifft. Er spricht von der Hitze tagsüber bzw. von kühlen Nächten. Auf die Bewohner dieses Kontinents kommt er nur am Rande zu sprechen, er bezeichnet sie als sanft, sorglos und anspruchslos (sehr einfach eben).

■ Übungstext 2 ➤ S. 56 f.

In meinem 6. und 7. Konsulat (i.e. 28 und 27 v. Chr.) gelangte ich, nachdem ich den Bürgerkriegen ein Ende gesetzt hatte, durch die Zustimmung aller zur höchsten Gewalt und übertrug den Staat aus meinem Machtbereich der freien Entscheidung des Senats und des römischen Volkes. Für dieses mein

Verdienst wurde ich auf Senatsbeschluss hin Augustus genannt, die Türen meines Hauses wurden öffentlich mit Lorbeer geschmückt, die Bürgerkrone über meinem Tor angebracht und ein goldener Schild in der Curia Iulia aufgehängt, von dem bezeugt ist, dass ihn mir wegen meiner Tapferkeit, Milde, Gerechtigkeit und Pflichttreue Senat und Volk von Rom widmeten, wie die Inschrift auf diesem Schild zeigt. Seit dieser Zeit übertraf ich alle an Einfluss, Macht hingegen besaß ich nicht mehr als die Übrigen, die auch ich als Kollegen im Amt hatte.

Lösungen
1. Wenn ein Herrscher, so wie hier Augustus, in seinem Rechenschaftsbericht von sich selbst schreibt, noch dazu in einer derart selbstlobenden Art und Weise (und wie ihm auch dafür gedankt wurde: Lorbeerschmuck, Bürgerkrone, Schild mit Tugenden), mutet dies heute sehr befremdend an. Augustus hat zwar nach einer Zeit entsetzlicher Bürgerkriege endlich eine Friedenszeit eingeleitet, was ihm hoch anzurechnen ist, und noch dazu den Staat aus seinem Machtbereich in den des Senats und des römischen Volkes übergeben (d. h. die politischen Ämter waren pro forma wieder vergeben), wie er selbst schreibt, aber er nennt nur Positives und nichts, was gegen ihn sprechen könnte. Dadurch ist es möglich, dass sich der Leser/die Leserin manipuliert fühlt.
2. Vergil hebt in seiner Textstelle zunächst andere Völker, die auf dem Gebiet der Kunst (Bronze- und Marmorstatuen), der Rhetorik und der Astronomie versiert sind, hervor, bevor er auf den „Sendungsauftrag" der Römer eingeht: Die Römer sind mittels *imperium* berechtigt, andere Völker zu beherrschen und ihnen Frieden zukommen zu lassen. Außerdem liest man, dass die (freiwillig) Unterworfenen zu schonen und „Aufmüpfige" zu verfolgen seien. Die Römer erhalten hier die Erlaubnis, als Weltmacht zu fungieren.
3. Hier sieht man deutlich, dass es in beiden Stellen um Propaganda für Augustus geht. Einmal bewirbt er sich selbst. Das andere Mal spricht Vergil, der sein Werk „Aeneis" für Kaiser Augustus geschrieben und ihm für dessen eingeleitete Friedenszeit ein bleibendes Denkmal gesetzt hat. Vergil nennt Augustus nicht beim Namen, weshalb diese Textstelle weniger manipulativ wirkt als die vom Kaiser selbst verfasste.

■ Übungstext 3 ➤ S. 59 f.

Da saß also dein Amtskollege eingehüllt in seine Purpurtoga auf einem goldenen Stuhl, bekränzt. Du steigst hinauf, gehst zum Stuhl – warst du auch ein Faschingsnarr, so hättest du dich doch daran erinnern müssen, dass du ein Konsul warst – zeigst ihm das Diadem. Ein Stöhnen erhebt sich auf dem ganzen Forum. Woher hattest du das Diadem? Du hattest ja nicht eines aufgehoben, das ein anderer weggeworfen hatte, sondern du hattest es von zu Hause mitgebracht als wohl überlegtes Verbrechen. Du wolltest Cäsar das Diadem unter dem Wehklagen des Volkes aufsetzen. Er wies es unter Applaus immer wieder zurück. Du hast dich daher als Einziger, du Verbrecher, gefunden, der du, indem du die Königsherrschaft einführtest und deinen Amtskollegen zum Herren haben wolltest, ebenso herauszufinden suchtest, was das römische Volk aushalten und ertragen kann.

Lösungen
Siehe die Farbunterlegungen der beiden Texte
PINK: gleich; GRÜN: ähnlich; ORANGE: anders

Die Krönung Cäsars bei Cicero

Sedebat in rostris collega tuus amictus togā purpreā, in sella aurea, coronatus. Escendis, accedis ad sellam – ita eras Lupercus, ut te consulem esse meminisse deberes – dia-dema ostendis. Gemitus toto foro.

Unde diadema? Non enim abiectum sustuleras, sed attuleras domo meditatum et cogitatum scelus. Tu diadema imponebas cum plangore populi. Ille cum plausu reiciebat. Tu ergo unus, scelerate, inventus es, qui cum auctor regni esses, eumque, quem collegam habebas, dominum habere velles, idem temptares, quid populus Romanus ferre et pati posset.

(Da saß also dein Amtskollege eingehüllt in seine Purpurtoga auf einem goldenen Stuhl, bekränzt. Du steigst hinauf, gehst zum Stuhl – warst du auch ein Faschingsnarr, so hättest du dich doch daran erinnern müssen, dass du ein Konsul warst – zeigst ihm das Diadem. Ein Stöhnen erhebt sich auf dem ganzen Forum. Woher hattest du das Diadem? Du hattest ja nicht eines aufgehoben, das ein anderer weggeworfen hatte, sondern du hattest es von zu Hause mitgebracht als wohl überlegtes Verbrechen. Du wolltest Cäsar das Diadem unter dem Wehklagen des Volkes aufsetzen. Er wies es unter Applaus immer wieder zurück. Du hast dich daher als Einziger, du Verbrecher, gefunden, der du, indem du die Königsherrschaft einführtest und deinen Amtskollegen zum Herren haben wolltest, ebenso herauszufinden suchtest, was das römische Volk aushalten und ertragen kann.)

Die Krönung Cäsars bei Plutarch

[…] er <Antonius> lief mit einem Diadem, um das er einen Lorbeerkranz gewunden hatte, auf die Rednerbühne zu, ließ sich von denen, die mit ihm liefen, in die Höhe heben und wollte es Cäsar aufs Haupt setzen zum Zeichen, dass ihm die Königswürde gebühre. Da Cäsar sich dagegen sperrte und den Kopf zurückbog, freute sich das Volk und klatschte Beifall. Wieder hielt es Antonius hin, und wieder schlug Cäsar es aus, und da sie noch lange Zeit so miteinander stritten, klatschten dem Antonius, der seinen Willen durchsetzen wollte, nur wenige seiner Freunde Beifall, aber Cäsar, der sich weigerte, das ganze Volk mit lautem Geschrei, sodass es verwunderlich war, dass sie, die sich tatsächlich schon einer Königsherrschaft fügten, doch den Königstitel als Aufhebung der Freiheit ablehnten. Voll Ärger stand schließlich Cäsar von der Rednerbühne auf, zog die Toga vom Halse weg und rief, er wolle jedem, der es verlange, die Kehle hinhalten.

Wirklich gleich wird nur die Tatsache beschrieben, dass M. Antonius Cäsar das Diadem anbot und dieser es unter dem Beifall des Volkes mehrmals zurückwies. In ähnlicher Form erfahren wir vom Besteigen der Rednerbühne durch M. Antonius und das Wiederholen des Angebots und Zurückweisen des Diadems. Ganz verschieden sind die Texte, wenn es um die Absicht des Autors geht. Ciceros Beschimpfung des M. Antonius (z. B.: scelerate!) fehlt bei Plutarch, dagegen finden sich bei Cicero keine Überlegungen über die politische Reife des Volkes. Auch Cäsars theatralische Geste (entblößte Kehle) ist nicht im Sinne Ciceros und fehlt dort auch.

4.2. Übersetzungsvarianten

■ **Übungstext ➤ S. 61 f.**

Vor Kurzem war er Arzt, jetzt ist Diaulus Leichenträger: Was er als Leichenträger tut, hatte er auch als Arzt getan.

Lösung
    a. 1 b. 2 c. 1

4.3. Aussagen zum Text

■ **Übungstext** ➤ S. 64 f.

Schau, welcher Art die Götter waren, denen die Römer freudig ihre Stadt anvertrauten. O welch ein beklagenswerter Irrtum! Über uns sind sie aufgebracht, wenn wir so über ihre Götter sprechen, aber ihren Schriftstellern zürnen sie nicht; sie zahlen noch Geld dafür, dass man ihnen ihre Werke beibringt. […] Erzählt nicht Aeneas selbst, der so oft der Fromme genannt wird, Folgendes: „Panthus, des Othrys Sohn, ein Phoebuspriester der Burg, rafft die Heiligen Dinge samt den besiegten Göttern zusammen und, mit dem Enkelkind an der Hand, ein Sinnloser, strebt er eilenden Fußes zum Ausgang"? Meint er nicht vielleicht doch, dass diese Götter, die er sich nicht scheut, Besiegte zu nennen, eher ihm anvertraut sind, und nicht er ihnen, wenn ihm gesagt wird: „Troja vertraut dir die Heiligtümer und seine Penaten an"? Wenn also selbst Vergil von solchen Göttern als Besiegten spricht, die, um als Unterlegene auf irgendeine Weise zu entkommen, einem Menschen anvertraut wurden – was ist es dann für ein Wahnsinn, es für klug zu halten, dass man Rom diesen Beschützern überließ, und zu meinen, es hätte nicht verwüstet werden können, wenn es sie nicht verloren hätte?

Lösungen

1.

	verum	falsum
Vergil sagt, Troja werde durch die Hilfe der Götter gerettet.		x
Vergil sagt, der Priester Panthus wolle die Götterstatuen retten.	x	
Vergil sagt, Panthus sehe die Griechen als überlegene Sieger.	x	
Augustinus sagt, es könne kein Frevel sein, wenn Christen die römischen Götter als wirkungslos bezeichnen.	x	
Augustinus sagt, die nach Rom gebrachten Götter Trojas seien verantwortlich für dessen Glanz und Glorie Roms.		x
Augustinus sagt, die Römer hätten nie auf besiegte Götter hoffen dürfen.	x	
Augustinus sagt, die Römer hätten selbst gewusst, dass ihre besiegten Götter nicht hilfreich sein können.		x

2. Wenn Vergil von besiegten Göttern spricht, bezieht er sich immer auf Troja, das ja untergehen muss, die Trojaner aber, die die Götter mitnehmen, werden nach göttlichem Willen zu Römern und die Götter dadurch Stammväter eines neuen, mächtigen Geschlechts.
Augustinus sagt, dass es Unfug sei, die Größe eines Imperiums auf den Schutz von Göttern zurückzuführen, die schon einmal besiegt worden seien und nur durch menschliche Hilfe gerettet werden konnten. Deshalb sei es auch unsinnig, für das Leid der Völkerwanderung die Christen verantwortlich zu machen, die die alten Götter abgeschafft hätten.

4.4. Bildliche Darstellungen

■ **Übungstext** ➤ S. 67

Und nachdem er zu seinem höher gelegenen Landhaus, das ein wenig mehr als eine Meile vom Meer entfernt lag, zurückgekehrt war, sagte er: „Ich möchte in meiner Heimat sterben, die oft (von mir) gerettet worden ist." Es steht zur Genüge fest, dass seine Sklaven bereit waren, tapfer und treu zu kämpfen, er selbst (aber) befohlen hat, die Sänfte abzustellen und ruhig zu erdulden, was das ungerechte Schicksal erzwinge. Er beugte sich aus der Sänfte hinaus und hielt unbewegt seinen Nacken hin. Da wurde ihm der Kopf abgeschlagen.

Lösung

a. [...] Regressusque ad superiorem villam, quae paulo plus mille passibus a mari abest, „Moriar," inquit, „in patria saepe servata." Satis constat servos fortiter fideliterque paratos fuisse ad dimicandum, ipsum <u>deponi lecticam et quietos pati</u>, quod sors iniqua cogeret, iussisse. <u>Prominenti ex lectica praebentique immotam cervicem caput praecisum est.</u>

b. Der Hintergrund wird im Text nicht erwähnt, man würde aber eher das Landhaus erwarten. Die Mörder waren sicherlich keine mit Lendenschurz bekleideten Sklaven.

c. Der aufgescheuchte Vogel zeigt die Absicht einer möglichst realistischen und lebendigen Darstellung. Es entsteht der Eindruck eines Überfalls durch Räuber in einem finstern Wald.

4.5. Rezeptionsdokumente
Textsorte, Texttyp, Erzählsituation

■ Übungstext 1 ➤ S. 69 f.

Orpheus empfing diese und zugleich die Weisung, er dürfe seinen Blick nicht eher zurückwenden, als er die Schluchten des Avernertales verlassen hätte, sonst werde die Gabe vergeblich sein.

Und sie steigen hinauf durch die lautlose Stille auf steilem, dicht von finstern Nebeln erfülltem, düsterem Pfad, sind schon nicht mehr fern vom Rande der Oberwelt. Da blickte der Liebende zurück, aus Angst, sie könnte zurückbleiben und voll Verlangen, sie zu sehen – und sogleich entglitt sie ihm wieder. Er streckte seine Arme aus, bemühte sich, sie zu fassen und gefasst zu werden, doch die Ärmste greift nichts als flüchtige Lüfte. Und schon zum zweiten Mal sterbend klagte sie nicht über ihren Gatten – nichts – denn was sollte sie klagen, als dass sie zu sehr sich geliebt sah? Nur ein letztes „Lebwohl", das kaum seinem Ohr vernehmbar war, sagte sie und glitt wieder an denselben Ort zurück.

Lösung

Ovids Werk ist ein Epos mit einem auktorialen Erzähler und vielen Rahmenerzählungen, auch die Metamorphose des Orpheus ist ein relativ langer Text im epischen Hexameter. Peter Maiwalds Orpheus ist der Gattung Lyrik zuzuordnen (44 Wörter, reimlos, expressiv, es spricht ein lyrisches Ich). Die Gemeinsamkeit beider Texte ist, dass sich „Orpheus" entgegen der Weisung umdreht, Orpheus bei Ovid aus Sorge, Eurydice könnte zurückbleiben und aus Sehnsucht sie zu sehen, Orpheus bei Maiwald vermutlich aus Neugier, weil er das Grauen des Konzentrationslagers, das bei ihm mit Unterwelt gemeint ist, sehen wollte. Er meint, seine Schuld läge darin, trotz des Wissens um das Grauen nicht gehandelt zu haben. Maiwalds Orpheus ist eindeutig ein Zeitdokument aus der NS-Zeit und eine Anklage gegen die Passivität der Gesellschaft. Bei Ovid weiß sich Eurydice geliebt, bei Maiwald wird sie in der Unterwelt = im KZ zurückgelassen, trotz ihres Schreis. In beiden Texten ist die Stimmung düster.

■ Übungstext 2 ➤ S. 70 f.

Catullus
Widmung

Wem widme ich das feine neue Büchlein,
das soeben mit dem trockenen Bimsstein
geglättet worden ist?
Cornelius, dir: denn du pflegtest
der Meinung zu sein, dass meine
Kleinigkeiten etwas wert sind,

schon damals, als du es wagtest als einziger der Italer
das ganze Zeitalter in drei
gelehrten und, bei Jupiter,
mühevollen Papyrusrollen
darzustellen.

Lösung
a. **Catull**: Cornelius Nepos; **Cardenal**: Claudia
b. **Catull**: ein kleines, aber feines Büchlein, Kleinigkeiten *(lepidum novum libellum, expolitum)*
   Cardenal: einfach, aber sie werden vielleicht in ganz Hispanoamerika Verbreitung finden *(sencillos, un día se divulgarán tal vez por toda Hispanoamérica)*
c. **Catull**: Cornelius pflegte der Meinung zu sein, dass seine Kleinigkeiten etwas wert sind, er stellte als einziger Einwohner Italiens das ganze Zeitalter auf drei gelehrten Papyrusrollen in mühevoller Arbeit dar *(tu solebas meas esse aliquid putare nugas, ausus es unus Italorum omne aevum tribus explicare chartis doctis et laboriosis)*.
   Cardenal: Es werden keine Leistungen oder Vorzüge beschrieben, Claudia erscheint eher spröde, uninteressiert und verständnislos *(sencillos para que tú los entiendas, si a ti no te interesan, lo desprecias)*.
d. Beide Dichter sind von ihrem Werk überzeugt.

	Catull	Cardenal
stolz	x	x
devot		x
bescheiden	x	x
scheinheilig		
vorsichtig		
demütig		x
überheblich		
selbstsicher	x	x

5. Belegen und Nachweisen (L6)

5.1. Aussagen über den Text
Wie weise ich etwas nach

■ **Übungstext ➤ S. 74 f.**

Den möchte ich treffen, der sagt oder glaubt, dass wir durch das Mordblut eines Babys getauft werden. Glaubst du, es könnte geschehen, dass ein so zarter, winzig kleiner Körper tödliche Wunden erleidet? Niemand kann das glauben, außer er könnte es selbst fertigbringen. Ich sehe jedoch, dass ihr die Kinder, die ihr in die Welt gesetzt habt, bald Vögeln und wilden Tieren aussetzt, bald durch eine erbärmliche Art des Todes erwürgt. Es gibt auch Frauen, die mit Giften den Anfang eines werdenden Menschen in ihrem eigenen Körper zerstören und einen Mord begehen, noch ehe sie gebären. Und all das leitet sich sicher vom Mythos eurer Götter her. Denn Saturn hat seine Kinder nicht ausgesetzt, sondern sie verschlungen.

Lösungen
1. Der Sprecher in Text 1 ist eindeutig Christ. Er differenziert in seinen Ausführungen zwischen *nos* (Christen) und *vos* (Heiden). Seine Vorgangsweise ist die, dass er den Heiden genau den Kindermord zum Vorwurf macht, den diese den Christen vorwerfen. Seinem Entsetzen darüber, dass man meint, Christen würden Kinder fressen, verleiht er durch rhetorische Fragen, zusätzlich gesteigert durch eine Klimax, Ausdruck *(Putas posse fieri, ut tam molle, tam parvulum corpus fata vulnerum capiat, ut quisquam illum rudem sanguinem novelli et vixdum hominis caedat, fundat, exhauriat?)*.

Seinerseits macht er den Nichtchristen Mythisches und Reales bunt gemischt zum Vorwurf: Kindesweglegungen und -tötungen, Abtreibungen und den Mythos von Kronos, der seine Kinder frisst.
2. Der Sprecher in Text 2 lehnt das Christentum ab, ein Unterschied zwischen ihm und dem „Christen" ist, dass er nichts Genaues über das Christentum weiß, außer, was Klatsch und Tratsch so transportieren. Wie der „Christ" arbeitet auch er mit Vorwürfen und dem deutlichen Ausdruck des Entsetzens – in seinem Fall durch Ausrufe (z. B. welch furchtbare Schandtat!).
3. *caedat – fundat – exhauriat*

5.2. Rezeptionsdokumente

■ Übungstext ➤ S. 77 f.

Lass uns leben, meine Lesbia, und uns lieben,
und auf all die Nörgeleien der allzu strengen Alten
nur einen einzigen Groschen geben.
Sonnen können untergehen und wieder aufgehen:
Wenn einmal unser kurzes Licht erloschen ist,
müssen wir eine ewige Nacht lang schlafen.
Gib mir tausend Küsse, dann hundert,
dann tausend andere, dann die zweiten hundert,
dann noch tausend andere, dann hundert.
Dann, wenn wir viele tausend ausgetauscht haben,
werden wir sie durcheinanderbringen, damit wir sie nicht wissen,
oder damit [uns] nicht irgendein Bösewicht beneiden kann,
wenn er weiß, dass es so viele Küsse waren.

Lösung

Louise Labé übernimmt von Catull die Aufforderung zum Kuss *(Da mi basia mille* – Catull, Vers 7: Donne m'en un de tes plus savoureux – Labé, Vers 2), hebt sich aber sonst bewusst von Catull ab. Während es ihm nur um die Quantität der Küsse geht, misst sie den Küssen verschiedene Qualitäten zu (köstlich – Vers 2; verliebt – Vers 3; heißer als Glut – Vers 4; süß – Vers 6; glücklich – Vers 7). Wo Catull die Einmaligkeit des Lebens betont (Verse 5–6), unterstreicht Louise Labé den doppelten Wert des in Liebe verbrachten Lebens (Verse 9–10).

5.3. Interpretationszeugnisse

■ Übungstext ➤ S. 80 f.

Gaius Inst. I, 55: Ebenso sind unsere Kinder unter unserer Gewalt, die wir in rechtmäßigen Ehen hervorgebracht haben. Dieses Recht ist römischen Bürgern vorbehalten. Es gibt nämlich fast keine anderen Menschen, die solche Macht über ihre Kinder haben wie wir. Das hat auch der vergöttlichte Hadrian in dem Edikt, das er bezüglich derer, die von ihm für sich und ihre Kinder das Bürgerrecht erbaten, deutlich gemacht. Aber es entgeht mir nicht, dass auch die Galater glauben, dass Kinder in der Gewalt ihrer Eltern sind. C. 8, 43, 3: Wenn dein Sohn in deiner Gewalt ist, hat er nicht das Recht Dinge zu veräußern, die du für dich erworben hast. Wenn er den dem Vater geschuldeten Respekt nicht anerkennt, wirst du nicht gehindert, ihn nach dem Recht der väterlichen Gewalt zu züchtigen, wobei du eine strengere Zurechtweisung verwenden wirst, wenn er im gleichen Trotz beharren sollte. Du wirst ihn dem Statthalter der Provinz übergeben, der das Urteil sprechen wird, von dem auch du willst, dass es gesprochen wird.

Papinian D 37,12,5: Der vergöttlichte Trajan hat die Verpflichtung festgesetzt, einen Sohn, den ein Vater gegen die übliche väterliche Erziehungspraxis übel zugerichtet hat, als mündig zu erklären.

Lösungen

1.

Nur Kinder unterliegen der *patria potestas*, die …	aus rechtmäßigen Ehen stammen.
Die *patria potestas* betrifft nur …	römische Bürger.
Kinder dürfen das Eigentum des Vaters nicht …	veräußern.
Kinder, die sich nicht respektvoll ihrem Vater gegenüber benehmen, dürfen …	nach der *patria potestas* gezüchtigt werden.
Im Wiederholungsfall muss der …	Statthalter im Sinne des Vaters urteilen.
Wenn ein Vater sein Kind misshandelt, muss es …	als mündig erklärt werden.

2. Im ABGB galt wie in Rom das Vorrecht des Vaters, der auch das Züchtigungsrecht hatte. Auch gegen übermäßige Gewalt wurde und wird vorgesorgt. Heute sind die elterlichen Rechte Befugnisse zum Wohl des Kindes, Gewalt ist ausgeschlossen.

proprium ius civium Romanorum	ABGB
castigare iure patriae potestatis non prohiberis	„Sie [Eltern] sind auch befugt, unsittliche, ungehorsame oder die häusliche Ordnung störende Kinder auf eine nicht übertriebene und ihrer Gesundheit unschädliche Art zu züchtigen."
eum praesidi provinciae oblaturus dicturo sententiam	*mit obrigkeitlichem Beystande*
filium, quem pater male adficiebat, coegit emancipare	Das Kind kann, wenn es nicht mit den Entscheidungen der Eltern einverstanden ist, das Pflegschaftsgericht anrufen.

6. Kommentieren und Stellungnehmen

6.1. Einzelbegriffe

Begriffsdefinitionen

■ **Übungstext ➤ S. 84**

Dann ist (erg.: das vernünftige Planen) entweder einem zu übertragen oder einigen Auserwählten, oder die Menge oder alle müssen es übernehmen. Wenn daher die Entscheidung aller Angelegenheiten bei einem ist, nennen wir jenen einen König und den Zustand dieses Staates Königtum. Wenn sie aber in der Gewalt von Auserwählten liegt, dann, sagt man, wird jene Bürgerschaft durch Willkür der Aristokraten regiert. Das aber ist eine Demokratie – so nennt man es –, in welcher alles beim Volk liegt. Und jede beliebige dieser drei Arten, wenn sie nur jenes Band zusammenhalten möge, das zuerst die Menschen durch die Gemeinschaft der gemeinsamen Sache eng miteinander verbunden hat, ist zwar nicht vollkommen und meiner Meinung nach nicht am besten, aber dennoch zu ertragen, und zwar so, dass die eine (Art) besser sein kann als die andere.

Lösungen

1. Je nachdem, wem das *consilium*, also das „vernünftige Planen", im Staat übertragen wird, spricht Cicero von drei unterschiedlichen Staatsformen: vom Königtum (wenn ein König an der Spitze des

Staates steht), von der Aristokratie (wenn das *consilium* bei einigen Auserwählten liegt) bzw. von der Demokratie (wenn das Volk das Sagen hat).

2. a. Cicero ist der Meinung, dass keine der drei genannten Staatsformen die beste sei, aber doch jede zu ertragen wäre *(tolerabile)*; er hält eine Mischverfassung für die geeignetste Staatsform; *civitas popularis* nennen wir heute wohl „Demokratie". Heute würde wohl niemand meinen, dass eine Mischform einer Demokratie vorzuziehen wäre.
   b. Das *consilium* ist die entscheidende Staatsform (➤ 1.)
   c. Demokratie

6.2. Einzelne Passagen
Ironie, Wortstellung, Wortspiel

■ Übungstext ➤ S. 86

Er erkor die Stadt Syrakus. [...] Hier lebte unser tüchtiger Feldherr während der Wintermonate so, dass man ihn dann nicht leicht außerhalb seines Bettes, geschweige denn außerhalb seines Hauses sah. So wurden die kurzen Tage mit Gelagen, die langen Nächte mit Unzucht und schändlichem Treiben verbracht. Doch wenn der Frühling einzuziehen begann (für dessen Anfang diente ihm nicht der Südwind noch irgendein Gestirn als Zeichen; vielmehr glaubte er erst, wenn er eine Rose erblickte, es sei Frühling geworden), dann widmete er sich den Strapazen des Reisens. Hierbei zeigte er sich so ausdauernd und unermüdlich, dass niemand ihn je zu Pferde sitzen sah.

Lösungen

1. In ironischem Ton merkt Cicero an, dass sich der *bonus imperator*, der tüchtige Imperiumsträger, im Winter nicht aus dem Bett, geschweige denn aus dem Haus bewegte. Sobald er es Frühling werden spürte, habe er seine Tätigkeit aufgenommen, allerdings – wieder wird Cicero ironisch – so ausdauernd und fleißig *(patientem atque impigrum)*, dass ihn niemand je zu Pferde sah, wie das für einen Prätor angemessen gewesen wäre.
2. Cicero verwendet fast durchgängig das Präteritum, um anzudeuten, dass der Proprätor gewohnheitsmäßig so agierte.
3. Wortspiel / Paronomasie: *tectum – lectum*

6.3. Motive

■ Übungstext ➤ S. 89 f.

Catull, Carmen 83

Lesbia sagt mir in Gegenwart ihres Mannes furchtbar viele Gemeinheiten. Das ist für den Schwachkopf die größte Freude. Du Maulesel, merkst du nichts? Würde sie nicht an mich denken und wäre still, dann wäre sie gesund (nicht verliebt). Jetzt aber, wo sie geifert und keift, denkt sie nicht nur an mich, sondern, was viel schlimmer ist, sie ist zornig: Das ist es: Sie brennt vor Liebe und plaudert es aus!

Martial 1, 62

Keusch ist Laevina und steht den alten Sabinerinnen in nichts nach, ist selbst noch ernster als ihr ohnedies schon sittenstrenger Ehemann. Während sie sich bald dem Lukrinersee und bald dem Avernersee ergibt, während sie sich in Baiaes Wasser wärmt, gerät sie in Flammen, nachdem sie den alten Ehemann verlassen hat, folgt sie einem jungen Mann. Sie kam als Penelope und ging als Helene.

Lösungen

1.

Catull	Martial	Ringelnatz
Eine Frau ist für ihren Ehemann und die Öffentlichkeit keusch, aber nicht wirklich	Eine Frau ist tatsächlich keusch.	Keine Aussage über die Wirkung auf die Öffentlichkeit
Der Liebhaber amüsiert sich über den ahnungslosen Ehemann.	Die Frau taut erst bei den warmen Bädern in Baiae auf und verliebt sich.	Der Liebhaber erinnert sich an ein Schäferstündchen im Hause des Ehemanns, wo es keine Gewissensbisse gab.
Die Frau ist verliebt, aber verändert nichts.	Die Frau ist verliebt und verändert alles.	Es ist nicht klar, ob die Frau noch verliebt ist, jedenfalls ist das Paar getrennt.

2. a. Ironisch sind bei Catull die Betrachtung des Ehemanns und das fiktive Gespräch zwischen Liebhaber und betrogenem Ehemann, bei Martial der abrupte Wechsel von maximaler Treue zu maximaler Hingabe und die Wortspiele *se permittit, fovetur* …, Penelope/Helene. Bei Ringelnatz ist es das Wortspiel „redlich untreu", fromm und scharf.
   b. Die eheliche Treue steht in allen drei Gedichten im Raum, bei Catull ist nicht einmal sicher, ob das erwartungsfrohe lyrische Ich tatsächlich erhört werden wird, bei Martial schlägt sie ins Gegenteil um, bei Ringelnatz steht sie nicht zur Diskussion, es war und ist Liebe, aber diese Liebe existiert neben der ehelichen Treue.
   c. Ringelnatz ist als lyrisches Ich am deutlichsten präsent, an zweiter Stelle folgt Catull.

6.4. Denkansätze

■ **Übungstext ➤ S. 91**

Sokrates scheint mir als Erster die Philosophie von Geheimem und von der Natur selbst Verhülltem, womit sich alle Philosophen vor ihm beschäftigt haben, weggeholt und auf das gemeinsame Leben bezogen zu haben, dass er nämlich nach Tugenden, Fehlern und überhaupt nach Gutem und Schlechtem forschte, dass er aber glaubte, Himmelserscheinungen seien entweder zu weit weg von unserer Erkenntnis oder sie würden, wenn sie besonders erkannt worden wären, dennoch nichts zu einem sittlich guten Leben beitragen.

Lösungen

1. Sokrates hat laut Cicero die Philosophie zu den Menschen gebracht; ihm ist es wichtig, über Tugenden (das richtige Verhalten), über seine Fehler und überhaupt über Gutes und Schlechtes nachzudenken.
2. a. Sokrates ist laut Cicero ganz auf den Menschen und die Praxis bezogen. Geheimes und von der Natur selbst schwer Verständliches, womit sich die Philosophen vor ihm beschäftigt haben, klammert er aus, außerdem Himmelserscheinungen, da sie fernab von unserem Erfahrungsbereich liegen und nichts zu einem sittlich guten Leben beitragen würden. Dies alles sei uns Menschen zu fern, deshalb sollten wir uns selbst als Maß nehmen und uns nicht mit schwer Verständlichem, Geheimem, was wir ohnedies nicht durchschauen könnten, auseinandersetzen.
   b. Folgende lat. Ausdrücke unterstreichen die Wichtigkeit des Menschen: *vitam communem,* das Forschen *de virtutibus et vitiis omnioque de bonis rebus et malis, nostra cognitione*.

6.5. Richtigkeit und Bedeutung der Aussagen

■ Übungstext ➤ S. 93 f.

Am besten aber wird die Gemeinschaft der Menschen und ihr Zusammengehörigkeitsgefühl bewahrt bleiben, wenn, je verbundener jeder sein wird, diesem umso mehr Güte erwiesen wird. Aber was die natürlichen Grundlagen des menschlichen Zusammenlebens und der menschlichen Gemeinschaft sind, muss offenbar gründlicher behandelt werden. Es ist nämlich das erste Prinzip dasjenige, das in der Gemeinschaft des gesamten Menschengeschlechtes erkennbar ist. Das Band dieser Gemeinschaft aber sind Vernunft und Sprache, die durch Lehren, Lernen, sich-Besprechen, Diskussion und endgültiges Urteil die Menschen untereinander verbinden und durch einen ganz natürlichen Gemeinschaftsgeist zusammenbringen. Und in nichts sind wir weiter von der Natur der Tiere entfernt, die, wie wir oft sagen, über Tapferkeit verfügen, über Gerechtigkeit, einen Sinn für das rechte Maß und Güte hingegen nicht; denn sie besitzen keine Vernunft und keine Sprache. Und diese Gemeinschaft dehnt sich sehr weit aus auf die Menschen untereinander, auf alle unter allen. In ihr muss die Allgemeinheit aller Güter, welche die Natur zum gemeinsamen Nutzen der Menschen hervorgebracht hat, beibehalten werden, sodass diejenigen Güter, die durch die Gesetze und das bürgerliche Recht zugewiesen worden sind, behalten werden.

Lösungen

1. a. Die grundlegenden Eigenschaften des Menschen sind Vernunft und die Fähigkeit zur Kommunikation.
   b. Cicero als Redner nennt vor allem Leistungen der Sprache, die die menschliche Gemeinschaft definieren würden (lehren, reden, diskutieren, urteilen …).
   c. Die staatliche Gemeinschaft dient laut Cicero dazu, die Dinge, die die Natur zum Allgemeingut bestimmt hat, als solche zu erhalten, dass die Regeln und Gesetze der Allgemeinheit eingehalten werden.
   d. Weitere Aspekte wären Sicherheit, Subsidiarität, also gegenseitige Hilfeleistung, Arbeitsteilung etc.
2. Richtig oder falsch?

	verum	falsum
Die menschliche Gemeinschaft wird durch Vernunft und Sprechfähigkeit gefestigt.	x	
Die menschliche Gemeinschaft kann ohne Diskutieren, Streiten, Urteilen und Lehren gut existieren.		x
Die menschliche Gemeinschaft ist stark und tapfer und unterscheidet sich dadurch von den Tieren.		x
Auch Tiere können über Gerechtigkeit und Güte verfügen.		x
Tiere haben keine Vernunft.	x	
Die menschliche Gemeinschaft darf Naturgesetze nicht abändern.	x	

7. Kreatives Auseinandersetzen und Gestalten

7.1. Formulieren von Überschriften

siehe ➔ Gliedern durch Sinnabschnitte und Überschriften, S. 39 f.

7.2. Umformen in Sondersprachen (L6)

Dialekt – Jugendsprache – Ärztesprache

Lösung

Es werden jeweils Übersetzungen von Schülerinnen oder Schülern als Anregung präsentiert:

■ Übungstext ➔ S. 96

Catull, Carmen 83

Lesbia sagt mir in Gegenwart ihres Mannes furchtbar viele Gemeinheiten. Das ist für den Schwachkopf die größte Freude. Du Maulesel, merkst du nichts? Würde sie nicht an mich denken und wäre still, dann wäre sie gesund (nicht verliebt). Jetzt aber, wo sie geifert und keift, denkt sie nicht nur an mich, sondern, was viel schlimmer ist, sie ist zornig: Das ist es: Sie brennt vor Liebe und plaudert es aus!

■ Jugendsprache

Lesbia mocht mi vor ihrm Mann vull nieder. Des taugt dem olten Trottel vull. Du Aff, checkst nix? Wenn's de Goschn haltat und net an mi denkat, war olles o.k. Wenn's aber auszuckt und motschkert, denkt's net nur an mi – sie is vull gladn. Des is as, sie steht auf mi und kann's net zamhalten.

■ Ärztesprache

Dieser Mann scheint diagnostisch auffällig,
der – dir frontal gegenüber – deine Schallwellen rezipiert, wenn du artikulierst.
Wenn du deine Gesichtsmuskulatur nur geringfügig anspannst,
hat dies bei mir ein Kammerflimmern zur Folge,
wenn dein Bild sich nur kurz auf meiner Netzhaut abzeichnet,
kommt es bei mir zu einer Stimmbandlähmung,
die Zunge ist eingeschränkt beweglich,
ich leide unter temporären Fieberschüben,
Tinnitus im Gehörgang, transpiriere übermäßig, ein Tremor erfasst mich,–
ein präkollaptisches Syndrom ist klar erkennbar.
– Mein EKG wird flach.

7.3. Verfassen von Antwortschreiben

Umformen in einen Brief

■ Übungstext ➔ S. 99

Hier liegt Caius Pedusius, der Sohn des Marcus, aus der Tribus Aniensis, von Cremona, Veteran der 15. Legion Apollinaris, gestorben im Alter von 40 Jahren nach 24 Dienstjahren, begraben. Die Freigelassene Amanda hat (diesen Stein) gesetzt.
Der neidvolle, grausame Tod hat mich durch ein ungerechtes Schicksal hinweggerafft, und es war mir nicht gestattet, den Lohn für den Militärdienst zu erhalten, nicht einmal soweit, dass ich meiner

lieben Freigelassenen die gerechte Sorge, derer sie sehr würdig ist, und die sie gerne hätte, zuwenden konnte. Für sie bitte ich, mögen die Schwestern (= Schicksalsgöttinnen) ihre Schicksalsfäden lange ausziehen und sie möge sich oft (meiner) erinnern und unsere (= meine) Asche besuchen.

Lösung – Vorschlag zur Inspiration

Liebe Julia,
ich komme gerade von einem Begräbnis. Endlich ist der Caius Pedusius (a) von seinen Leiden erlöst. Er stammte so wie mein Mann aus Cremona (d) und war in derselben Tribus Aniensis eingeschrieben (c). Sie waren auch beide Veteranen (e) derselben 15. Legion Apollinaris (f). Er war zwar erst 40 Jahre alt (g), aber seine 24 Dienstjahre (h) hatten seiner Gesundheit arg zugesetzt, und als sein Vater Marcus (b) starb, war er total zerstört. Seine Freigelassene Amanda war ihm auch keine große Hilfe. Er hat sie vergöttert und verwöhnt, so lange er konnte, aber als er krank wurde und das ganze Geld für die Medikamente aufging, hat sie nur mehr gejammert und geklagt, dass sie immer zu kurz kommt. Ich bin sicher, sie schreibt ihm das auch noch auf den Grabstein (i, j).

7.4. Entwerfen eines Porträts (L6)

■ Übungstext ➤ S. 101

Sie lebte in königlicher Pracht. […] Sie hatte ein ziemlich dunkles Gesicht, schwärzliche Hautfarbe, schwarze und außergewöhnlich lebhafte Augen, einen herrlichen Geist und unglaublichen Charme. So groß war der Glanz auf ihren Zähnen, dass die meisten glaubten, sie habe Perlen, nicht Zähne. Die Stimme war hell und männlich. Ihre Strenge war die von Tyrannen, wo es die Notwendigkeit erforderte; ihre Milde die von guten Herrschern, wo es die Frömmigkeit verlangte. […] Sie jagte mit der Leidenschaft von Spaniern. Sie trank oft mit ihren Heerführern, obwohl sie sonst nüchtern war; sie trank auch mit Persern und Armeniern, sodass sie diese besiegte (= unter den Tisch trank). […] Selbst war sie des Lateinischen in Gesprächen nicht in jeder Hinsicht kundig, sondern durch Scham gehemmt, (Latein) zu sprechen. Sie sprach auch Ägyptisch annähernd auf perfekte Weise. In der alexandrinischen und orientalischen Geschichte war sie so beschlagen, dass sie diese exzerpiert haben soll; die lateinische Geschichte aber hatte sie auf Griechisch gelesen.

7.5. Dialogisieren (L6)

■ Übungstext ➤ S. 103 f.

Die Bienen hatten Waben hoch auf einer Eiche gebaut. Die faulen Drohnen sagten, dass das ihre seien. Der Streit kam vor Gericht, wobei eine Wespe Richter war. Weil diese nun beide Arten gut kannte, legte sie den beiden Streitparteien folgende Entscheidung vor: „Euer Körperbau und eure Farbe ist nicht unähnlich, sodass der Fall mit Recht zweifelhaft geworden ist. Aber damit mein Pflichtbewusstsein nicht versehentlich einen Fehler macht, nehmt die Körbe und füllt sie an mit eurem Werk, dem Wachs, damit durch den Geschmack des Honigs und die Form der Wabe, um die es nun geht, klar wird, wer ihr Schöpfer ist." Die Drohnen weigern sich, den Bienen ist die Bedingung aber recht. Dann sprach die Wespe folgendes Urteil: „Klar ist jetzt, wer es nicht kann und wer es gemacht hat; deshalb gebe ich jetzt den Bienen ihren Arbeitsertrag!"

Lösungsvorschlag (103 W.)

Wespe: Stimmt das, dass ihr widerrechtlich den Honig der Bienen in Anspruch nehmt?
Drohnen: Er gehört ja uns! Wir haben die Waben mühsam aus Wachs gebaut und haben von jeder Blüte Nektar und Pollen für unseren Honig gesammelt! Jetzt wollen ihn uns die Bienen wegnehmen!
Wespe: Das ist ein schwieriger Fall! Und ihr seht euch noch dazu so ähnlich! Am besten wird es sein, wenn ihr beide zum Vergleich Waben und Honig produziert!
Drohnen: Nein, das machen wir niemals! Die Waben gehören uns, aus, basta!
Wespe: Dann ist es ja klar, dass ihr keine Waben machen könnt und der Honig den Bienen gehört!

7.6. Fortsetzen des Textes
Fortsetzen bzw. Dialogisieren

■ **Übungstext ➤ S. 104 f.**

[…] Dann wird immer wieder ein Sprichwort von derselben Arroganz erwähnt: Es gebe ebenso viele Feinde wie Sklaven. – Wir haben nicht jene (von vornherein) zu Feinden, sondern wir machen sie dazu. […] Bedenke, dass der, den du deinen Sklaven nennst, aus denselben Samen entstanden ist, denselben Himmel genießt, in gleicher Weise atmet, lebt, stirbt! Du kannst ihn so als Freigeborenen sehen wie er dich als Sklaven. […]
Ich will mich nicht auf ein unerschöpfliches Thema einlassen und über den Umgang mit Sklaven sprechen, denen gegenüber wir sehr anmaßend, grausam und beleidigend sind. Dennoch ist dies mein oberstes Gebot: Du sollst mit einem Untergebenen so leben, wie du möchtest, dass ein Höhergestellter mit dir lebt.

Lösung
Kreative Aufgabenstellung: individuelle Lösung

7.7. Umschreiben des Endes

■ **Übungstext ➤ S. 105**

Sextus Tarquinius kam mit gezücktem Schwert zur schlafenden Lukretia. Er sagte, wobei er mit der linken Hand die Brust der Frau niederdrückte: „Schweig, Lukretia, ich bin Sextus Tarquinius. Ich habe ein Schwert in der Hand. Du wirst sterben, wenn du einen Laut von dir gibst." […] Als er sah, dass sie entschlossen war und nicht einmal durch Todesangst gebeugt wurde, fügte er zur Angst noch Schande hinzu: Er sagte, er werde mit ihrer Leiche einen getöteten, nackten Sklaven hinlegen, damit gesagt werde, sie sei bei einem schändlichen Ehebruch getötet worden. Nachdem er durch diesen Schrecken ihre entschlossene Keuschheit bezwungen hatte, brach Tarquinius entschlossen auf, Lukretia schickte traurig einen Boten nach Rom zu ihrem Vater und nach Ardea zu ihrem Ehemann, dass sie mit einzelnen, treuen Freunden kommen. […] Sie fanden Lukretia, wie sie traurig in ihrem Zimmer saß. […] Sie sagte: „Wenn ich mich auch von der Schuld freispreche, von der Strafe befreie ich mich nicht. Keine unkeusche Frau wird nach Lukretias Vorbild leben!" Sie stach sich den Dolch, den sie unter ihrem Kleid hatte, ins Herz und fiel tot zu Boden. Der Vater und der Ehemann schrien auf.

Lösung
Kreative Aufgabenstellung: individuelle Lösung

7.8. Aktualisieren des Inhalts

■ Übungstext ➤ S. 106

Ich segelte über unseren Comer See, als ein älterer Freund mir eine Villa zeigte und ein Zimmer, das in den See hineinragte: „Aus diesem Zimmer", sagte er, „stürzte sich vor einiger Zeit eine Frau aus unserer Gemeinde mit ihrem Ehemann." Ich fragte nach dem Grund. Der Ehemann litt infolge einer langwierigen Krankheit an Geschwüren im Bereich der Genitalien. Die Ehefrau verlangte sie zu sehen; niemand werde zuverlässiger beurteilen, ob er geheilt werden könne. Sie sah die Geschwüre, verlor die Hoffnung und munterte ihn auf zu sterben und war selbst Gefährtin in seinem Tod, ja sogar Führerin, Vorbild und Verpflichtung. Denn sie band sich mit ihrem Ehemann zusammen und stürzte sich in den See.

Lösung
Kreative Aufgabenstellung: individuelle Lösung

Freier Übungsteil

■ Interpretationstext 1 ➤ S. 107 f.

Phrygien, durch das Alexanders Heer geführt wurde, hatte einen vornehmen Herrschersitz, der einst dem Midas gehört hatte. Der Name der Stadt war Gordium. Nachdem Alexander die Stadt in seine Gewalt gebracht hatte, betrat er den Tempel des Jupiter. Er betrachtete den Wagen, mit dem Gordius, der Vater des Midas, fuhr, wie allgemein bekannt war. Bemerkenswert an ihm war eine verknotete Deichsel, wobei mehrere Knoten miteinander verschlungen waren und die Verwicklungen verdeckten. Als die Bürger versicherten, es sei ein Orakelspruch gegeben worden, dass derjenige sich der Herrschaft über Asien bemächtigen werde, der den unlösbaren Knoten gelöst hätte, erfasste ihn das Verlangen, die Prophezeiung zu erfüllen. Er sagte: „Es ist gleichgültig, wie die Knoten gelöst werden." Nachdem er mit dem Schwert alle Riemen durchtrennt hatte, verhöhnte er die Prophezeiung des Orakels oder erfüllte sie.

Lösungen

1. d – verkünden

2.

Fremd- bzw. Lehnwort	lat. Ausgangswort
exerzieren	exercitus
Gladiole	gladio
Vektor	vectum esse
edieren / Edition	editam esse
engl. to solve	solvisset
engl. empire	imperio

3.

	Zitat
1	in dicionem suam redacta
2	imperio potiturum (esse),

4.

Stilfigur	Zitat
Alliteration	Vehiculum … vectum esse

4.	Stilfigur	Zitat
	Assonanz	*in semet ipsos implicatis*
	Hyperbaton	*cupido incessit animo sortis eius explendae; nobilem quondam Midae regiam*

5.	HS / GS / Satzwertige Konstr.	Zitat
	HS – Abl. abs.	*Incolis deinde affirmantibus*
	HS – AcI	*editam esse … sortem*
	HS – AcI	*Asiae imperio potiturum (esse),*
	GS	*qui … solvisset*
	HS	*incessit*

6.	Sinnabschnitt Nr. / von Zeile … bis Zeile …	Überschrift
	7–10	Das Orakel
	11–13	Die Lösung
	1–3	König Midas und seine Familie
	3–5	Besuch bei Jupiter

7. a. Alexander befindet sich in Gordium.
   b. benannt nach dem Vater des Midas
   c. Er besucht nach der Eroberung der Stadt den Tempel des Jupiter, wo ein Wagen steht, dessen Deichsel durch einen verwirrenden Knoten angeknüpft ist. Derjenige werde Asien beherrschen, der den Knoten löst, sagte das Orakel.
   d. Alexander ist fasziniert und schlägt den Knoten mit dem Schwert durch.
8. Die Sätze Z. 5–10 sind sehr komplex in ihrem Aufbau und es könnte sein, dass der Autor mit eben diesen komplizierten Sätzen den Gordischen Knoten abbilden wollte.
9. Alle Hintergrundinformationen erfolgen im Imperfekt *(ducebatur, habebat, erat, constabat)*. Alexanders Taten stehen entweder im Präsens oder im Perfekt, zeigen wohl die rasche Entschlossenheit des Eroberers *(intrat; adspexit; inquit; vel elusit vel implevit)*.
10. Individuelle Lösung

■ Interpretationstext 2 ➤ S. 109 f.

Die Waffentaten und den Mann besinge ich, der ganz am Anfang von den Küsten Trojas durch das Schicksal als Flüchtling nach Italien und zu den Gestaden Lavinias kam. Viel wurde er zu Land und zu Wasser durch die Gewalt der Götter umhergetrieben wegen des nachtragenden Zorns der wütenden Juno. Viel erlitt er auch im Krieg, bis er die Stadt gründen konnte und die Götter nach Latium brachte, woher das Latinergeschlecht stammt und die Vorväter von Alba Longa und die Mauern des hoch aufragenden Rom.

Lösungen

1.	Stilfigur	Zitat
	Hyperbaton	*Troiae qui primus ab oris; Laviniaque venit litora; saevae memorem Iunonis ob iram*
	Assonanz	*Albanique patres atque altae …*

2. *profugus, iactatus, passus*

3. – ∪ ∪ | – – | – ∪ ∪ | – – | – ∪ ∪ | – x
   vi superum saevae memorem Iunonis ob iram

4.
Themenbereich	verum	falsum
Irrfahrt	X	
Götterzorn	X	
Liebe und Leidenschaft		X
Krieg und Stadtgründung	X	
Eroberung		X
Roms Feinde		X

5. a.
   1 Arma virumque cano, Troiae qui primus ab oris
   2 Italiam fato profugus Laviniaque venit
   3 litora; multum ille et terris iactatus et alto
   4 vi superum saevae memorem Iunonis ob iram
   5 multa quoque et bello passus, dum conderet urbem
   6 inferretque deos Latio, genus unde Latinum
   7 Albanique patres atque altae moenia Romae.

   b. V 1–3: Irrfahrten (= Odyssee), V 4: Grund, V 5–7: Krieg in Latium (= Ilias)
   Zahlenverhältnis: 3 : 1 : 3
   Im Zentrum des ersten Verses steht an besonders tonstarker Stelle der Ausgangspunkt der Flucht, Troja (blau), worauf die Römer besonders stolz waren.
   Dann folgen sechs Angaben zum Ziel der Flucht (rot), davon drei an den tonstarken Versenden des 2. Teils. Besonders wirkungsvoll ist die Stellung des Wortes Romae an der absolut letzten Stelle des Proömiums.

   c. Von Anfang an wird ein hohes Lesetempo erzwungen, da Enjambements die Verse 1, 2, 3 und 5, 6, 7 verbinden und gleichsam den Leser unaufhaltsam in immer schneller werdender Hast dem Ziel der Fahrten und Kämpfe zuführen, nämlich Rom.
   Man beachte, dass der zentrale Vers 4 im antiken Vorbild Homers keine Entsprechung hat. Der Grund für die Entbehrungen und Leiden der Helden ist also die gewalttätige Einflussnahme der Götter auf das Leben der Menschen, damit aber auch in weiterer Folge auf die Entstehung Roms.

   1 Arma virumque cano, Troiae qui primus ab oris
   2 Italiam fato profugus Laviniaque venit
   3 litora; multum ille et terris iactatus et alto
   4 vi superum saevae memorem Iunonis ob iram
   5 multa quoque et bello passus, dum conderet urbem
   6 inferretque deos Latio, genus unde Latinum
   7 Albanique patres atque altae moenia Romae.

6. Individuelle Lösung

■ **Interpretationstext 3** ➤ S. 110 f.

Quadratus lebte in Hausgemeinschaft mit seiner mondänen Großmutter sehr ernst und trotzdem sehr gehorsam. Sie hielt sich Pantomimen und begeisterte sich für sie, mehr als das für eine Frau aus der ersten Gesellschaft schicklich ist. Diesen Pantomimen schaute Quadratus nicht im Theater und auch nicht zu Hause zu, sie verlangte das auch nicht. Ich hörte von ihr selbst, als sie mir die Ausbildung ihres Enkels ans Herz legte, sie – eine Frau in den Mußestunden, die für Frauen üblich sind – pflege ihren Sinn durch das Würfelspiel zu entspannen, sie pflege ihren Pantomimen zuzuschauen, aber wenn sie die Absicht gehabt habe, eines von beiden zu tun, habe sie immer ihrem Enkel aufgetragen wegzugehen und zu studieren. Das schien sie mir nicht mehr aus Liebe zu ihm zu machen als aus Scham.

Lösungen

1. a – wie
2. Abitur: *abiret*; animieren: *animum*; kalkulieren: *calculorum*; Prospekt: *spectabat, spectare*; relax: *laxare*; Solipsismus: *ipsam*
3. Anapher: *in theatro, non domi spectabat, nec illa exigebat*; Alliteration: *nepotis sui studia, solere se … solere spectare pantomimos suos*; Parallelismus: *solere se … laxare animum, solere spectare pantomimos suos.*
4. d – aber wenn sie beides machen wollte
5. a. Quadratilla hat zwei Hobbys, nämlich Pantomimen und Würfelspiel.
   b. Sie meint, ihr Enkel sollte seine Zeit nutzen, um zu studieren.
   c. Plinius beschreibt Quadratus als sehr gehorsam und sittenstreng.
   d. Plinius findet, dass Quadratillas Freizeitverhalten für eine Frau aus bester Gesellschaft zu ausgelassen ist.
6. (a) Ein Musterknabe: Z. 1 f.; (b) Die ausgeflippte Oma: Z. 2–5; (c) *Quod licet Iovi* – oder „Unterschiedliches Freizeitverhalten": 5–9;
7. a. Ummidia hat einen Enkel, der sehr charakterfest ist. Sie selbst verbringt ihre Zeit gern mit Pantomimen und beim Würfelspiel, achtet aber sorgfältig darauf, dass der junge Mann nichts davon sieht, sondern sich den Studien widmet. Sie meint, sie als Frau habe nichts Besseres zu tun zur Unterhaltung, für ihren Enkel passe das aber nicht.
   b. Nach Plinius' Meinung entspricht Quadratillas Benehmen nicht ihrem Stand, sie gibt ihrem Enkel ein schlechtes Vorbild.
8. Stefanie Wergers Therese war offenbar die längste Zeit völlig angepasst und ist erst im Alter exzentrisch geworden. Bei Quadratilla gibt es keine Informationen, wann sie mit ihren Hobbys begonnen hat. Thereses Exzentrizität erstreckt sich auch auf Sexualverhalten, Kleidung und Alkohol- und Nikotingenuss, Quadratillas Hobbys beschränken sich auf Schauspieler und Würfelspiele. Therese kümmert sich weder um ihren Ruf noch um irgendeinen anderen Menschen, Quadratilla ist sehr um die Bildung ihres Enkels besorgt.

■ **Interpretationstext 4** ➤ S. 112 f.

Auf der anderen Seite rief ein nackter junger Mann, der seine Kleider verloren hatte, mit nicht geringerer Entrüstung in der Stimme nach einem Giton. Und mich verspotteten die Burschen zwar mit frechstem Nachäffen wie einen Verrückten, jenen aber umringte ein gewaltiger Haufen mit Beifall und äußerst schüchterner Bewunderung. Er hatte nämlich ein so großes Gewicht seines Gliedes, dass du den Menschen selbst für ein Anhängsel seines Gliedes gehalten hättest. Dieser ausdauernde junge Mann!

Ich glaube, wenn der gestern angefangen hat, hört er erst morgen wieder auf. Deshalb fand er sofort Hilfe: Denn, ich weiß nicht wer, ein römischer Ritter, wie sie sagten, von zweifelhaftem Ruf, umgab den Herumirrenden mit seinem Gewand und schleppte ihn zu sich nach Hause ab; ich glaube, um einen so großen Glücksfall alleine zu genießen. Aber ich hätte nicht einmal meine Kleider vom Garderobier zurückbekommen, wenn ich keinen Bürgen gestellt hätte. So viel mehr bringt es, die Lenden zu trainieren, als den Geist.

Lösungen

1. inguina, fascinum, laboriosus, incipio, finio, eques, infamis, abduco, utor, frico

2.
Frequenz	frequentia
indigniert	indignatione
infam	infamis
notorisch	notorem
Ponderabilität	pondus

3.
pridie incipere, postero die finire	Parallelismus
inguina quam ingenia fricare	Wortspiel
eques Romanus, ut aiebant, infamis	Hyperbaton

4.
	verum	falsum
Eumolpus erzählt von einer älteren Matrone, der in den Thermen die Kleider gestohlen wurden.		x
Eumolpus erzählt von einem jungen Mann, dem in den Thermen die Kleider gestohlen wurden.	x	
Eumolpus selbst, der sein Gewand auch nicht mehr finden kann, wird von anderen Thermenbesuchern verspottet.	x	
Ein Senator erbarmt sich des jungen Mannes, bekleidet ihn und nimmt ihn mit nach Hause.		x
Die Matrone wird schließlich von ihrem Ehemann gefunden und aus der peinlichen Situation gerettet.		x
Eumolpus benötigt einen Gewährsmann, um sein Gewand zurückzubekommen.	x	

5. Individuelle Lösung
6. Individuelle Lösung

■ Interpretationstext 5 ➤ S. 113 f.

Es gefiel mir nämlich die Meinung einiger treuer Christen, die, obwohl sie in den Artes Liberales erzogen wurden, dennoch gesehen haben, nachdem sie unsere anderen Bücher, die wir gegen die Manichäer herausgaben, gelesen hatten, dass sie von weniger Gebildeten entweder nicht oder schwer verstanden werden und die mich sehr wohlmeinend ermahnt haben, die übliche Art des Sprechens nicht zu verlassen, wenn ich beabsichtige, jene so gefährlichen Fehler aus den Seelen auch der Ungebildeten zu vertreiben.

Lösungen

1. Placuit enim mihi quorundam vere Christianorum sententia,
   qui
           cum sint eruditi liberalibus litteris
   tamen
           alios libros nostros
               quos adversus Manichaeos edidimus
           cum legissent
   viderunt **eos ab imperitioribus aut non aut difficile intellegi**
   et me benevolentissime monuerunt
               ut communem loquendi consuetudinem non desererem,
   si **errores illos tam perniciosos ab animis etiam imperitorum expellere** cogitarem.

2. *-tudo;* italienisch: -tudine; französisch: -tude; spanisch: -tud; portugiesisch -tude.
3. Bedeutung a (nachdem); Bedeutung c (obwohl)

4.

	verum	falsum
Augustinus wurde von Manichäern darauf aufmerksam gemacht, dass sie die Texte, die er gegen sie schrieb, nicht verstehen können.		X
Augustinus wurde von gebildeten Christen darauf aufmerksam gemacht, dass ungebildete Christen die Texte, die er gegen die manichäische Sekte schrieb, nicht oder nur schwer verstehen können.	X	
Augustinus soll in Zukunft endlich besseres Latein schreiben und sich nicht so umgangssprachlich ausdrücken.		X
Augustinus soll leicht verständliches Latein verwenden.	X	
Es ist wichtig, dass Augustinus' Warnungen vor dem Manichäismus auch von weniger gebildeten Christen verstanden werden, damit sie nicht in die Fänge dieser Sekte geraten.	X	

5. Individuelle Lösung
6. Individuelle Lösung

Bildnachweis

Cover: David H. Wright, Der Vergilius Romanus und die Ursprünge des mittelalterlichen Buches, Belser o. J.

Abb. 1: Nimatallah / Artephot, in: Bernard Andreae, Die Kunst des alten Rom, Herder 1989, S. 61

Abb. 2: Eva Kröcher, http://commons.wikimedia.org/wiki/File:Karl_der_Grosse_Frankfurt_Historisches_Museum.jpg

Abb. 3: The Yorck Project, http://commons.wikimedia.org/wiki/File:Pieter_Bruegel_d._%C3%84._075.jpg

Abb. 4: Th. Zühmer, http://commons.wikimedia.org/wiki/File:Schulrelief.jpg

Abb. 5: Martin Bahmann, http://commons.wikimedia.org/wiki/File:Heiligtum_mainz3.jpg

Abb. 6: Glauco92, http://commons.wikimedia.org/wiki/File:Cicero_-_Musei_Capitolini.JPG

Abb. 7: http://blog.ginchen.de/wp-content/uploads/2009/02/romani-ite-domum.jpg

Abb. 8: Ronald Sheridan / AAA Collection Ltd., in: Jane, Penrose, Rom und seine Feinde. Kriege – Taktik – Waffen, Theiss 2007, S. 189

Abb. 9: Deutsches Archäologisches Institut, Rom / Anderson, Rom, in: Ludwig Curtius u. Ernst Alfred Nawrath / neu bearb. v. Ernest Nash, Das antike Rom, Anton Schroll 51970, Abb. 71

Abb. 10: Michael Feldhofer

Abb. 11, 12: Lucinda Douglas-Menzies, in: Euphrosyne Doxiadis, The Mysterious Fayum Portraits, Harry N. Abrams 1995, Abb. 79; 73

Abb. 13: Gudrun Schulze-Bauer

Abb. 14: Steffen Heilfort, http://commons.wikimedia.org/wiki/File:2002.Pluto_und_Proserpina%28Persephone%29-Glocken_Font%C3%A4ne_Rondell-Sanssouci_Steffen_Heilfort.JPG

Abb. 15: Jürgen Karpinski, Dresden, in: Angelo Walther, Die Mythen der Antike in der bildenden Kunst, Bibliographisches Institut 2003, S. 137

Abb. 16: Martin Michael Bauer, nach: Ioannis Kepleri Astronomi Opera Omnia 3, ed. Christian Frisch, Heyder & Zimmer 1860

Abb. 17: http://www.familienlandsitz.com/KV%20Barbarossa.jpg

Abb. 18: Braumüller Verlag / Michael Saathen

Abb. 19: Kunsthistorisches Museum, Wien

Abb. 20: http://www.artchive.com/artchive/d/david/david_sabine.jpg

Abb. 21, 22: Archäologische Sammlungen UMJ Graz

Abb. 23: Centro Nacional del Tesoro Documental, Madrid, in: Christian Scholz, Columbus in Bildern und Dokumenten, Herder 1991, S. 6

Abb. 24: David A. Wright, Der Vergilius Vatikanus, Akademische Druck- und Verlagsanstalt 1993, S. 34

Abb. 25: Museo de América, Madrid, in: Christian Scholz, Columbus in Bildern und Dokumenten, Herder 1991, S. 43

Abb. 26: Museo della Civiltà Romana, in: Enzo Orlandi (Hg.), Caesar und seine Zeit, Vollmer Verlag 1967, S. 69

Abb. 27, 28: Joachim Klowski u. Eckart Schäfer, Mundus Novus, Lateinische Texte zur Eroberung Amerikas, Klett 1991, S. 17; 18

Abb. 29: AKG, Berlin, in: Peter Pleyel, Das römische Österreich. Geschichte Österreichs Bd. I, Pichler Verlag / Donauland 2002, S. 166

Abb. 30: akg-images, aus: Johann Ludwig Gottfried, Historische Chronica, Frankfurt am Main 1630, S. 276

Abb. 31: Masur, http://commons.wikimedia.org/wiki/File:Narcissus-Caravaggio_(1594-96).jpg

Abb. 32: Schorle, http://commons.wikimedia.org/wiki/File:Catull_Sirmione.jpg

Abb. 33: http://www.duesseldorfer-schauspielhaus.de/presse/cardenal/Pages/E_Cardenal_01.html

Abb. 34: Georg Denzler u. Clemens Jöckle, Der Vatikan. Geschichte – Kunst – Bedeutung, Primus Verlag 2006, S. 18

Abb. 35: David G. Wilkins (Hg.), Das große Buch der Kunst. Von der Höhlenmalerei bis zur Pop Art, Prestel 2008, S. 324

Abb. 36: Euangelos N. Roussos, Pankosmia Mythologia , Ekotike Athenon 1989, S. 71

Abb. 37: Robert Killinger, Gestalten und Verstehen – Literaturkunde. öbv

Abb. 38: Dino Sassi, Museo Archeologico Nazionale, Napoli

Abb. 39: Verlagsarchiv

Abb. 40: Land Niederösterreich – Archäologischer Park Carnuntum Bad Deutsch-Altenburg

Abb. 41: Afif Bahnassi, Das alte Syrien und seine Kunst, Seemann 1987, S. 89

Abb. 42: http://www.uni-mannheim.de/mateo/desbillons/esop/seite69.html

Latein in unserer Zeit

Hg. von Werner Müller, Günter Lachawitz, Renate Oswald und Wolfgang J. Pietsch (Hg.)

Die Bände der Lektürereihe *Latein in unserer Zeit* bieten ein breites Angebot sorgfältig kommentierter Originaltexte zu jedem Lehrplanmodul der Lektürephase.

- breites Angebot an **Textstellen**: Klassiker, Raritäten, Aktuelles
- deutschsprachige **Ergänzungstexte**, umfangreiches Bildmaterial
- fördert **Selbsttätigkeit** und die Fähigkeit zur aktiven Texterarbeitung
- vermittelt fundiertes **kulturgeschichtliches Basiswissen**
- **kostenloses Zusatzmaterial** für registrierte LehrerInnen unter www.braumueller.at

Renate Oswald / Michaela Schuller
Alltag im antiken Rom – Von Arbeitsteilung bis Zirkusspiel   SB-Nr. 120720

Renate Oswald / Michaela Schuller
Alltag im antiken Rom BREVIS – Von Arbeitsteilung bis Zirkusspiel   SB-Nr. 145400

Eva Cescutti / Christian Goldstern
Amor vincit omnia – Liebe, Lust und Leidenschaft in der lateinischen Literatur   SB-Nr. 125593

Werner Müller
Austria Latina – In schriftlichen und archäologischen Zeugnissen   SB-Nr. 120723

Hermann Niedermayr
Edle Wilde und grausame Barbaren – Begegnung und Umgang mit dem Fremden im Spiegel lateinischer Texte   SB-Nr. 120721

Werner Rinner
Europa – Herkunft, Idee und Bedeutung im Spiegel lateinischer Texte   SB-Nr. 120722

Werner Rinner / Werner Müller
Europa Latina – Schlüsseltexte zu Europa und Austria Latina   SB-Nr. 125599

Walter Freinbichler
Fachsprache Latein – Texte aus Naturwissenschaft – Medizin – Recht   SB-Nr. 125594

Eva Fussl / Maximilian Fussl
Grundfragen der menschlichen Existenz – Sinn und Glück im Spiegel der antiken Philosophie   SB-Nr. 130891

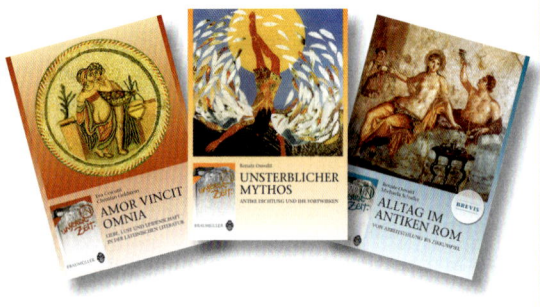

Wolfgang Schepelmann
Imagines – Gestalten und Persönlichkeiten aus Geschichte, Mythos und Legende   SB-Nr. 120718

Günter Lachawitz
Iocus – Iambus – Satura – Heiteres und Hintergründiges in lateinischen Texten   SB-Nr. 125295

Werner Nagel
Latinitas Fons – Fortwirken des Lateinischen im Spektrum moderner Sprachen   SB-Nr. 125603

Das Lektürebuch Band I – Politik und Rhetorik – Liebe, Lust und Leidenschaft – Formen der Lebensbewältigung – Heiteres und Hintergründiges   SB-Nr. 150593

Das Lektürebuch Band II – Latein und Europa – Fachsprachen und Fachtexte – Mythos und Rezeption   SB-Nr. 150595

Wolfgang Schepelmann
Die Macht und das Wort – Politik, Rhetorik, Propaganda im Spiegel lateinischer Texte   SB-Nr. 125606

Rudolf Melchart
Religio – Religion und Glaube in lateinischen Texten   SB-Nr. 125597

Wolfgang Schepelmann / Werner Müller
Rostra – Politik und Rhetorik von der Antike bis heute   SB-Nr. 136088

Renate Oswald / Martin M. Bauer / Christof Lamot / Werner Müller
Texterschließung – Ein Hand- und Übungsbuch zu den Kompetenzbereichen   SB-Nr. 155219

Renate Oswald
Unsterblicher Mythos – Antike Dichtung und ihr Fortwirken   SB.-Nr. 120724

WILHELM BRAUMÜLLER

Universitäts-Verlagsbuchhandlung Ges.m.b.H.
A-1090 Wien, Servitengasse 5; Telefon (+43 1) 319 11 59, Telefax (+43 1) 310 28 05
E-Mail: office@braumueller.at **http://www.braumueller.at**

Latein in unserer Zeit – Übungstexte

Hg. von Werner Müller, Günter Lachawitz, Renate Oswald und Wolfgang J. Pietsch (Hg.)

nur je € 11,50

Die Reihe *Latein in unserer Zeit – Übungstexte* bietet begleitendes Übungsmaterial zu den Lehrplanmodulen der Lektürephase – mit Lösungen. Geeignet zur Vorbereitung auf die neue Reifeprüfung!

- Lehrplankonforme Übungsstellen in **Schularbeitslänge**
- **Training** für Schularbeiten, Prüfungen und Matura
- Mit den Prüfungsformaten gemäß der **neuen Reifeprüfung**
- Konzeption und Aufbau analog zu den Bänden der Reihe *Latein in unserer Zeit*

Alltag im antiken Rom / Imagines
ISBN 978-3-7003-1662-6

Amor vincit omnia
ISBN 978-3-7003-1686-2

Edle Wilde und grausame Barbaren
ISBN 978-3-7003-1664-0

Europa / Austria Latina / Europa Latina
ISBN 978-3-7003-1663-3

Fachsprache Latein
ISBN 978-3-7003-1687-9

Grundfragen der menschlichen Existenz / Religio
ISBN 978-3-7003-1750-0

Die Macht und das Wort / Rostra
ISBN 978-3-7003-1746-3

Unsterblicher Mythos
ISBN 978-3-7003-1621-3

WILHELM BRAUMÜLLER
Universitäts-Verlagsbuchhandlung Ges.m.b.H.
A-1090 Wien, Servitengasse 5; Telefon (+43 1) 319 11 59, Telefax (+43 1) 310 28 05
E-Mail: office@braumueller.at http://www.braumueller.at

Sicher zur neuen Matura ✓

Latein – Alles im Griff!

Grammatik & Übersetzen

von Eva Teimel

- Die lateinische Grammatik – **übersichtlich** zusammengefasst, **schülergerecht** erklärt
- Über 2.000 **Übungsbeispiele** in allen Schwierigkeitsstufen
- Mit **Lösungsheft**
- Entspricht den Vorgaben für die **neue Reifeprüfung**

Übungsbuch für alle Lernjahre
ISBN 978-3-99100-028-0
€ 14,90

Wortschatzarbeit

von Hermann Niedermayr
und Renate Oswald

- **Vokabel** – die Basis jeder Übersetzung
- Effektiv **nachschlagen** – gezielt die im Kontext richtige Bedeutung finden
- Trainiert die unerlässlichen **Basisvokabel**
- Mit **Lösungsheft**
- Entspricht den Vorgaben für die **neue Reifeprüfung**

Übungsbuch für alle Lernjahre
ISBN 978-3-99100-057-0
ca. € 14,90

braumüller